U0801477

青年法学学术著作
资助出版项目

青年法学学术著作
资助出版项目

《奥斯曼民法典》研究

传统法律现代化的尝试

The Study of Ottoman Civil Code

An Attempt to Modernize Traditional Law

敏振海 著

法律出版社
LAW PRESS·CHINA
—— 北京 ——

图书在版编目(CIP)数据

《奥斯曼民法典》研究：传统法律现代化的尝试/敏振海著. --北京：法律出版社，2022
ISBN 978-7-5197-7086-0

Ⅰ. ①奥… Ⅱ. ①敏… Ⅲ. ①民法-法典-奥斯曼帝国 Ⅳ. ①D937.43

中国版本图书馆CIP数据核字(2022)第169229号

《奥斯曼民法典》研究 ——传统法律现代化的尝试 《AOSIMAN MINFADIAN》YANJIU —CHUANTONG FALÜ XIANDAI HUA DE CHANGSHI	敏振海 著	责任编辑 李 群 赵雪慧 装帧设计 李 瞻

出版发行 法律出版社	**开本** 710毫米×1000毫米 1/16
编辑统筹 法规出版分社	**印张** 19.25 **字数** 250千
责任校对 晁明慧	**版本** 2022年9月第1版
责任印制 耿润瑜	**印次** 2022年9月第1次印刷
经 销 新华书店	**印刷** 北京建宏印刷有限公司

地址：北京市丰台区莲花池西里7号(100073)
网址：www.lawpress.com.cn　　销售电话：010-83938349
投稿邮箱：info@lawpress.com.cn　　客服电话：010-83938350
举报盗版邮箱：jbwq@lawpress.com.cn　　咨询电话：010-63939796

书号：ISBN 978-7-5197-7086-0　　**定价**：68.00元
凡购买本社图书，如有印装错误，我社负责退换。电话：010-83938349

青年法学学术著作出版基金
资助出版说明

法律出版社作为全国规模最大的法律专业出版机构，一直秉承“为人民传播法律”的理念，与学术界共同推动法学研究的繁荣与发展。2018 年 5 月，法律出版社设立青年法学学术著作出版基金，用于资助法学学术著作出版和奖励优秀法学图书，旨在支持优秀法学学术著作出版，扶持具有较大潜力的青年学者。

经过法律出版社学术委员会委员推荐、专家匿名评审和法律出版社编辑委员会评审，共有 8 部作品获得法律出版社第四届（2021 年）青年法学学术出版基金资助。

期待更多年轻法律人的优秀学术作品！

法律出版社

2022 年 5 月

伊斯兰法能否现代化:基于启蒙视角的反思

鲁 楠*

敏振海老师的博士论文《〈奥斯曼民法典〉研究——传统法律现代化的尝试》,在清华大学法律全球化研究中心的讨论会上引起了热烈反响,各位与会者对伊斯兰法的现代化问题提出了不同看法。伊斯兰法文化的现代化问题受到人们的格外关注,一方面是由于伊斯兰文明在与西方文明的长期对峙中,被视为西方文明的重要"它者",是现代世界体系的潜在颠覆者;另一方面是由于伊斯兰世界频频出现的局势变化,给整个世界带来了巨大的不确定性,例如2021年8月阿富汗塔利班重新掌权并宣布以伊斯兰法治理国家。

敏振海博士指出,《奥斯曼民法典》的编纂通过法律格言、习惯法、优选法等技术手段,实现了对传统伊斯兰法的重构。更重要的是,该部法典设计了一批颇具现代气息的民法制度,通过将法律创制主导权交给国家,开辟了一条重构传统伊斯兰法的道路。因此,以伊斯兰文明为代表的传统法文化可通过内生方式完成现代转化。这要求"伊斯兰法学家必须具备中正和谐的视野,发展新型的伊斯兰法学体系,重构传统伊斯兰法文化,进而实现伊斯兰法的现代化"。

显然,这篇优秀而细致的博士论文,颇受以夏赫为代表的伊斯兰法学研究范式的启发,也似乎暗藏着梅因式的洞见。但与敏振海博士的论述有所

---

* 鲁楠,清华大学法学院副教授,博士生导师。本文是鲁楠老师在2021年6月23日清华大学法律全球化研究中心举行的论文讨论会上对笔者博士论文的点评,收入本书时略有修改。

不同,我并不细究传统伊斯兰法的技术与制度层,而单就使这些技术和制度得以运转的思想观念进行探讨。我提出的问题是,建立在一元论神学基础上的中心化伊斯兰世界观能否适应一个日益开放的、多元的现代世界,并为多样的现代生活方式提供法律指引?

自18世纪启蒙运动以来,西方启蒙思想首先对基督教传统展开批判。这种批判并不是要单纯以世俗来代替宗教,以理性来取代信仰,而是包含着三个彼此关联的意图:(1)将宗教排除出政治领域,使其落回生活世界,变成个人自主选择之事;(2)打破单一宗教主宰人类精神世界的局面,使世界观面对公开的批判检验;(3)在获得普遍合理且可接受的定论之前,对任何一种世界观和价值观保持宽容,并促成生活世界的理性化。德国著名哲学家哈贝马斯将这种变化称为"世界观的解中心化",其意味是承认并尊重世界观的多样性和差异性,不以任何一种世界观作为绝对真理,而是诉诸反思和沟通,寻求与他人达成理解,形成共识。从某种角度看来,这种"世界观的解中心化"是人类走向成熟的一种表现,是现代社会得以存续的观念基础,也是现代法治的思想根基。

与西方启蒙思想不同,伊斯兰法背后的世界观并非"解中心化"的。这表现在四个方面:第一,《古兰经》被认为揭示了唯一真理,且对真理的叙述具有终局性;第二,这种宗教主张在很多地域的实践中显示出对其他世界观的排斥态度;第三,伊斯兰教教理与教法紧密结合,表现出宗教的法律化和法律的宗教化的双重现象,以至于很难将二者作技术性剥离;第四,伊斯兰法中一些显著违背自由与平等精神的条款常常难以松动,其中妇女权利与地位问题成为衡量伊斯兰法能否现代化的重要指标。这些问题导致近代伊斯兰世界在19世纪面对西方文明冲击时,仅仅能够在法典编纂层面做出一系列表面看来引人注目的调整,即使引入了一些颇具现代色彩的制度,其世界观的中心化特点依然根深蒂固。

尽管中华文明与印度文明在现代化过程中也曾遭遇类似问题,但这两大文明对现代思想的排斥并不像伊斯兰文明那样强烈,在19世纪的孟加拉地区和中国广东地区都涌现了各自版本的启蒙思潮。而从法律传统看来,中华文明较早摆脱了组织化宗教对全社会的控制,转而以伦理和政治来实现社会整合。印度文明虽然和伊斯兰文明一样,宗教色彩浓厚,但其惊人的多元性削弱了单一世界观的笼罩作用。故而自19世纪以来,中华文明和印度文明虽也经历坎坷,但大体上可见其规则与制度迈上了现代社会的道路,而伊斯兰文明所辐射的不少地域却仍徘徊在现代社会的门口,且常常出现倒退的现象。

从20世纪70年代的伊斯兰复兴运动至今,我们看到伊斯兰国和塔利班等宗教极端主义组织崛起。他们都不约而同地宣称,要严格依据《古兰经》中的教法治理国家。这不仅不可行,而且会造成恶果。最初的伊斯兰法是在阿拉伯人摆脱氏族部落阶段、进入古代国家阶段的过程中形成的规则体系,后经加工与提炼,得以与广土众民的古代帝国相结合。但古代国家与现代国家不论在治道还是在治术上,都存在天壤之别,且这种制度鸿沟难以跨越。《大清民律草案》和《钦定宪法大纲》不足以拯救大清,这也变相说明,《奥斯曼民法典》亦并不足以为奥斯曼帝国续命。对此问题,我们应该超越法律的技术与制度细节,看到宏观的社会背景。

此外,伊斯兰法学家的"法律文化主体意识"也颇值再酌。近读的两部著作《阿拉伯的劳伦斯》与《征服与革命中的阿拉伯人》,都涉及第一次世界大战中,奥斯曼帝国内阿拉伯人革命的历史。奥斯曼帝国治下的阿拉伯人与土耳其人都是穆斯林,在19世纪至20世纪却无法完全统一在伊斯兰的旗帜下,可见《奥斯曼民法典》所诉诸的那种泛伊斯兰主义并不如预想的那样有号召力。此外,奥斯曼帝国在1915—1917年对治下信奉基督教的亚美尼亚人的屠杀也揭示了泛伊斯兰主体意识的黑暗一面。这种法律文化的主体意识在现代社会必将与另一种同样极端强烈的主体意识——民族主义意识对撞在一起,而伊斯兰法似乎难以提出协调和超越的方案。与此相反,以启蒙思想为源头的现代民主法治国却提供了生产认同与包容他者的新机制,改变了依赖单一文化传统立国的古老思路。这值得我们深思。

伊斯兰法现代化所面临的种种困境,对中国迈向现代法治的过程不无警示意义。值得思考的是,在思想上我们如何通过不断的反思和学习,去树立起一种解中心化的世界观?在基本制度上,我们如何摆脱帝国,去建立包容他者的共和政体?在塑造主体意识和国族认同的过程中,我们如何不必回到“生造”的传统,而是让对过去的认识与对更好未来的期许相互结合?不论从哪个角度讲,反思和学习都是必要的。

自　序

在博士论文出版之际，当我向导师高鸿钧教授提出请他写序言的想法后，高老师谦虚地回复道，他不是《民法典》研究领域的专家，且除非为主持的丛书或集刊写个序言或卷首语，很少为他人著作撰序，希望我能理解，并祝贺本书入选法律出版社青年基金资助项目。高老师治学极其严谨，对自己的文章有极高要求，即使一篇已经发表过的译文，在收入新编著作时也要反复修改。学生当然能理解老师的自律，但一部作品的作者怕是最不能恰当评论该作品的人，故我写自序向读者交代本书的缘起和过程。

本书实际上是在我的博士论文基础上修改而成。为什么要选择以《奥斯曼民法典》作为博士论文研究方向？实际上，这并非我读博之初就想好的研究领域。在读博阶段，我曾考虑过三个选题：第一个选题是关于梅因对罗马法研究的再研究。记得博一上学期，高老师带我们读梅因的《古代法》。我在读研时期就已读过这部著作。但高老师带学生读书的方法有些特别，他要求领读的学生每读完一段，就停下来围绕此段内容谈自己的理解，各位参与者也要发表自己的观点，大家进行一番讨论，然后由他做总结，总结后方可接着读下一自然段。当然，我们有时候会把意涵接近的几段放一起讨论。高老师始终控制着阅读节奏，大家热烈讨论、激烈争论。对我而言，这是一种全新的阅读体验。一学期下来，大家收获满满。每位上课的同学就自己阅读讲解的部分写成文章作为作业，其中李宏基下定决心要研究梅因，最终完成了一篇关于梅因的博士论文。

我负责带读《古代法》第二章"法律拟制"，就这一章我们读了两周。因为我对罗马法比较熟悉，而梅因在《古代法》中论述的重要对象就是罗马法，所以只要涉及罗马法的论述，高老师便让我来解读。当时在课堂上，高老师向我建议，可以把梅因的罗马法研究作为博士论文备选方向，这可谓对梅因罗马法研究的“二阶观察”。因此，我读了大量相关论述，也写了两篇书评发表在《清华法治论衡》上。

第二个选题是卢曼的司法思想。博二时，高老师带领大家读卢曼的《社会中的法》，这本著作晦涩难懂，初读令人不知所云，高老师不得不花几周时间给大家讲系统论法学。有一次，我实在读不下去了，向老师诉苦：卢曼的著作如此抽象，大家阅读得这么痛苦，意义何在？高老师作了个比喻：卢曼的著作好比珠穆朗玛峰，我们阅读卢曼的著作是在试图攀登珠峰。攀上珠峰，再看其他法学著作，就能“一览众山小”。高老师的用意是训练学生阅读文本的能力、抽象思维的能力以及文本整合的能力。实际上，就我个人体验而言，阅读了一年卢曼的著作后，再看其他大部头著作，不能说全部能看懂，但至少不再畏手畏脚了。我当时负责解读《社会中的法》第七章“法院在法律系统中的地位”。这一章可能是卢曼著作中最容易理解的一章，卢曼在这一章提出了许多精致的司法理论。司法理论是我国国内法学界讨论的热门领域，高老师曾建议我不妨试着将卢曼的司法思想作为博士论文的研究方向。为此我也做了一些准备，还写了一篇关于卢曼司法思想的文章，这篇文章获得了比较法学年会优秀论文二等奖。

第三个选题是研究《奥斯曼民法典》，这个选题过程很有意思。记得2018年我陪同高老师参加宁波的比较法年会，在去宁波的高铁上，高老师向我提到可以研究《奥斯曼民法典》。我问老师如何想到这个题目。他说，有天晚上在电视看到关于土耳其的新闻，他当时倚在沙发上，似睡非睡之间突然想到。我立即答应就写这个题目。高老师“突然想到”这个题目，实属“妙手偶得之”，而我当场答应写这个题目，恐怕也是因缘成熟，绝非一时冲动。我放弃前两个选题是因为在我国国内这两个领域不乏研究者，而《奥斯曼民法典》至今少有人做深度研究。当前我国国内比较法领域，西方国家法的研究者颇多,而研究伊斯兰国家法律的研究者寥寥无几,伊斯兰法研究并未得到应有重视。《奥斯曼民法典》是伊斯兰世界第一部民法典,对当代伊斯兰世界民事法律产生了深远影响,对这部民法典进行研究具有重大的理论价值和实践意义,可以说这是一项开创性的尝试。此外,西北政法大学王永宝教授翻译、由商务印书馆出版的《奥斯曼帝国民法典》,给我的研究带来了极大便利和信心。

研究方向定下来后,难题接着出现。如何研究这部民法典?从哪个视角展开研究?高老师要求,博士论文开题必须提出命题,提不出命题不允许开题。为此我苦苦思考了很长时间。如何通过一个命题或一个核心观点将现有材料加以统合,这是一个艰苦的理论创作过程。梅因的《古代法》通过对罗马法史的考察,提出了人类社会的发展经历了"从身份到契约"的演变。他以此为命题,将罗马法、英国法和印度法的材料整合起来,撰写出经典名著。如果我对《奥斯曼民法典》加以历史考察,或者对该法典中的特色制度进行介绍,却提不出命题,这样的论文就类似教科书,绝非合格的博士论文。为了提出命题,我进行了一番思索:首先,当时的奥斯曼帝国为什么要编纂民法典?这个问题涉及民法典编纂的必要性,在论文第二章得到了讨论。其次,民法典的编纂过程反映了当时奥斯曼帝国内部哪些力量或集团之间的互动,抑或斗争?这在论文第三章中进行了展示。再次,我思考的是,《奥斯曼民法典》在世界民法典之林中,究竟有哪些特殊之处?这就构成了论文第五章的核心内容。最后,我们今天应如何评价这部民法典?这构成了论文的第六章。

可以看出,论文刚开始的写作思路是从《奥斯曼民法典》的编纂背景、编纂之争、特色制度、评价这几个方面进行论述,但还没有提出一个命题来统合各个章节。为此,我又进一步思考:首先,要真正理解奥斯曼帝国何以编纂民法典,应深入研究法典编纂的过程,唯有回答了"如何"的问题,才能真正解答"为何"的问题。实际上这个问题很难回答。受史料和现有研究所限,除了法典编纂报告提到几个具体案例之外,目前几乎找不到一篇文章讨论民法典编纂的具体过程。其次,在深入研读《奥斯曼民法典》的过程中,我发现,传统伊斯兰法没有民法典,《奥斯曼民法典》在形式上借鉴了西方法典。这很容易给人造成一种印象,即奥斯曼帝国抛弃了伊斯兰法,另起炉灶。但细读该民法典,它不仅规定了99条法律格言,还吸收了诸多习惯法的规定,并且对法学家观点进行了符合时代要求的选择。这些规定和传统伊斯兰法不同,却又保持着某种联系。这使我意识到,法典编纂者对传统法律进行了改造。由此我决定撰写论文的第四章,即法典编纂的方法,将其视为对传统法律的重构。最后,民法典编纂是奥斯曼帝国法律现代化的一种尝试。在今天看来,尽管这种尝试是帝国的落日余晖,但这种法律现代化既非全盘西化,也非故步自封,而是对传统法律进行改造重构,探索实现一个国家的法律现代化,这或许不失为一种颇为新颖的路径,值得大家去思考和借鉴。这样,我提出了一个核心命题:重构传统法文化,追求法律现代化。

这一命题也得到了导师和开题组老师们的认可,博士论文开题顺利通过。当然,这个命题仍有可讨论的空间。实际上,论文命题没有绝对的对与错,梅因的"从身份到契约",就遭到后人不少质疑,甚至有人指出"从契约到身份"的反向运动。无论如何,只要提出命题,能说服导师和开题组老师允许开题,论文的写作就成功了一半。

撰写博士论文时,我在史料的收集和运用方面常常陷入"巧妇难为无米之炊"的困境。当时手中的资料除了中译本《奥斯曼帝国民法典》,就是一些伊斯兰法著作中对这部法典的简单介绍,以及一些零星文章。外文文献的搜集也并不顺利,至今没有找到一本关于《奥斯曼民法典》研究的英文专著。这一方面反映出,即使在西方法学界,非西方法律的研究也存在大量空缺;另一方面说明,非西方国家的法学研究十分重要,非常紧迫。文献的匮乏导致论文写作不可避免出现瑕疵,不尽如人意。例如,第三章讨论《奥斯曼民法典》编纂之争,本来打算这一章描述各路奥斯曼政治精英在法典编纂过程中惊心动魄的论战，但是收集的资料很少有描述民法典编纂之争过程的语句，因此这一章的撰写并不像想象中那么精彩。还有很多细节，因参考文献不足，撰写得不尽如人意。

请读者原谅我杂七杂八谈了一些写作的感想，这本书实际上还有很多地方让我感到不满意。正如毛姆所说，作者的关注点总是在其无法确切表意周全的瑕疵一面，一经细想，便更会深受烦扰，为作品的不完美扼腕叹息。我原计划是等过几年收集到更丰富的材料之后，再修改完善。但考虑到以后相关议题以及出版的不确定性，我决定还是先出版，倾听方家的批评和修改建议，以期他日再修改和完善。

目　录

导　论

一、《奥斯曼民法典》研究的背景及意义

为什么要研究《奥斯曼民法典》？在本书开头先作个交代。这部民法典的重要性体现在以下几个方面：一是《奥斯曼民法典》是伊斯兰世界第一部民法典；二是《奥斯曼民法典》的编纂实现了传统伊斯兰法从法学家法向国家立法的转变；三是《奥斯曼民法典》的编纂实现了伊斯兰法从帝国之法向现代民族国家之法的转变；四是《奥斯曼民法典》改变了千年以来的伊斯兰法传统；五是《奥斯曼民法典》为传统伊斯兰法现代化提供了新视角和新思路：通过重构传统法律文化实现法律现代化；六是《奥斯曼民法典》为伊斯兰世界传统法律现代化的探索提供了实践经验，奠定了理论基础，在伊斯兰法律史中具有里程碑式的意义；七是《奥斯曼民法典》对当今伊斯兰国家的立法产生了重要影响，为我们研究"一带一路"沿线伊斯兰国家的法律提供重要的历史和理论资源。基于《奥斯曼民法典》的上述重要性，笔者以《奥斯曼民法典》为研究对象，尝试对这部法典进行深度研究。

（一）《奥斯曼民法典》的历史背景

伊斯兰法现代化是当今伊斯兰世界面临的重大问题，也是伊斯兰法研究的重要课题。从历史维度考察伊斯兰法现代化，对于我们理解当代伊斯兰世界发生的诸多问题不无裨益。因此，笔者选取历史上伊斯兰世界的代表——奥斯曼帝国由传统向现代转型这一过程进行研究，重点考察《奥斯曼民法典》在帝国从传统迈向现代进程中的角色和作用。之所以将《奥斯曼民法典》作为考察伊斯兰法现代化的对象，是因为民法典是一个民族生活的镜子，是一个民族文化精华的表现，正如徐国栋教授所言，"民法典凝聚了一个民族的价值观和生活经验……欲了解一个民族的生活样态，看一下它的民法典就够了"〔1〕。

---

〔1〕 徐国栋主编：《智利共和国民法典》，徐涤宇译，金桥文化出版有限公司2002年版，第3页。

《奥斯曼民法典》制定于1869—1876年，这一时期的奥斯曼帝国正经历由盛转衰的阶段。帝国晚期处于社会巨变的浪潮之中，西方列强入侵、战争中屡屡失败，大片领土纷纷丧失，内部矛盾重重叠加，保守沧桑的帝国逐渐走向衰落。在帝国内忧外患之际，帝国的政治精英和仁人志士救亡图存，采取了自上而下的"坦志麦特"改革运动，对帝国的政治、经济、司法进行改制。其中法律改革作为"坦志麦特"改革运动的重要领域，取得了显著效果：在立法领域，通过借鉴、效仿欧洲法律，帝国陆续颁布1850年的《商法典》、1858年的《刑法典》、1861年的《商事程序法典》和1863年的《海商法典》；在司法领域，帝国于1840年建立特别商事法院，于1871年建立新的世俗法院，从而和伊斯兰法院形成双重司法系统。

随着西方和东方之间的接触加深，帝国境内外国侨民逐渐增多，帝国的社会生活发生重大变化，已有的民事法律不足以调整复杂变化的社会关系。首先，传统的伊斯兰民事法律没有编纂成法典的传统，而是以法学家学说的形式存在，因学派的不同法学家的学说往往产生分歧，即使在同一学派内部对某一问题也会存在不同意见，造成适用法律混乱，不利于法律的统一。其次，新建立的世俗法院中，法官并不熟悉传统的民事法律规则，因此，需要一部明确无误的法典作为判案准则。再次，对外为了反抗西方的法律霸权，对内为了加强帝国的中央集权，实现帝国的现代化，制定民法典成为当时帝国首脑的政治考量。在这种背景下，帝国下定决心编纂民法典。但是对于制定民法典的路径，帝国政治精英们进行了激烈的论战：激进派主张直接移植《法国民法典》，全盘抛弃传统的伊斯兰民事法律规则，保守的乌里玛主张恪守传统伊斯兰法，传统的伊智提哈德方法仍然能调试法律和社会之间的张力；温和派认为全盘放弃传统伊斯兰法规则，由西方的世俗法取而代之，将从根本上动摇伊斯兰教的基础，遭到帝国穆斯林大众的抵抗，影响帝国社会的稳定，并且传统的伊斯兰法伊智提哈德方法无法适应现代社会。论战的结果是，温和派的主张被采纳。因此，帝国采用一种新的尝试，将传统伊斯兰民事法律规则通过西方法典编纂的模式予以整合,从而形成伊斯兰世界第一部民法典。

这部民法典是伊斯兰法律史上政府对伊斯兰法律规则予以整合、编纂的首次尝试,也是政府首次对伊斯兰法进行系统化的结果。此后,伊斯兰国家纷纷仿效这部法典,对其国内的伊斯兰法进行法典编纂。

(二)研究《奥斯曼民法典》的重要意义

今天研究《奥斯曼民法典》并未过时,只有追溯历史,才能把握现实、探索未来。研究《奥斯曼民法典》有以下重要意义。

1. 对于研究伊斯兰法从传统到现代的转型具有重要意义

众所周知,伊斯兰法系是世界五大法系之一,伊斯兰法调整穆斯林的行为规范,影响伊斯兰国家的社会发展,在伊斯兰世界产生过重大的影响。但是近代以来,在西方文明和法律的冲击之下,伊斯兰国家也纷纷进入现代化进程,对传统伊斯兰法进行现代化改革,从而实现传统法律向现代的转变。《奥斯曼民法典》正是传统伊斯兰法向现代转型过程中里程碑式的代表。研究《奥斯曼民法典》有助于我们认识到帝国在现代化进程中如何改造传统法律,如何按照西方法典化的模式对传统法律进行整合,如何协调传统伊斯兰法和法典化之间的张力。

伊斯兰法现代化的进程漫长而又曲折,20 世纪 70 年代的伊斯兰法复兴打断了伊斯兰法现代化的进程,21 世纪以来伊斯兰世界发生的诸多事件对全球政治和法律格局产生了较大影响,从某种意义上说,伊斯兰法现代化至今尚未完全实现。我们探索伊斯兰世界的未来,必须追溯历史,通过研究《奥斯曼民法典》,考察伊斯兰法从传统向现代的转变过程,从而对我们认识未来伊斯兰法融入社会、伊斯兰国家进行进一步改革具有重要意义。

2. 对于研究我国近现代法律改革具有比较意义

《奥斯曼民法典》产生的背景是,18—19 世纪西方列强入侵,帝国在内外交困之际进行了法律改革。这种处境和我国清朝晚期的历史境遇极其相似:一个是代表伊斯兰文明的奥斯曼帝国,另一个是代表儒家文明的中华帝国,二者在19世纪末都遭遇到西方文明和法律的冲击,都被迫进行改革运动:前者进行"坦志麦特"改革,后者进行洋务运动;前者制定《奥斯曼民法典》等一系列法典以应对西方的法律霸权,后者进行大规模的修律活动以协调和西方法律的冲突。因此,研究《奥斯曼民法典》不仅能够帮助我们认识伊斯兰法律的变迁,更重要的是"他山之石,可以攻玉",我们可以通过对《奥斯曼民法典》的研究及考察,从另一个视角认识和把握传统与现代、外来法律文化与本土法律文化之间的关系,从而有助于我们认识到我国近现代以来法律变革中自身的问题。

3. 对于研究我国民法典具有一定的启示意义

奥斯曼帝国在制定《商法典》《海商法典》等过程中,对于借鉴移植法国的法律,帝国的政治精英们毫无争议,并迅速达成共识;但是对于民法典的制定,从一开始,帝国的政治精英们就产生了激烈的论战。不同于商事等特别法,民法典调整一国的社会关系和人们的行为规范,承担着整合社会关系、塑造社会关系的功能,体现着一个国家和民族的基本文化和历史传统,如果全盘接受迥然相异于伊斯兰文化的西方文化,将从根本上动摇社会的根基,改变人们的基本生活方式和价值理念,注定会遭到穆斯林大众的反对。因此,帝国采取较为稳妥的办法是,尊重历史文化传统,以通行于帝国境内的伊斯兰哈乃斐学派作为主要渊源编纂民法典。当前我国完成了《民法典》的编纂工作,我们要充分认识到《民法典》背后所蕴含的历史文化传统和伦理价值理念,在适用民法的过程中要注意《民法典》保留的传统文化基因,并不断挖掘本土文化和体现中国文明的价值。

二、国内外研究动态

(一)国内研究动态

目前,我国国内没有专门论述《奥斯曼民法典》的专著,一些零星的研究散见于个别有关伊斯兰法的文献中。我国伊斯兰法专家高鸿钧教授将《奥斯曼民法典》的编纂放置在伊斯兰法现代化的视野下进行考察。他指出，《奥斯曼民法典》是伊斯兰法律史上政府对伊斯兰法规则予以编纂的首次尝试，“也是政府试图通过法典编纂的形式使传统法律系统化、明确化和现代化的最初探索”〔1〕。高鸿钧教授从《奥斯曼民法典》的制定背景、特点、影响等方面对《奥斯曼民法典》进行研究、论述，并认为《奥斯曼民法典》有以下几个特点：一是它采用欧洲大陆法系国家法典的形式，但是没有提炼为高度抽象的规则，带有传统伊斯兰法学著作的特色；二是法典主要选自哈乃斐法学派所主张的法律规则，除此之外也选取了一些主流的和具有现代适应性的规则。〔2〕

徐国栋教授认为，《玛雅拉》（《奥斯曼民法典》）的编纂目的在于实现宗教法的世俗化。他从民法典编纂的技术维度指出，《奥斯曼民法典》“其致命的缺陷之一是没有规定债的一般理论，这是现代民法典的主要依托，因此限制了其关于具体债的规定的有效运作”〔3〕。

王永宝教授作为《奥斯曼民法典》的译者，对这部民法典给予了很高的评价，称其为“世界级法律经典”〔4〕。他指出，首先，这部法典主要以法国法典的模式编纂，但不能说成是西方法律思想对奥斯曼帝国社会的完全渗透，而是奥斯曼帝国社会对于标准法律的需求和伊斯兰法律制度结构应时转型的有效结合，并且再次证明了伊斯兰法与时俱进、适应不同时代的鲜明特征。其次，这部法典的编纂实施对于奥斯曼帝国官僚机构的正常运作至关重要，因为当时社会变革迫在眉睫，法典的编纂反映了欧莱玛对这种社会变革的与时俱进的积极态度。〔5〕

---

〔1〕 高鸿钧：《伊斯兰法：传统与现代化》，清华大学出版社2004年版，第212页。

〔2〕 参见高鸿钧：《伊斯兰法：传统与现代化》，清华大学出版社2004年版，第211页。

〔3〕 徐国栋：《一个正在脱亚入欧的国家的奋斗——土耳其民法典编纂史》，载《比较法研究》2006年第2期。

〔4〕 《奥斯曼帝国民法典》，王永宝译，商务印书馆2018年版，第3页。

〔5〕 参见《奥斯曼帝国民法典》，王永宝译，商务印书馆2018年版，第5页。

马明贤教授从传统伊斯兰法视角出发，指出伊斯兰法没有编纂法典的传统的主要原因在于，经训在伊斯兰教中具有至高无上的地位，历代哈里发、法学家和法官难以超越经训的范围把伊斯兰法编纂成固定的、具体的、一成不变的法律条款。伊斯兰法学家在许多特别是在无经训明文可依据的法律问题上，往往避免使用实证分析方法，而是倾向于使用类比、援引的方法解决问题，旨在保持法律规则的创制和法律问题的裁决与经训明文和精神的一致性。〔1〕 当然马明贤教授也给予这部法典很高的评价：《奥斯曼民法典》是伊斯兰法制史上第一次以国家名义对散见于法学著作中的法律规则进行的系统梳理，"标志着国家层面法律创制的开始"〔2〕。

(二)国外研究动态

国外对于《奥斯曼民法典》的研究取得了较为丰富的成果，笔者拟从以下几个方面分析。

1. 关于《奥斯曼民法典》的性质评价

西方学者从现代视角审视《奥斯曼民法典》，指出其并非现代意义上的民法典。德国伊斯兰法专家夏赫认为，《奥斯曼民法典》的编纂受到欧洲思想观念的影响，严格来说，《奥斯曼民法典》不是一部伊斯兰法典，而是一部世俗法典。〔3〕 夏赫指出，严格的伊斯兰法在性质上不适合编纂为法典，其拥有权威是因为其被公认的法学派以传统的方式加以教授。〔4〕 夏赫同时指出，该法典对伊斯兰法的原则进行了某些方面的修改，尤其是在证据认定方面。〔5〕 夏赫认为以《奥斯曼民法典》为代表的现代伊斯兰立法是伊斯兰现代主义的重要特征，伊斯兰法能实现现代化，是因其具有一种吸收外部因素的力量。〔6〕 伯纳德·刘易斯认为，《奥斯曼民法典》并非严格意义上的法

〔1〕 参见马明贤：《伊斯兰法：传统与衍新》，商务印书馆 2011 年版，第 158 页。
〔2〕 马明贤：《伊斯兰法：传统与衍新》，商务印书馆 2011 年版，第 166 页。
〔3〕 See Joseph Schacht, *An Introduction to Islamic Law*, Oxford University Press, 1982, p. 92.
〔4〕 See Joseph Schacht, *An Introduction to Islamic Law*, Oxford University Press, 1982, p. 92.
〔5〕 See Joseph Schacht, *An Introduction to Islamic Law*, Oxford University Press, 1982, p. 92.
〔6〕 See Joseph Schacht, *Problems of Modern Islamic Legislation*, Studia Islamica, 1960, p. 12.

典，更像一部哈乃斐法学派的汇编，是土耳其法学史中的一项伟大成就。[1]还有论者认为该法典偏离了法学派的正统意见[2]。

2. 关于《奥斯曼民法典》的内容研究

罗兰克探讨了《奥斯曼民法典》的制定精神和目标，指出《奥斯曼民法典》深受《法国民法典》的影响，并列举多个法条说明二者的相似之处。[3]《法国民法典》通俗易懂，《奥斯曼民法典》继承了《法国民法典》通俗的表达。如《奥斯曼民法典》第443条在规定阻止履行合同的合法理由之后，举出三个例子：例一是厨师受雇承担某婚宴的烹饪任务，但是新婚夫妇一方死亡导致合同被撤销；例二是当事人因牙痛约定拔牙，但是拔牙时病症自动消失导致合同被撤销；例三是因婴幼儿的死亡导致哺乳雇佣合同被撤销。这些例子很生动形象，能为普通人所理解。赫伯特·J. 列贝斯尼指出，《奥斯曼民法典》或多或少包含欧洲民法典的因素，但其较具特色的方面有：一是没有规定婚姻家庭继承方面的内容；二是在这部法典中规定了民事程序规则。赫伯特·J. 列贝斯尼认为《奥斯曼民法典》包含着稳定性与变异性，其能体现伊斯兰法的重要性质。[4]马哈茂德·多德恩就《奥斯曼民法典》合同部分的内容与《国际商事合同通则》进行比较研究，指出《奥斯曼民法典》合同部分的内容和《国际商事合同通则》存在一致的部分，不同点在于二者对有些概念的描述存在分歧。[5]海德·阿拉·哈穆迪指出，《奥斯曼民法典》实施的最终结果削弱了法学家阶层的权力，为伊斯兰法更为广泛的法典化

---

[1] See Bernard Lewis, *The Emergence of Modern Turkey*, Oxford University Press, 1968, p. 123.

[2] See Abdullahi Ahmed An-Na'im, *The Compatibility Dialectic: Mediating the Legitimate Coexistence of Islamic Law and State Law*, Modern Law Review, Vol. 73: 1 (2010): 20; Hallaq, *Sharī'a*, p. 411.

[3] See SIR ROLAND K, *Modern Ottoman Law*, Journal of the Society of Comparative Legislation, Vol. 8: 1, p. 41-50(1907).

[4] See Herbert J. Liebesny, *Stability and Change in Islamic Law*, Middle East Journal, Vol. 21: 1, p. 16-34(1967).

[5] See Mahmoud M. Dodeen, *Formation of Contract under the Islamic Majallah and UNIDROIT Principles of* 2010, Arab Law Quarterly, Vol. 30, p. 262-277(2016).

奠定了基础，但法典化动摇了伊斯兰法作为法学家法的根基。海德·阿拉·哈穆迪进一步指出民法典的缺陷，比如：没有法人的概念；欠缺关于合同的一般理论；将合同分类为一系列合同类型，每一类合同有独特的适用规则。[1]

3. 关于《奥斯曼民法典》的历史背景研究

托普卡指出，法国大革命对奥斯曼帝国产生了重要影响，自由、平等的思想引起了帝国知识界的共鸣；《奥斯曼民法典》的编纂受到了《法国民法典》精神的影响，其编纂的目的主要是加强帝国法律的统一，加强中央集权，以及对法律进行世俗化改革。[2]纳马尔丁·卡里姆·赞基的文章追溯了伊斯兰法法典化的历史，以及近代以来伊斯兰法能否法典化的论战。纳马尔丁·卡里姆·赞基主要以《奥斯曼民法典》为视角探讨该法典制定的正当性问题，探讨是否有必要通过"人造法"使伊斯兰法理论现代化，并认为法律创制的自由是阻碍伊斯兰法法典化的重要因素。[3] 多拉·格里德韦尔·纳多尔斯基基于探讨奥斯曼帝国法律世俗化的历史过程，提出奥斯曼帝国法律世俗化有四个阶段：修订法律阶段、法律改革阶段（坦志麦特和《奥斯曼民法典》）、取消领事裁判权制度阶段和民法的激进世俗化阶段（采用瑞士民法典）。[4] 他将《奥斯曼民法典》作为帝国法律世俗化中的第二阶段，指出民法典的编纂对帝国法律世俗化具有承上启下的重要意义。多拉·格里韦尔·纳多尔斯基还指出，法律世俗化意味着民法偏离正统的伊斯兰法，并认为《奥斯曼民法典》不是严格意义的民法典，因其并不包括婚姻

---

〔1〕 See Haider Ala Hamoudi, *The Death of Islamic law*, GA. J. INT'L & COMP. L. Vol. 38:293.

〔2〕 See Zafer Toprak: *From Plurality to Unity: Codification and Jurisprudence in the Late Ottoman Empire*, in Anna Frangoudaki et al. eds, Ways to Modernity in Greece and Turkey: Encounters with Europe, 1850-1950, I. B. Tauris & Co Ltd, 2007.

〔3〕 See Najmaldeen K. Kareem Zanki PhD, *Codification of Islamic Law Premises of History and Debates of Contemporary Muslim Scholars*, International Journal of Humanities and Social Science, Vol. 4:9, p. 1(2014).

〔4〕 See Dora Glidewell Nadolski, *Ottoman and secular civil law*, Int. J. Middle East Stud. 8, 1977, p. 517-543.

家庭继承法。[1]凯文·古德维探讨了奥斯曼帝国法律改革中的代表人物艾哈迈德·杰夫代特帕夏。艾哈迈德·杰夫代特帕夏基于自身家庭环境及宗教教育的影响,以及对帝国国情的深刻观察,主张制定民法典应保持伊斯兰法的基础,但是对于新建立的世俗法院,更倾向于建立西方法运作模式。事实上,建立新的世俗法院是他的部分计划,《奥斯曼民法典》同时适用于沙里亚法院和世俗法院。[2]温迪·阿夫达尔认为,从历史的视角去分析法典化作为伊斯兰法改革的一种工具,并非新奇之事。在伊斯兰教历史上,对伊斯兰法进行法典化尝试可追溯至阿巴斯王朝,最终失败的原因是政治权威和宗教权威之间为争夺伊斯兰法立法权进行博弈。伊斯兰法法典化是宗教乌里玛和政府之间的角色进行转换,立法权从伊斯兰法学家转移到政府的结果。[3]

4. 关于《奥斯曼民法典》的功能研究

诺·库尔森指出,民法典的功能旨在统一帝国分散的法律。19 世纪,西方国家通过治外法权使西方法律在奥斯曼帝国被适用,以调整西方侨民之间的法律关系;帝国的穆斯林也逐渐熟悉西方的法律规则,为奥斯曼帝国的法律改革奠定了基础。[4] 诺·库尔森认为,《奥斯曼民法典》的实体同欧洲渊源无关,是完全借助哈乃斐派法律的结果,“难以指望世俗法庭将它同它在权威法律手册里的传统表现形式恰如其分地区别开来,当然法律编纂的另一目的是,借此来统一法律的实施”[5]。威尔·哈拉克认为,《奥斯曼民

[1] See Dora Glidewell Nadolski, *Ottoman and secular civil law*, Int. J. Middle East Stud. 8, 1977, p. 517-543.

[2] See Kevin Goodwin, *The Tanzimat and the Problem of Political Authority in the Ottoman Empire*: 1839-1876, Honors Projects Overview, p. 5.

[3] See Windi Afdal, *Islamic Law Codification*: *The Friction on Authority of Islamic Law Establishment*, Journal of Indonesian Legal Studies, Vol. 1:1(2016).

[4] 参见[英]诺·库尔森:《伊斯兰教法律史》,吴云贵译,中国社会科学出版社 1986 年版,第 124 页。

[5] [英]诺·库尔森:《伊斯兰教法律史》,吴云贵译,中国社会科学出版社 1986 年版,第 125 页。

法典》的最大特征是将独立的、非正式的法学家法进行高度形式化,以及其体现的政府中央集权机制。[1] 他指出,法典是传统与西方化斗争的结果,通过将传统法律进行法典化,为沙里亚法院和世俗法院提供了一种清晰、体系性的法律。[2]阿维·鲁宾认为,法律改革是奥斯曼现代化的一个重要因素,法典化和世俗法院的出现和建立是为了适应法律改革。法律改革趋向世俗化和西方化,因此,《奥斯曼民法典》的制定主要是为了给当时世俗法院的法官提供裁判案件的参考和指南。[3]希巴·阿卜杜勒·哈利姆·塞维拉姆指出,《奥斯曼民法典》在某种程度上并未完成伊斯兰法立法的目标。编纂民法典是为了满足帝国政治精英的政治目标,这些目标包括将国家法从宗教法中剥离,使受到西方教育的法官摆脱适用伊斯兰法的困境。实际上,《奥斯曼民法典》诉诸于苏丹的命令,代替了伊斯兰法的法律创制传统,最终契合了欧洲强权。[4]约翰·布格纳奇指出,《奥斯曼民法典》将伊斯兰法律原则和欧洲法律结构相结合,促成伊斯兰法律史的新转变:传统伊斯兰法的实施主要依赖卡迪(法官)的威望,而《奥斯曼民法典》的制定代表着法律的权威从法学家之手移向了国家。他认为该民法典代表着伊斯兰法向现代欧洲政府司法体制模式的转型。[5]

---

〔1〕 See Abdullahi Ahmed An-Na'im, *The Compatibility Dialectic: Mediating the Legitimate Coexistence of Islamic Law and State Law*, Modern Law Review, Vol. 73:1 (2010):20; Hallaq, Sharī'a, p. 411.

〔2〕 See Abdullahi Ahmed An-Na'im, *The Compatibility Dialectic: Mediating the Legitimate Coexistence of Islamic Law and State Law*, Modern Law Review, Vol. 73:1 (2010):20; Hallaq, Sharī'a, p. 411.

〔3〕 See Avi Rubin, *Ottoman Judicial Change in the Age of Modernity: A Reappraisal*, History Compass, Vol. 7:1, p. 119-140(2009).

〔4〕 See Heba Abdel Halim Sewilam, *The Jurisprudential Problems of the Early Codification Movement in the Middle East: a Case Study of the Ottoman Mejelle and the* 1949 *Egyptian Civil Code*, University of California, 2011.

〔5〕 See John Bugnacki, *The Garden of Forking Paths: Islamic Legal Transformations in the Ottoman Empire During the Nineteenth Century*, History Student Papers, 2014, p. 17.

5. 关于《奥斯曼民法典》的影响和意义研究

詹·安德森指出,《奥斯曼民法典》在伊斯兰法的发展史上有至关重要的意义,一方面它是政府正式制定的法典;另一方面这部法典并非仅基于哈乃斐学派的观点而排除了对其他学派观点的采纳,而是对各种意见选择的结果,其中有些规则甚至是原创的。[1] 艾哈迈德·塞米尔·耶尔德勒姆认为,《奥斯曼民法典》是一部世俗化的法典,其制定背景、举例条款足以说明其受到了罗马法和法国法的影响。他还认为,《奥斯曼民法典》是为了社会发展的需要而制定的法典,其目的在于协调和统一不同地区的法律。[2] 伊里德认为,法典的制定离不开艾哈迈德·杰夫代特帕夏的杰出努力。艾哈迈德·杰夫代特帕夏作为《奥斯曼民法典》编纂委员会的主席,虽然当时法国当局施加压力,但他并没有采纳《法国民法典》的模式,也没有全盘抛弃传统伊斯兰法,而是对传统法和现代法的张力进行整合,最终形成了《奥斯曼民法典》。[3]阿卜杜纳斯尔讨论了《奥斯曼民法典》对伊斯兰世界产生的影响,尤其对约旦的影响。虽然约旦在 1976 年制定了自己的民法典,但值得一提的是,只要《奥斯曼民法典》的规定和约旦民法典的规定不相冲突,约旦的法院仍然适用《奥斯曼民法典》。[4]阿卜杜拉·艾哈迈德·安纳认为,《奥斯曼民法典》的成功在于其可接受性和容纳性,它涵括了除哈乃斐学派以外其他学派的法律条款。这种包容性使其更具开放性,为帝国改革打开方便之门,使其在帝国得以顺利实施,并为后世伊斯兰国家立法所纷纷效仿。[5]

---

[1] See J. N. D. Anderson, Codifiction in the Musilm World: Some Reflections, Rabels Zeitschrift für ausländisches und internationales Privatrecht / The Rabel Journal of Comparative and International Private Law, 30. Jahrg., H. 2, p. 241-253 (1966).

[2] See Ahmet Cemil YILDIRIM, *Ottoman Mecelle as a Secular Uniform Law Instrument*, International Journal of Turcologia, Vol. 10: 19.

[3] See Çiğdem R, *Ahmed Cevdet Pasha* (1823-1895): *a Scholar and a Statesman*, Islam Hukuku Ara tırmaları Dergisi, Vol. 6, p. 78 (2005).

[4] See Abdelnaser Zeyad Hayajneh, *Legal Surgery: the Need to Review Jordanian Civil Law*, British Journal of Humanities and Social Sciences, Vol. 6: 2, p. 45 (2012).

[5] See Abdullahi Ahmed An-Na, *Globalization and Jurisprudence: An Islamic Law Perspective*, Emory L. J., Vol. 25 (2005).

(三)国内外既有研究的不足

梳理国内外关于《奥斯曼民法典》的研究现状发现,国外已经取得了较为丰富的研究成果,但国内并无专门研究《奥斯曼民法典》的专著,相关研究散见于个别有关伊斯兰法的著作中。笔者就目前所掌握的国内外文献进行分析,指出当前对于这部法典研究的不足之处或须推进之处。

1. 对于编纂《奥斯曼民法典》的社会历史背景缺乏深入研究

民法典承担着形塑国家和统合社会的重大功能,因此不能不考虑法典背后的政治、经济以及社会状况。《奥斯曼民法典》是在帝国内忧外患之际,面对西方的压力和内部改革的需求,帝国的政治精英们整合伊斯兰法和西方法的产物。既有研究没有充分展现法典编纂者协调法律与社会、传统与现代以及伊斯兰法与西方法之间的张力,没有深入探讨法典制定的这段悲情的历史过程,也没有对法典产生的国际背景、历史渊源以及帝国内部的社会状况进行深入研究。

2. 对于《奥斯曼民法典》的内容未给予足够重视

《奥斯曼民法典》于 1876 年颁布,直到奥斯曼帝国解体,这半个世纪以来被适用于帝国,帝国解体后仍然被其他伊斯兰国家适用或借鉴。可以说,这部法典对帝国的政治、经济、社会产生了重要影响。《奥斯曼民法典》何以能调整晚期帝国中不同族群的社会关系和不同信仰者之间的行为?它具体规定了哪些内容?它和西方的民法典有何相似或不同之处?它有哪些特色?学界对这方面的研究并未给予足够重视。

3. 对于《奥斯曼民法典》所蕴含的重要意义研究不够

《奥斯曼民法典》虽然已经成为历史,但其对伊斯兰世界的法典编纂产生了较为深远的影响。首先,这部法典代表了伊斯兰法从传统向现代转型时期的重要历程,对于我们理解当代伊斯兰法的发展有重要启示意义。其次,《奥斯曼民法典》的编纂方法为伊斯兰法现代化提供了较为切实可行的温和路径,这种实现法律现代化的路径能让穆斯林和非穆斯林达成共识。

既有研究对该民法典所蕴含的意义的关注不够。

三、本书的研究内容

本书提出一个核心命题:重构传统法律文化是实现法律现代化的重要尝试。《奥斯曼民法典》是传统伊斯兰法现代化的重要尝试,该民法典的现代化并没有借鉴西方法律资源,而是对传统的伊斯兰法文化进行重构。为此,本书首先提出一个问题,即通过重构传统法律文化,能否实现法律现代化?为了回答这个问题,本书以《奥斯曼民法典》为研究对象,尝试找到答案。本书内容安排如下:

第一章考察了《奥斯曼民法典》编纂的背景。这一章为我们理解帝国为什么要编纂一部民法典提供了历史背景。本章分为三节:第一节考察晚期奥斯曼帝国的改革,多数论者认为帝国晚期的改革主要受到西方压力影响,笔者指出,帝国内部追求现代化的动机是改革的主要原因。第二节讨论晚期奥斯曼帝国的法律改革,首先指出历史上帝国的法律多元及其原因,其次指出晚期奥斯曼帝国的法律改革主要以引进西方法律和建立新式司法机构为主。第三节讨论晚期奥斯曼帝国为什么需要编纂一部民法典。从微观层面而言,传统的伊斯兰法无法应对帝国社会的发展;从宏观层面而言,主要是帝国欲实现民法的现代化和世俗化,故将该民法典的编纂作为实现民法现代化和世俗化的重要工具。

第二章考察了《奥斯曼民法典》编纂之争。本章分为三节:第一节考察帝国的政治精英为编纂一部什么样的民法典而分为激进派、保守派和温和派。在这场论战中,伊斯兰法和西方法相碰撞,本土法律文化与外来法律文化之间的张力被整合,最终温和派胜出,并提出了重构传统伊斯兰法编纂民法典的主张。第二节考察了艾哈迈德·杰夫代特帕夏这位被称为“东方萨维尼”的《奥斯曼民法典》编纂委员会主席的个人生平以及他编纂该民法典的曲折经历。本书指出,艾哈迈德·杰夫代特帕夏之所以在民法典编纂之争中胜出，是因为其有兼通中西的经历，并且在对帝国国情、西方社会深入了解的基础上提出了适合帝国社会发展的民法典编纂思路。第三节讨论传统伊斯兰法能否被编纂成法典。之所以在此处讨论这个问题，是因为它是从民法典编纂之初到现代伊斯兰学术界一直争论不休的重要问题。本书从历史和现实、理论和实践的维度论证了编纂伊斯兰法的必要性及合理性。

第三章讨论法典编纂委员会重构传统伊斯兰法编纂民法典的方法。如上所述，民法典编纂委员会没有借鉴当时声名远扬的《法国民法典》，而是基于传统伊斯兰法的资源，按照现代西方模式编纂民法典。本章还原了法典编纂委员会重构传统伊斯兰法的方法：第一节主要讨论法典编纂委员会对法律格言的适用。法律格言作为晚期哈乃斐法学的产物，被法典编纂委员会作为现代版的法律原则用于调整法典适应社会的能力。第二节主要讨论法典编纂委员会适用习惯法补充传统伊斯兰法。习惯法不能作为传统伊斯兰法的正式渊源，但法典编纂委员会赋予习惯法法律效力进而扩展了法典适应社会的能力。第三节讨论法典编纂委员会适用的优选法。优选法作为传统伊斯兰法的方法被法典编纂委员会适用，通过优选法选择出最适合时代和帝国国情的法学观点编纂成法典。第四节讨论法典编纂委员会规避伊斯兰宗教法，将帝国法令引入民法典，并开创出抽象规则和具体案例相结合、实体法和程序法共存的立法模式。法典编纂委员会通过以上方法实现对传统伊斯兰法的重构，编纂出适合帝国社会的民法典。

第四章讨论《奥斯曼民法典》中的特色制度。通过重构传统伊斯兰法编纂出的民法典到底有哪些特色制度，这是读者迫切希望了解的内容。本章分为三节：第一节讨论该民法典的物权制度，如物的特殊性、所有权以及优先购买权等；第二节讨论该民法典的债权制度，主要介绍了各种独具伊斯兰法特色的合同类型以及债权制度；第三节讨论该民法典的侵权制度，主要探讨了侵权行为的归责原则以及一般理论。

总之,《奥斯曼民法典》的具体制度都摘自传统伊斯兰菲格亥法学著作,具有鲜明的伊斯兰法特色。通过这些制度我们可以了解传统伊斯兰法的规定。另外,该民法典的诸多规定和现代民法已经非常接近,这种现象耐人寻味。

第五章是对《奥斯曼民法典》的评价。这部对传统法律文化进行重构编纂而成的法典得到当时以及现代学术界的诸多评价。除了对具体制度的各种赞扬和批评之外,本章还讨论了具有重要现实意义的评价之争。本章分为三节:第一节讨论《奥斯曼民法典》的宗教法与世俗法之争;第二节讨论《奥斯曼民法典》对罗马法借鉴与否之争;第三节讨论《奥斯曼民法典》编纂成功与失败之争。通过对《奥斯曼民法典》三种评价之争的讨论,进一步说明该民法典对当代伊斯兰世界的重要意义。

第六章讨论《奥斯曼民法典》对现代伊斯兰世界法律现代化的启示。第一节指出伊斯兰法现代化的困境以及该民法典的第三条选择:重构传统法律文化。第二节讨论伊斯兰法能否被重构的争论,并从历史、理论等维度指出伊斯兰法重构的可行性。第三节讨论为了实现现代化,重构传统伊斯兰法应当注意的几个问题。

本书结论指出,通过对传统法律文化的重构,立基于传统资源实现伊斯兰法现代化是一条不偏不倚、较为温和的道路。这种重构传统法律文化实现法律发展的路径对后发国家的法律现代化具有启示意义,对于我们研究“一带一路”沿线伊斯兰国家的法律亦具有重要的参考意义。

四、研究方法、研究难度与创新之处

(一)研究方法

1. 法律史学研究方法

法律史学的研究方法注重对法律进行历史维度的考察,通过追溯法律的历史,认识和把握其现实表现形态,预测未来发展趋势。通过法律史学的研究方法,探讨《奥斯曼民法典》产生的历史背景、法典编纂之争的历史事件、该民法典在奥斯曼帝国历史中扮演的重要角色以及在伊斯兰法律史上的重大影响,进而将其内容、特点以及局限性等予以客观、全面地展现,便于学界了解这部伊斯兰世界的民法典。

2. 比较法学研究方法

比较法学研究方法主张通过对不同国家、不同区域、不同文明之间的法律制度、法律文化进行比较研究,以达到对其本国法律制度和法律文化的深刻理解。对不同法文化进行比较研究,方能领略不同的法律制度和法文化观念,有助于抛弃那种民族偏见以及夜郎自大的心态。笔者将《奥斯曼民法典》的具体制度和罗马法以及现代法进行比较观察,这种比较的意义在于指出传统伊斯兰法有现代化的基础资源,从而有助于我们更深刻地理解非西方国家的法律现代化进程。

3. 法律社会学研究方法

法律社会学研究方法旨在将法律的形态置于社会发展之中进行研究。其反对对法律进行孤立的、法教义学式的研究,而是将法律作为社会中的一种元素,通过考察法律和社会之间的关系,力图从法律发生的社会维度予以研究。马克思、韦伯等社会理论大师为法律社会学的研究提供了经典研究范式。笔者借助这些法律社会学的研究范式,一方面,对奥斯曼帝国的政治、经济、文化进行分析,展现帝国社会对于民法典的影响;另一方面,分析《奥斯曼民法典》对奥斯曼帝国社会的整合作用,促使帝国向现代民族国家转型,展现了法律对社会的影响。

4. 法教义学研究方法

法教义学研究方法主张对法律概念、法律规则及法律制度进行微观技术层面的研究。当下中国法教义学研究范式和法社会学研究范式形成两大阵营,并展开激烈论战。暂且不论孰优孰劣,笔者认为有必要借助法教义学研究范式对《奥斯曼民法典》进行研究,因为《奥斯曼民法典》作为一部实证法典，其内容呈现出不同于西方法典的法律概念、法律技术，对其进行微观技术层面的探讨有助于我们更为深入地理解这部法典以及其所代表的伊斯兰法内容，而不仅仅将研究局限于法文化视角。

（二）研究难度

1. 历史考察难度

研究《奥斯曼民法典》需要对奥斯曼帝国的政治制度、法律制度、经济制度、社会生活有深入的了解，对当时世界的格局以及奥斯曼帝国与西方世界的关系予以全面考察。这对于笔者而言构成一项挑战。

2. 研究资料较为有限

如前所述，我国国内目前对《奥斯曼民法典》的研究几乎处于空白状态。笔者寄希望于国外研究资料，但就笔者目前所掌握的英文资料而言，也并无想象中的丰富。笔者前往德国访学期间收集了诸多研究民法典的资料，但是截至目前并没有一部研究《奥斯曼民法典》的英文专著，有几本研究《奥斯曼民法典》的土耳其语专著，但因笔者没有掌握土耳其语，极大限制了笔者的研究。而且，相关论者多从历史、政治视角探讨民法典，鲜有人从法学视角以及法技术层面探讨民法典，即欠缺民法制度层面的研究，其实只有深入制度规则层面，才能对民法典的研究更为细致和深入。

3. 传统伊斯兰法制度不易掌握

《奥斯曼民法典》中规定的物权、债权、侵权、合伙等制度均摘自传统伊斯兰菲格亥法学著作。传统伊斯兰法作为法学家法，规定的内容和制度极其庞杂，而且很多制度迥然于英美法系和大陆法系的规定，对于没有受过专业伊斯兰法训练的人而言很难进入这个领域。笔者的伊斯兰法训练不足，尤其对于伊斯兰民商法制度的理解并不深入，这也构成研究《奥斯曼民法典》的障碍。为此，笔者对该民法典逐条进行分析，深入传统菲格亥法学著作，以期掌握该民法典的制度和内容。

（三）本书的创新之处

1. 填补了我国学界对《奥斯曼民法典》研究的空白

目前，对于《奥斯曼民法典》的研究，我国国内并未有专门的著作进行探讨，因此对于这部法典的研究在国内几乎属于空白领域。笔者以这部法典作为研究对象并撰写著作，从某种程度而言，为我国学界研究《奥斯曼民法典》填补了空白。

2. 为伊斯兰法学研究提供实证素材

我国国内对伊斯兰法学的研究已经形成了一定的研究规模，出现了一批研究成果。笔者对于《奥斯曼民法典》的研究，注重从一部法典展现伊斯兰法由传统向现代的转型过程，从而丰富我国国内伊斯兰法研究的内容，为伊斯兰法研究提供实证素材。

3. 为我国国内民法典研究提供非西方法文化视角

当前，我国学界对民法典的研究非常热门，不仅仅因为我们已经完成了《民法典》的编纂工作，还因为民法典直接关系市民社会个人的权利。学界对西方民法典如《德国民法典》研究较多，但是对非西方民法典讨论较少。笔者通过对《奥斯曼民法典》的研究，指出其非西方民法典的内容及特征，以及非西方法文化和西方法文化之间的整合，从而为我国学界研究民法典提供一种非西方法文化视角。

第一章

传统到现代：晚期奥斯曼帝国的改革

本章主要讨论《奥斯曼民法典》的编纂背景。该民法典的编纂背景主要有三个方面:一是为了应对西方压力,帝国自 18 世纪开始进行军事、政治改革;二是为了追求现代化,19 世纪晚期,帝国实施法律改革;三是帝国法律改革中传统法律遭遇困境,因此有必要编纂民法典。

第一节　晚期奥斯曼帝国的改革

本节主要探讨晚期奥斯曼帝国的改革。晚期奥斯曼帝国面临由盛而衰的落后局面,为此帝国进行了三次改革。改革的主要目的是应对西方的压力以及帝国内部实现现代化。这三次改革开启了奥斯曼帝国从传统到现代的转变历程。

一、晚期奥斯曼帝国的衰落

奥斯曼帝国是奥斯曼土耳其人建立的一个存在于 1299 年至 1923 年的军事帝国。土耳其人的祖先是居住在亚洲北方草原和沙漠地带的游牧民族,在中国历史上被称为突厥人。大约在 6—7 世纪,突厥人开始向西南大迁徙,进入中亚。8 世纪,在中亚的突厥人开始接受伊斯兰教,不久后从阿拉伯帝国的统治下独立。11 世纪初,在乌古思部族的领导下,不断向西南迁徙的突厥人占领了阿拉伯帝国的统治中心巴格达,建立了突厥塞尔柱人的王朝,结束了阿拉伯人在伊斯兰世界大部分地区的统治,但此时小亚细亚半岛的大部分地区仍然在拜占庭帝国的辖制下。正因如此,突厥塞尔柱人在王朝建立后继续把突厥人引向小亚细亚半岛。1071 年的曼齐克特之战,突厥塞尔柱人以少胜多,打败了拜占庭帝国的军队,拜占庭帝国被迫从小亚细亚半岛撤出,而大批突厥人不断迁徙到如今土耳其共和国所在的小亚细亚半岛。特别是 13 世纪蒙古人占领小亚细亚半岛,使突厥塞尔柱人建立的罗姆苏丹国沦为蒙古人的藩属,又给突厥人增添了新的血液,加速了突厥人与小亚细亚半岛土著居民的融合,从此使小亚细亚半岛开始了漫长的突厥与伊斯兰化的发展过程。14 世纪初,日渐衰落的罗姆苏丹国分裂成 10 个突厥小公国。日后建立了雄霸欧亚非三大洲的帝国的奥斯曼人就来自这 10 个突厥小公国的其中之一。他们同当时那些居住在拜占庭帝国边境地区的其他突厥人一样,在其首领埃尔托格鲁尔的率领下,进入到拜占庭帝国的疆域进行疯狂的掠夺。年迈多病的埃尔托格鲁尔去世以后,其子奥斯曼接管了部落,继任首领,并率众占领了安纳托利亚高原的西北部,奠定了奥斯曼帝国的雏形。奥斯曼去世以后,其子奥尔汉继位,通过不断的武力征服,最终建立了一个幅员辽阔、人口众多、雄霸欧亚非三大洲的帝国。该帝国拥有南欧、巴尔干半岛、西亚及北非之大部分领土,西达直布罗陀海峡,东抵里海及波斯湾,北及今之奥地利和斯洛文尼亚,南至今之苏丹与也门。奥斯曼帝国在 1453 年征服了君士坦丁堡,稳固了帝国作为欧洲东南部及地中海东部地区霸主的地位,接下来帝国进入了漫长的征服扩张期,将疆域扩至欧洲及北非。奥斯曼帝国的陆上扩张主要依靠其军事革新及军纪;其海军从意大利城邦及葡萄牙人手里争夺及保障了黑海、爱琴海、地中海、红海及印度洋的远航路线,对其征服活动起了重要的作用。奥斯曼帝国的君主苏丹以自封的形式,视自己为天下之主,继承了东罗马帝国的基督教文化及伊斯兰文化,因而东西文明在此得以统合〔1〕。奥斯曼帝国在一些贤能苏丹的统治下繁荣兴盛。塞利姆一世在位时致力于向东及向南扩张,在 1514 年的查尔迪兰战役中击败了伊斯迈尔一世统治下的萨非王朝。〔2〕 1517 年,奥斯曼帝国消灭埃及马木留克王朝,其海军势力扩至红海。此后,奥斯曼帝国及葡萄牙

---

〔1〕 See H. İnalcık, *The Rise of the Ottoman Empire*, in P. M. Holt, A. K. S. Lambstone and B. Lewis eds, The Cambridge History of Islam, Cambridge University, p. 295-200.

〔2〕 See Savory, R. M. The Principal Offices of the Ṣafawid State during the Reign of Ismāʿīl I (907-30/1501-24). Bulletin of the School of Oriental and African Studies, University of London, Vol. 23:1, p. 91-105(1960).

帝国成为该地区最具支配地位的势力。在塞利姆一世及苏莱曼一世时期，奥斯曼帝国拥有强大的海军力量，能控制地中海大部分地区。

帝国的衰落始于16世纪，奥斯曼帝国向外扩张达到了极限，此后帝国进入了由盛而衰的时期。在东部边界上，由于新兴中央集权的萨法维王朝正值权力鼎盛之时，奥斯曼军队无力进入波斯。在东方的海洋上，他们碰上了葡萄牙人的坚实船只。在克里米亚及其外围地带，他们受到俄罗斯人的阻挠。在非洲，沙漠、山脉和气候变成了障碍，但是由于那里缺乏诱惑力，因此也没有人企图越过这些障碍。[1] 17世纪后期，奥斯曼帝国在与欧洲诸国的战争中屡遭败绩。1683年，奥斯曼帝国军队兵败维也纳城下，匈牙利和贝尔格莱德脱离奥斯曼帝国。与此同时，威尼斯人夺取希腊诸地，俄国军队攻占黑海北岸的亚速。1699年，奥斯曼帝国苏丹被迫签订《卡洛维兹条约》，承认波兰对乌克兰南部地区的统治权、奥地利对特兰西瓦尼亚和匈牙利的统治权、威尼斯对希腊南部地区的统治权、俄罗斯对德涅斯特河以北地区的统治权。[2]《卡洛维兹条约》的签署标志着奥斯曼帝国的衰落。自新航路开辟以来，特别是自工业革命开始，欧洲诸国的现代化进程逐渐启动。相比之下，奥斯曼帝国恪守传统秩序，长期处于相对停滞的状态。由此形成的历史落差，改变了欧洲与奥斯曼帝国之间的力量对比。此后第一次世界大战中，奥斯曼帝国败于协约国之手，奥斯曼帝国因而分裂。奥斯曼帝国前后持续了600年。前300年是不断扩张的强盛时期，后300年则是其日渐衰落的积弱不振时期。

造成奥斯曼帝国衰败的根本原因，主要是帝国统治集团的最高层及包括军队在内的帝国政府机器的失灵。在苏莱曼大帝去世以后的几个世纪里，由于政治腐败、经济崩溃、统治集团内部勾心斗角，争权夺利行为不断；加上地方封建割据严重，各地区纷纷闹独立，不再听从帝国中央政府的统一

---

〔1〕 参见［英］伯纳德·刘易斯：《现代土耳其的兴起》，范中廉译，商务印书馆1982年版，第30页。
〔2〕 参见哈全安：《中东国家史：610—2000：奥斯曼帝国史》，天津人民出版社2016年版，第71页。

号令。奥斯曼帝国统治集团对帝国军事封建采邑制度的极大破坏,使整个社会出现了军事采邑向世袭个人封地转化的趋势,造成奥斯曼帝国社会经济基础的逐渐松动,以及广大农民和被征服民族的不断反抗,从而使奥斯曼帝国的对外战争屡受挫折,极大地削弱了奥斯曼帝国的政治、经济、军事力量。奥斯曼帝国皇权的腐败与懦弱以及宫廷内部的勾心斗角,不但滋长了任人唯亲的腐败社会风气,而且还助长了行贿受贿、卖官鬻爵的做法。政府机构的瓦解不仅影响各个最高主权行政机关,还影响帝国各地的一切政务和宗教组织。这些机关、组织的效率和信誉一落千丈,以致不可收拾,并且由于人员的雇用、训练和提升所采取的方法不断改变,情况也越来越严重。这种恶化现象,在奥斯曼帝国的官方档案里表现得非常清楚。其中生动确切地反映出帝国在 16 世纪时,拥有一种一丝不苟、认真负责并且具有惊人效率的政府制度,到 17 世纪时,变得漫不经心,最后到 18 世纪时,则归于崩溃。[1]到第一次世界大战前夕,奥斯曼帝国只剩下了土耳其本土,以及地中海东部沿岸、美索不达米亚和阿拉伯半岛等土地。之后凯末尔领导土耳其国民运动,成功推翻苏丹的统治并放弃了奥斯曼土耳其帝国的疆域,建立了土耳其共和国。

二、塞利姆三世和马哈茂德二世的改革

每当奥斯曼帝国遭遇重大的军事失利,帝国的政治家们总是产生许多反思。帝国早期改革家们所考虑的主要是随着辉煌时代体制机构的日趋腐朽而暴露出来的帝国内部的弱点,因而他们的改革实践主要致力于恢复过去的统治秩序,重振奥斯曼帝国的往日雄风。他们改革社会的宗旨是根除腐败之风,而他们的武器则是行刑官手里的大刀和没收非法所得财产。但是,随着奥斯曼帝国在同奥地利与俄罗斯军队的交战中一败涂地,尤其在

---

〔1〕 参见[英]伯纳德·刘易斯:《现代土耳其的兴起》,范中廉译,商务印书馆 1982 年版,第 29 页。

1699年签订了《卡洛维兹条约》和1718年签订了《巴沙洛威茨条约》等丧权辱国的不平等条约之后,帝国的政治精英从失败和教训中看到了西方军事优势,逐渐认识到使军队近代化的紧迫性和重要性,并开始把社会改革的目光转向西方,伊斯坦布尔的苏丹开始推行自上而下的新政举措。[1]

(一)塞利姆三世的改革

1789年,正值法国大革命爆发之际,塞利姆三世(1789—1807年在位)继任奥斯曼帝国苏丹。塞利姆三世登基时年仅27岁,他秉性刚直、知识广博、阅历丰富。他不讨厌西方社会的新潮思想和生活方式,对于欧洲各国的事务表现出极大的兴趣。在他还是王储的时候,他就已经开始通过私人使臣同法国的国王进行书信联系。塞利姆三世即位后,颁布诏书,实行新政,旨在扩大苏丹的权力,强化中央集权的政治秩序,克服离心倾向,重建奥斯曼帝国的强盛与辉煌。塞利姆三世的新政举措主要是仿照法国模式组建新军,裁减被称作耶尼切里的近卫军团以及被称作西帕希的封邑制骑兵,尝试振兴帝国军事力量以和西方国家作战。

然而,塞利姆三世的改革建议从一开始便引起了帝国保守分子的强烈反对,在宫廷中遭到了一些人的唾弃和辱骂。近卫军团首先意识到,一支装备精良、具有战斗力的新式兵团的崛起,必将影响和威胁到他们在奥斯曼帝国传统的政治地位。保守的伊斯兰宗教乌里玛阶层认为,效法基督教徒的一切改革,都有损穆斯林的传统信仰,违背神圣的伊斯兰法典,容易把人们引入歧途。但是,塞利姆三世意识到帝国的社会体制已经过时了,尤其是近卫军团,它已经成为帝国的一种政治负担,极大地妨碍帝国社会的进步,所以下定决心要不遗余力地进行改革。他下令成立了一个由改革派人士组成的小型委员会处理改革事宜,并在1792年和1793年颁布了一系列新训令和新条例,后来被称为新秩序。最终,对改革一直怀恨在心的近卫军团和某些

---

[1] 参见哈全安:《中东国家史:610—2000:奥斯曼帝国史》,天津人民出版社2016年版,第77页。

顽固派政府官员与塞利姆三世还是发生了正面的冲突，他们上书请愿停止改革。塞利姆三世迫于顽固派分子的压力，最终作出了妥协，免去了支持他的改革派大臣们的职务，并把新式军团调回安纳托利亚。但是塞利姆三世的改革本身引起了近卫军团和乌里玛阶层的不满，最终导致 1808 年塞利姆三世被暗杀。〔1〕

（二）马哈茂德二世的改革

苏丹马哈茂德二世于 1785 年 7 月出生在伊斯坦布尔。他的父亲阿卜杜勒一世在位时，曾经创办了一批西式的世俗学校，当时在帝国影响甚大，给马哈茂德二世留下了深刻的印象。此外，马哈茂德二世似乎受到他的堂兄塞利姆三世的影响极大，特别是在塞利姆三世被废黜到被暗杀去世的最后一年里，他们两人一直住在一起，他从塞利姆三世那里学习了许多宝贵的治国经验。马哈茂德二世当政期间，恢复塞利姆三世时期颁布的新政法令，延续塞利姆三世制定的新政举措，扩大改革的领域。塞利姆三世的新政举措主要在军事层面，相比之下，马哈茂德二世的新政举措涉及奥斯曼帝国统治制度的诸多领域。

其一，军队的欧式化。马哈茂德二世首先致力于重建新军。1827 年，马哈茂德二世不顾各方面的强烈反对，效法俄国的彼得大帝，毅然采取果断的措施，向欧洲各国派出了大批留学生学习军事技术。〔2〕马哈茂德二世创办包括陆军学校、海军学校和军事医学院在内的新式学校，配备新式枪支和火炮，聘用欧洲教官，采用欧洲教学模式，使用欧洲语言授课，旨在培养新军将领及政府官吏。

其二，改革传统的教育体制。帝国由乌里玛控制的宗教学校中，普通小学用死记硬背的方法教授阿拉伯文《古兰经》，很少讲授自然科学知识。在

〔1〕 See Bluebook 20th ed. Majid; Liebesny, Herbert J., Editors Khadduri, *Law in the Middle East*, Middle East Institute, 1955, p. 293.

〔2〕 参见黄维民：《中东国家通史·土耳其卷》，商务印书馆 2002 年版，第 127 页。

高一级的宗教学校，学生学习的几乎是伊斯兰宗教方面的课程。为了避免与帝国宗教界人士的全面冲突，马哈茂德二世在非军事性教育领域内实施改革的时候，也相应作了一些妥协，如把此类学校的校址选在一些清真寺内，选择一些有博学知识、懂得一些西方现代科学的乌里玛在学校任教。在讲授外语和西方现代课程的同时，学校还为学生讲授一些传统的宗教课程。这些学校的学生和其他各类军事学校的学生一样，一律领取帝国政府的公费补助或奖学金。在这些学校的毕业生中，有几个人成了奥斯曼帝国后来社会改革的领导人物。

其三，建立一套新的官僚管理体制。马哈茂德二世从整顿宫廷开始进行改革。帝国政府机构经过整顿改革，大小政府官员一律有了新的职衔，他们的职权都由苏丹授予，而不再靠过去传统的惯例获得。另外，马哈茂德二世开始将原有的帝国行政机构改换成西方模式的政府各部，还设置了外交大臣、内务大臣、财政大臣等官职。大臣国务会议有意仿效欧洲国家内阁的格局，大维齐尔也不再是旧式苏丹绝对意志的代理人，而是内阁首席大臣，被称为首相。其目的就是将奥斯曼帝国的一切权力都集中在苏丹自己的手中，使苏丹的权力成为帝国境内一切权力的唯一源泉。

其四，剥夺乌里玛的权力。1826 年，马哈茂德二世任命伊斯坦布尔的大穆夫提作为乌里玛的最高宗教首领，同时规定瓦克夫事务部掌管乌里玛控制的宗教地产，剥夺乌里玛的经济自主权，将教师的任命、学校和学院的监督等事项都转给教育部，法官的任命和司法行政拨归司法部。将乌里玛划编政府管理，享受国家俸禄，使他们增加对政府的依赖性，削弱了他们与穆斯林民众的联系，以及实现对苏丹权力的制约作用，从而将乌里玛纳入苏丹控制的国家体系，进而开辟奥斯曼帝国世俗化进程的先河。[1]

总之，马哈茂德二世以后，以苏丹为首的帝国中央政府的权力得到极大

---

〔1〕 参见哈全安：《中东国家史：610—2000：奥斯曼帝国史》，天津人民出版社 2016 年版，第 79 页。

的加强，这标志着奥斯曼帝国从此完成了由封建军事联合体制向中央集权体制的转变，是历史性的进步。只有这种转变，才能使奥斯曼帝国以后的政治体制便于向世俗化、民族化、现代化的政治体制过渡。

三、帝国的坦志麦特运动

1839 年 7 月 1 日，踌躇满志的马哈茂德二世不幸因病去世，他的继承人是其刚满 16 岁的儿子阿卜杜勒·马吉德。新登基的苏丹决定继承他父亲的遗志，重振帝国雄风，帝国进入坦志麦特运动时期。由于苏丹年幼，帝国改革的事项主要由穆斯塔法·雷什德帕夏负责。穆斯塔法·雷什德帕夏可以称得上是 19 世纪奥斯曼帝国坦志麦特改革运动的真正创始人。他出生于伊斯坦布尔，最初跟随父亲学习，但在 10 岁时父亲去世，后来进入清真寺学校接受宗教教育，但他并没有按常规读完当时作为正式高等教育的神学院。他凭自己的才能，不久便青云直上，于 1832 年被任命担任实际相当于外交大臣主任秘书的职位。[1] 1834 年，穆斯塔法·雷什德帕夏被派往巴黎任大使，在去巴黎的途中路过维也纳，在那里他和梅特涅亲王进行过谈话。在留住巴黎期间，他一边学习法语，一边结识了许多著名的思想启蒙家，[2] 对他以后政治志向的发展有了很大的影响。1839 年，穆斯塔法·雷什德帕夏作为特使前往伦敦。新苏丹继位之后，任命穆斯塔法·雷什德帕夏为外交大臣。此后，正是在他的积极推动下，奥斯曼帝国才拟定和公布了《花厅御诏》，开启了帝国的坦志麦特运动。

（一）《花厅御诏》

奥斯曼帝国最富有成效的改革是坦志麦特改革（1839—1876 年）。1839

---

〔1〕 参见[英]伯纳德·刘易斯：《现代土耳其的兴起》，范中廉译，商务印书馆 1982 年版，第 112 页。

〔2〕 参见[英]伯纳德·刘易斯：《现代土耳其的兴起》，范中廉译，商务印书馆 1982 年版，第 112 页。

年新登基的苏丹阿卜杜勒·马吉德(1839—1861年在位)颁布了一项诏令,[1]史称《花厅御诏》,其主要内容包括:第一,保障苏丹臣民的生命、荣誉和财产;第二,废除包税制,实行直接征税制;第三,采用征兵制,明确限定服役期限;第四,打破宗教界限,强调帝国臣民无论信仰何种宗教,皆享有同等的法律地位。[2]

《花厅御诏》的颁布具有重大的改革意义,宣布了法律面前人人平等的原则。在传统伊斯兰教中,不同的宗教信仰决定着相应的法律地位。虽然奥斯曼帝国的政策对帝国的非穆斯林予以保护,并给予他们管理各自米勒特内部事务的较大自治权。然而帝国穆斯林对其他宗教信仰者的偏见,无论从传统上或者道义上来说,都是根深蒂固的。[3] 在奥斯曼帝国,穆斯林的法律地位高于其他宗教信仰者。苏丹和具有改革精神的大臣们已经认识到,如果不尽快满足奥斯曼帝国各族人民的平等要求,那么将会为欧洲列强寻找保护帝国境内基督教徒、干涉帝国内政找到借口。即使没有西方的干涉,在兴起的民族主义的影响下,也将最终导致奥斯曼帝国的崩溃。苏丹和他的大臣们想通过这一巨大的社会变革,增进帝国境内所有臣民的友好关系,加强穆斯林以及基督教徒臣民对帝国的忠诚,削弱分离主义,巩固奥斯曼帝国的统一。因此,《花厅御诏》颁布的目的在于缓解奥斯曼帝国境内的社会矛盾,争取西方世界的支持。西方列强要求提高基督教徒的地位和减轻对基督教徒提供保护所形成的压力,亦是促使奥斯曼帝国颁布《花厅御诏》的重要原因。[4]

---

[1] 1839年,阿卜杜勒·马吉德即位后颁布了古尔汗法令,当时帝国的所有达官显贵和外国使节聚集于古尔汗宫,听穆斯塔法·雷什德帕夏宣读法令。在场的除了奥斯曼苏丹阿卜杜勒·马吉德外,还有宗教领袖、政府要员、外国使节和代表,以及法国国王路易·菲利普的三儿子德·儒内维尔。宗教领袖中除了有伊斯兰教的领袖,还有犹太教的拉比、亚美尼亚和基督教的教长。各界头面人物包括行会的代表。

[2] 参见哈全安:《土耳其通史》,上海社会科学院出版社2014年版,第128页。

[3] 参见[英]伯纳德·刘易斯:《现代土耳其的兴起》,范中廉译,商务印书馆1982年版,第114页。

[4] 参见哈全安:《中东国家史:610—2000:奥斯曼帝国史》,天津人民出版社2016年版,第81页。

《花厅御诏》包含的自由平等法律原则源于西方近代的宪政思想。伯纳德·刘易斯指出,这一项原则和古老伊斯兰传统作了最根本的分裂。[1]实际上,奥斯曼帝国内部诸多民族和宗教群体日趋高涨的反抗运动,构成法律地位平等思想的社会基础。《花厅御诏》颁布后,奥斯曼帝国在沿袭传统宗教法律框架的同时,开始尝试世俗的立法实践,引进世俗法律,废除原本由非穆斯林缴纳的人丁税,打破宗教界限征募士兵,建立世俗法庭,兴办世俗学校,非穆斯林获准出任政府官职,穆斯林与非穆斯林之间的社会界限日趋淡化,诸多宗教群体之间的法律地位日渐趋同,米勒特制度随之解体。[2]

(二)《改革法令》

在坦志麦特时期,由于帝国未能严格执行《花厅御诏》法令,引起了欧洲国家的不满。[3] 1856 年克里米亚战争结束后,帝国政府在 1856 年 2 月 18 日又颁布了另一份庄严的改革文件——《改革法令》。这份《改革法令》重申了 1839 年《花厅御诏》中的各项原则,但不同于《花厅御诏》,它只字未提《古兰经》,而是强调世俗物质的进步和繁荣。这部法令主要规定:第一,基督教臣民与穆斯林有同等的权利;信仰自由,不得强迫任何人改教;不得因为信仰不同而取消公民担任公职、进入学校、服兵役的资格。第二,不同教派之间案件的审理和诉讼程序、商务和刑事案件均归混合法庭办理,并应公之于众。第三,帝国范围内各宗教团体,课税和服役一律平等。第四,准备制定兵役法。第五,外国人可以在奥斯曼苏丹管辖范围内持有、购买和处理不动产。第六,每年编制一次国家预算;建立银行和其他财政机构;改革奥斯曼帝国的货币金融制度。第七,鼓励商业和农业;重视公路和运河建设。[4]《改革法令》延续了《花厅御诏》的宗旨,将帝国的改革向前推进了一步。

---

〔1〕 参见[英]伯纳德·刘易斯:《现代土耳其的兴起》,范中廉译,商务印书馆 1982 年版,第 114 页。

〔2〕 参见哈全安:《中东国家史:610—2000:奥斯曼帝国史》,天津人民出版社 2016 年版,第 160 页。

〔3〕 See Dora Glidewell Nadolski, *Ottoman and Secular Civil Law*, International Journal of Middle East Studies, Vol. 8:4, p. 522(1977).

〔4〕 参见[美]西·内·费希尔:《中东史》(上),姚梓良译,商务印书馆 1979 年版,第 412 页。

《花厅御诏》和《改革法令》作为帝国坦志麦特时期最重要的改革指南,首先,旨在改变帝国非穆斯林臣民的地位,给予他们在帝国中的平等权利,使他们更加彻底地融入奥斯曼社会,从而抵御内部民族主义运动,防止其从帝国分裂出去。其次,改革的目的是巩固奥斯曼帝国的社会和政治基础,实现帝国的现代化。最后,改革是为了抵御西方的霸权,确保帝国的领土完整,是帝国的政治精英挽救帝国的一次尝试,也是帝国的知识分子试图在伊斯兰教的框架内实现西方与东方之间的和解的一次尝试。

四、对奥斯曼帝国改革的评价

在帝国的三次改革中,19 世纪的坦志麦特改革具有重大意义。对于这次改革的评价,学术界有不同看法。大部分学者认为坦志麦特运动取得了巨大的成功,这次改革是帝国从传统到现代化的转折。坦志麦特时期被誉为“播种时节”,是新的观念和制度得以萌动发芽的季节。如果没有坦志麦特这一历史时期,此后的奥斯曼帝国宪政时期以及共和国时期的改革家们,都根本不可能取得任何使社会进步的成绩。因为基本的事实是:奥斯曼帝国如果要想继续立足于现代世界民族之林,除了实行具有西方色彩的社会改革,别无他法。

然而也有学者指出,坦志麦特改革并没有取得人们所期待的结果。其主要原因是帝国社会经济发展极其缓慢。虽然帝国的农业产值有所增长,但是微乎其微。虽然帝国政府两次宣布废除纳税农庄制,但是事实上废而不除,因为直接征税制既没有增加岁入,又没有减少横征暴敛的弊端。此外,公路、铁路、桥梁以及公共建筑等现代设施的发展程度,各省之间的差异也很大。由于没有出现大规模的工业发展,所以这一时期奥斯曼帝国只是建立了一些小型的制造加工业工厂。特别是欧洲列强签署的通商条约,把奥斯曼帝国的保护关税限制在了 8%之内,使欧洲货物的进口量不断增加,从而严重影响了奥斯曼帝国民族资本的发展。1852 年,坦志麦特改革运动遭受了最为严重的挫折。穆斯塔法·雷什德帕夏不断采取更加激进的改革措施,希望赢得西方国家的支持,但遭到奥斯曼帝国保守派的强烈反对。在巨大的压力下,苏丹被迫免去了穆斯塔法·雷什德帕夏大维齐尔的职务,导致由他制定的新地方行政制度遭到废除,甚至整个坦志麦特改革运动都陷入停顿状态。1871 年,作为奥斯曼帝国改革的主要支持者和模仿学习者的法国,在普法战争中失败,其在奥斯曼帝国朝野中的威信下降,再加上坦志麦特时期改革运动的重要领导人的相继离世,帝国改革派的威望也随之降低。在一片对奥斯曼帝国的前途悲观失望的情绪中,坦志麦特的改革家们完成了他们的历史使命。有学者分析其中的原因,认为坦志麦特改革是由奥斯曼帝国精英策划的,这些精英认为改革是一个可以改善他们政治地位的机会,然而大众并没有受到改革的推动,他们冷漠甚至敌视地看待这些改革者。亚普将这种民众冷漠的原因归结为改革的目的,他指出这些改革都没有真正旨在改善奥斯曼人的生活,尤其是穆斯林的生活,改革缺乏国内刺激的动力。用亚普的话来说,坦志麦特改革就像“没有引擎的汽车”。[1]

实际上,对坦志麦特改革的评价是基于评价者的评价标准作出的,那么我们是应以外部视角来评价还是应以内部视角来评价这次改革?一部分学者用西方化、世俗化和现代化来解释 19 世纪奥斯曼帝国的改革,术语中带有现代化叙事的痕迹,可以归纳为以下理由:首先,19 世纪的改革主要是在帝国的软弱以及欧洲的压力下启动;其次,奥斯曼改革派的宏伟设计或多或少模仿西方的模式;最后,西方的制度及实践成为判断奥斯曼改革是否成功的唯一标准。[2]

---

〔1〕 See Heba Abdel Halim Sewilam, *The Jurisprudential Problems of the Early Codification Movement in the Middle East: a Case Study of the Ottoman Mejelle and the* 1949 *Egyptian Civil Code*, University of California, 2011, p. 132.

〔2〕 See Avi Rubin, *Ottoman Judicial Change in the Age of Modernity: A Reappraisal*, History Compass 7/1, 2009, p. 122.

我们考察奥斯曼帝国的历史发现,奥斯曼帝国的现代化不能只局限于坦志麦特时代,帝国的改革和现代化可以追溯到很长一段时期之前,而且,鉴于帝国与欧洲接触已有数百年之久,奥斯曼帝国的现代化并不是由于与欧洲的即时接触而引起的。19 世纪的改革是外部压力的结果,还是更确切地说是外部压力在多大程度上决定了改革?祖尔什承认外部压力的影响,特别是帝国基督教少数派在改革方面的影响,但他同时指出,正如《花厅御诏》的颁布,一方面满足了欧洲人的需求,另一方面帝国也需要颁布这些法令以实现帝国的现代化。奥尔塔伊利指出,现代化并非仅由于外部因素而发生,帝国也逐渐认识到世界正在发生变化,因此现代化更多是帝国自我决定的结果,我们不应忽略帝国内部的动态。实际上,“欧洲试图强加的东西”和“奥斯曼帝国必须完成的东西”在现代化和拯救帝国之间有高度的重叠。因此,最好不要过分强调外部压力的影响,而应承认帝国意识到现代化和欧洲在帝国的利益需求之间的重叠。[1]

第二节　奥斯曼帝国的法律改革

本节主要探讨奥斯曼帝国坦志麦特运动下的法律改革。首先指出帝国历史上的法律呈现出多元性特征,并分析帝国法律多元的表现及其原因。其次介绍帝国法律改革的路径:一是移植西方法律,二是建立新式司法机构。

一、奥斯曼帝国历史上的多元法律体系

奥斯曼帝国历史上存在多元法律文化,其主要表现如下。

---

〔1〕 See Ismail noyan, *Ahmet cevdet pasha and change: A three-tiered approach*, Sabancı University, M. A. Thesis, July 2018, p. 61.

（一）多重的法律渊源

一是传统伊斯兰法。在12世纪塞尔柱帝国统治时期，传统伊斯兰法就已经成为奥斯曼帝国的重要法律渊源。传统伊斯兰法由《古兰经》、圣训、公议和类比四大法源构成，包括规范穆斯林的一系列宗教仪式、婚姻家庭、民商事交易等方方面面的内容。传统伊斯兰法逊尼派分为哈乃斐法学、马力克法学、沙斐仪法学、罕百里法学四大法学派，奥斯曼帝国将传统伊斯兰法中的哈乃斐法学作为其正统法学。之所以选择哈乃斐法学是因为哈乃斐法学注重人的理性，不拘泥于法律条文，能够因时因地灵活变通，适合远离伊斯兰法发源地的沙特阿拉伯半岛以外的地区。伊斯兰法在奥斯曼帝国具有至高无上的地位和不可侵犯的神圣性，而且是帝国法律体系金字塔的顶点。但是伊斯兰法作为宗教法又不同于世俗法，它对帝国的穆斯林具有约束力，对帝国的非穆斯林的约束力有限。夏赫指出，伊斯兰法并不宣称其有普遍效力。伊斯兰法仅对伊斯兰国家领土内的穆斯林具有完全约束力，而对在敌国领土的穆斯林的约束力较弱，对伊斯兰领土内的非穆斯林的约束力则有限。[1] 因此，尽管伊斯兰法律是奥斯曼帝国的正式法律制度，但帝国仅在某些私法中象征性地适用伊斯兰法。[2]

二是苏丹的卡农法。苏丹既是帝国最高的世俗统治者，又是最高的宗教领袖，拥有“哈里发”的称号，集政治、经济、军事、宗教大权于一身，自称是“真主在大地上的影子”，对臣民拥有无限的权力。作为帝国的元首，帝国所有的军事力量都归苏丹指挥，都须无条件地服从他的命令。传统伊斯兰法没有规定具体的税收、行政、财务等方面的内容，因此帝国的苏丹颁布卡农法以补充传统伊斯兰法。奥斯曼帝国在1453年君士坦丁堡陷落之后，于15世纪末开始编纂卡农法。苏丹穆罕默德对奥斯曼帝国的法律制度产生了重大的影响。他颁布了两部卡农法，一部与国家组织有关，另一部与行政、金

---

〔1〕 参见高鸿钧：《伊斯兰法：传统与现代化》，清华大学出版社2004年版，第427页。

〔2〕 See Ahmed Akgunduz, *Introduction to Islamic Law*, IUR Press, 2010, p. 236.

融和刑法有关。他在第一部法律的开头宣布：这是我祖先和祖父的法律，这也是我的法律。让我的孩子们的子孙代代相传。[1] 早期的卡农法主要涉及财政、宪法、行政、刑事、军事组织、土地政策等方面的内容。传统伊斯兰法作为法学家法对某一个法律问题有不同的解答和规定，因而往往出现分歧，无法实现法律标准化，而卡农法在某种程度上克服了传统法律的分歧。由于伊斯兰法在帝国具有最高的法律效力，因此一切法律都不能和伊斯兰法相抵触，即使苏丹的卡农法也不例外。乌里玛作为帝国的伊斯兰法学家，有权发布法特瓦（教法教令），就相关教法问题提供法学意见。乌里玛阶层的最高职位是帝国的伊斯兰长老。伊斯兰长老负责监督帝国的法律，尤其是审查苏丹颁布的卡农法是否违反伊斯兰法。但是在帝国的历史上，伊斯兰长老很少宣布苏丹颁布的卡农法因违反伊斯兰法而无效，因为乌里玛阶层处于苏丹的控制之下，而且他们还需要苏丹执行其法律决定。[2]

三是习惯法。习惯法被称作阿达特，是帝国法律体系的最低层次，是奥斯曼人和被他们征服的各民族所遵守的习惯法。按照阿达特的适用原则，被征服的各民族成员不论居住在什么地方，一律适用本民族的习惯法，而外族人即使长期居住在此地，也不受其他民族习惯法的约束。阿达特具有明显的世俗色彩，主要涉及刑事诉讼、租佃关系和税收制度。[3]

（二）多元的司法体系

奥斯曼帝国的法院体系不同于传统的欧洲法院的体系。帝国有三种法院：一是沙里亚法院。沙里亚法院是帝国的主要法院，卡迪作为沙里亚法院的法官履行多种职责，如主持法庭诉讼、征集战争物资、募集兵源、保障交通和道路安全、监督市场交易以及宣布苏丹的法令等。帝国境内的每一个城

---

〔1〕 See Sevgi Çetin, Trailblazers Ⅱ, *Emperor Justinian and Ahmet cevdet pasa Codification*, p. 14.

〔2〕 See Paul J. Magnarell, *East Meets West: The Reception of West European Law in the Ottoman Empire and the Modern Turkish Republic*, Journal of International Law and Practice, Vol. 2: 2, p. 282 (1993).

〔3〕 参见哈全安：《中东国家史：610—2000：奥斯曼帝国史》，天津人民出版社 2016 年版，第 45 页。

市、村社都处于卡迪的司法管辖之下。卡迪管辖区域内的所有人,无论信奉何种宗教,均可向卡迪主持的法庭提起诉讼。沙里亚法院也审理涉及贸易冲突或不同宗教背景的当事人之间的争议案件。沙里亚法院的不足之处是缺乏上诉结构,如果当事人对案件结果不服,可以将其纠纷从一个法院转移到另外一个法院审理,直到法院作出对他们有利的裁决。二是米勒特内的自治法院。笔者即将在下文指出,帝国实施米勒特制度,根据不同的宗教信仰划分为不同的米勒特,米勒特内的自治法院主要有犹太教徒米勒特的自治法院和基督教徒米勒特的自治法院。在自治法院中,基督教徒和犹太教徒有权自主解决他们之间的冲突。三是商事法院。商事法院在外国驻帝国的领事馆运作,解决外国人之间的冲突。[1]奥斯曼帝国的司法制度对非穆斯林有一定的偏见,例如禁止非穆斯林作为证人在法庭上对穆斯林作证。因此,对司法偏见的预期促使非穆斯林将大部分冲突都提交法院解决,并且“在纠纷中表现相对较好”。[2]

(三)奥斯曼帝国法律多元的原因

奥斯曼帝国历史上之所以存在法律多元现象,主要有以下原因:

1. 帝国的米勒特制度

奥斯曼帝国法律多元的原因之一是帝国的米勒特制度。随着早期不断对外扩张和征服,奥斯曼帝国逐渐演变成一个多民族、多宗教的封建军事联合体。帝国境内的主要宗教团体,除伊斯兰教之外,还有希腊东正教、亚美尼亚格里高利教和犹太教等。这些宗教团体或者教派团体,并非完全按照地理位置划区划块分布,相反,在整个奥斯曼帝国境内,所有的宗教团体或者教派团体都是相互混杂在一起的。为了对奥斯曼帝国境内不同种族、不同宗教信仰的群体进行有效的统治,使他们能够在政治、经济、文化等领域

---

〔1〕 See Arzu Oguz, *The Role of Comparative Law in the Development of Turkish Civil Law*, 17 Pace Int'l L. Rev, 2005, p. 375.

〔2〕 See Kuran, T., & Lustig, *Judicial biases in Ottoman Istanbul: Islamic justice and its compatibility with modern economic life*, Journal of Law and Economics, p. 55(2012).

进行和谐有序的交往，奥斯曼帝国政府采用了米勒特制度。

米勒特制度是奥斯曼帝国最具特色的一种社会制度，奥斯曼人早年皈依伊斯兰教以后，他们遵照古老的伊斯兰世界的传统，采取一种非常宽容的宗教政策来对待被征服的非穆斯林，基督教和犹太教的团体可以充分享有信仰自由和文化自由。这种宽容的宗教政策的实施，使许多巴尔干地区的非伊斯兰教团体，都心甘情愿地接受奥斯曼人统治下的那种宽松的生活，而不愿意忍受拜占庭帝国和哈布斯堡王朝统治下对宗教和文化的限制和迫害。[1]帝国尊重宗教多样性。当西班牙犹太人在1492年的宗教裁判期间被驱逐出西班牙时，奥斯曼帝国苏丹巴耶济德二世（1447—1512年）欢迎他们加入帝国，并授予他们奥斯曼帝国公民身份。[2]

米勒特制度将臣民划分为穆斯林米勒特、希腊人米勒特、亚美尼亚人米勒特和犹太人米勒特四大群体。穆斯林米勒特包括奥斯曼帝国境内信奉伊斯兰教而使用土耳其语、阿拉伯语、库尔德语、阿尔巴尼亚语以及希腊语和其他巴尔干、高加索地区语言的诸民族公民。奥斯曼帝国的穆斯林最初主要分布在安纳托利亚地区，16世纪征服阿拉伯地区的结果是，穆斯林人数剧增，成为奥斯曼帝国最大的米勒特。希腊人米勒特包括信奉东正教的希腊人、塞尔维亚人、保加利亚人、罗马尼亚人以及少量的阿尔巴尼亚人、阿拉伯人和土耳其人。希腊人米勒特的最高首领是伊斯坦布尔的东正教教宗。教宗的任命需经苏丹核准。教宗具有广泛的宗教权力和相应的世俗权力。亚美尼亚人米勒特包括信奉亚美尼亚派基督教的亚美尼亚人以及埃及的科普特派基督教徒和叙利亚的雅各派基督教徒。亚美尼亚人米勒特的宗教首领的驻地最初位于高加索地区的埃希米亚兹因，1461年迁至伊斯坦布尔。犹太人米勒特包括讲西班牙语的犹太人、讲阿拉伯语的犹太人和讲希腊语的

---

〔1〕 参见黄维民：《中东国家通史·土耳其卷》，商务印书馆2002年版，第90页。

〔2〕 See Ishtiaq Hussain, *The Tanzimat: Secular reforms in the Ottoman Empire A brief look at the adoption of Secular Laws in the Ottoman Empire with a particular focus on the Tanzimat reforms* (1839-1876), Faith matters, 2011, p. 5.

犹太人。巴耶济德二世当政期间，超过 20 万的犹太人被逐出西班牙，移居奥斯曼帝国境内，分布于伊斯坦布尔、伊兹密尔、埃迪尔内、萨洛尼卡和巴勒斯坦。[1]

在奥斯曼帝国境内，每个米勒特都有权使用自己的语言，发展自己的宗教、文化和教育的机构。帝国的每个米勒特都有自己的领袖，他们主要负责向帝国政府缴纳从米勒特收到的税款，并保证其米勒特的每一个成员都遵守行为规范，发誓效忠苏丹。每个米勒特都有自己的自治法院，并且可以根据自己的宗教法律进行立法，以审理同族成员一切案件并保护他们的各种合法权利，以及处理一些个人的事务，如结婚、离婚、继承遗产等。来到帝国的外国商人也被纳入米勒特，并被允许在商人协会或黎凡特公司内解决法律问题。

米勒特制度的实质在于，苏丹与诸多宗教群体首领的权力分享，进而构成奥斯曼帝国统治臣民的重要政治基础。米勒特作为宗教群体，并不具有民族的内涵，每个米勒特包含不同的民族成分，相同的民族却由于信仰的差异而分属于不同的米勒特。米勒特制度的意义在于，诸多宗教社团俨然是奥斯曼帝国境内的国中之国，诸多宗教的文化传统在奥斯曼帝国长期延续，进而导致奥斯曼帝国法律呈现出多元的色彩。

2. 帝国的治外法权

帝国的治外法权源于 1535 年法国国王弗朗索瓦一世和苏丹苏莱曼二世签订的条约。当时，苏莱曼二世领导的奥斯曼帝国与法国订有攻守同盟，治外法权的授予只有优待友邦的意思，并无贬损其主权的含义。其实，在拜占庭帝国时期某些意大利城市，例如热那亚、威尼斯和阿马尔菲就存在治外法权。治外法权的产生与奥斯曼帝国处在基督教文明和伊斯兰文明的接触点，以及伊斯坦布尔作为重要国际贸易通道的形势有关。为了缓解贸易冲

---

〔1〕 参见哈全安：《中东国家史：610—2000：奥斯曼帝国史》，天津人民出版社 2016 年版，第 48 页。

突，维持和外国商人的接触就必须有一方作出让步，奥斯曼帝国充当了这样的让步者。

1740年，奥斯曼帝国在俄土战争中失败，西方列强强迫帝国签订了不平等条约。一方面，由于伊斯兰法通过“宗教”而不是“民族”的区分发挥作用，外国公民认为伊斯兰法不适用于非穆斯林。另一方面，向外国商业开放奥斯曼市场，即将欧洲商人带到奥斯曼帝国商业城市，当地人与外国人之间商业联系的增加必然会增加双方之间的纠纷。直到19世纪中叶，这些争端都是由治外法权规则解决的。治外法权为居住在奥斯曼帝国的外国公民提供了司法豁免和特殊司法权利。一些外国公民滥用上述治外法权，通过治外法权的特权免于任何奥斯曼法律审判；被控犯有重罪的外国人以法院管辖权为借口被移送到领事法院，领事法院保释被告，使他们有机会逃离奥斯曼帝国并终结他们的案件。外国人甚至成功地将他们的治外法权特权扩展到奥斯曼帝国的本土基督教徒，将他们视为受保护的对象。[1] 因此，奥斯曼帝国法院不但对任何涉及外国人的案件无管辖权，而且对外国领事保护的非穆斯林的案件也是如此。帝国发生过即将被抓住的小偷因为声称自己要求外国领事保护，警察不得不将其放走的情况。治外法权制度下，奥斯曼帝国的疆域内出现了多重的司法管辖，呈现出多元的法律文化。

二、奥斯曼帝国法律改革的路径

坦志麦特时期，帝国的法律改革主要有两种路径：一是立法层面，移植西方尤其是法国法律；二是司法层面，建立新的司法机构，适用移植的西方法律。

（一）引进西方法律

坦志麦特时期，帝国引进了大量西方法律，取代了帝国实施几百年的传

〔1〕 See Heba Abdel Halim Sewilam, *The Jurisprudential Problems of the Early Codification Movement in the Middle East: a Case Study of the Ottoman Mejelle and the* 1949 *Egyptian Civil Code*, University of California, 2011, p. 141.

统伊斯兰法。帝国主要在以下领域引进和移植西方法律：

1. 刑法典的移植

1840 年帝国以 1810 年的《法国刑法典》为蓝本，制定帝国的刑法典。这部刑法典确认了法律面前人人平等、未经审判不得判处任何人有罪的原则，[1]但是缺少对犯罪行为的定义和分类。奥斯曼帝国刑法典的各项条款尽管受到法国法律的影响，但主要内容仍然没有超出沙里亚法本身。伯纳德·刘易斯指出，虽然这部刑法典意思模糊，措辞不清，实施后又不见效果，但是它标志着一项立法原则和一个立法机构在奥斯曼帝国首次出现。这项革新的重要性似乎没有被宗教乌里玛发现，因此他们没有表示抗拒。[2] 1858 年，奥斯曼帝国仿照 1832 年的《法国刑法典》颁布了自己的刑法典。这部刑法典除了保留了对叛教者处以死刑的传统规定外，其他传统伊斯兰刑法原则和具体规定统统被抛弃，代之以法国的犯罪概念和刑罚制度。

为什么奥斯曼帝国最早移植刑法典？主要原因是传统伊斯兰刑法规定的六种经定刑不足以制裁帝国出现的大量刑事案件。帝国在传统伊斯兰刑法之外发展出了诸多酌定刑，并且对传统伊斯兰刑法进行了修订，例如，帝国早已不适用伊斯兰刑法中的通奸石刑，据记载，在整个奥斯曼历史中，只实施过一次石刑（1680 年）。[3] 换言之，在刑法领域，奥斯曼帝国早已在实践中有立法的先例。在奥斯曼帝国的民法领域，穆斯林之间的私法纠纷属于卡迪法院的管辖范围，非穆斯林之间的民事纠纷在米勒特法院解决；但是，刑法领域的情况完全不同，奥斯曼帝国的刑法在整个帝国范围内被使

---

[1] See Niyazi Berkes, *The Development of Secularism in Turkey*, *Bulletin of the School of Oriental and African Studies*, University of London, Vol. 29:2, p. 163(1966).

[2] 参见[英]伯纳德·刘易斯：《现代土耳其的兴起》，范中廉译，商务印书馆 1982 年版，第 117 页。

[3] See Ishtiaq Hussain, *The Tanzimat: Secular reforms in the Ottoman Empire A brief look at the adoption of Secular Laws in the Ottoman Empire with a particular focus on the Tanzimat reforms* (1839-1876), Faith matters, 2011, p. 8.

用。虽然奥斯曼帝国的刑法以伊斯兰法为基础,但是在伊斯兰法未明确规定刑罚的情况下,统治者仍然根据习惯法以卡农法的方式发展出更多酌定刑。因而,刑法的引进和编纂发生在更早的时期,比私法遇到的阻力要小。

2. 商法典的制定

奥斯曼帝国于1850年制定了商法典,这部商法典是对1807年《法国商法典》进行移植的产物。《奥斯曼商法典》是帝国最早移植西方的法典。移植商法典的主要原因是,西方进入帝国市场需要现代的商业制度和法律,而传统伊斯兰法没有规定涉及现代西方的商业制度。正如托普拉克所言,传统伊斯兰民事义务法显然不足以迎合现代贸易和经济发展系统的需要。例如,传统伊斯兰法没有规定法律人格或有限责任;传统伊斯兰法规定的破产法只是个人破产法,没有公司破产法;传统伊斯兰法无法处理现代贸易需要的汇票,等等。因此,似乎处理这些问题的唯一方法是在这些领域引入西方法律。[1]

《奥斯曼商法典》移植《法国商法典》的范围受到严格限制。它移植《法国商法典》的第一部分和第三部分,只涉及一般事项(例如商人和商业账户的定义)、商业机构、汇票和破产。因此,它并没有完全移植《法国商法典》。《法国商法典》也有自身的缺陷。法国法学家雷内·大卫指出,《法国商法典》主要是以商业习俗为基础,缺乏法律传统理论,无法为解决法律问题提供法律原则。因此,它在法律分析和法律原则方面分享了主要来自《法国民法典》的长期判例和编纂。[2] 由于《奥斯曼商法典》没有移植《法国商法典》的第二部分和第四部分,奥斯曼帝国于1861年参照法国有关法律颁布了商事程序法典,于1863年参照《法国海商法典》颁布了海商法典。奥斯曼帝国

---

〔1〕 See Nicholas H. D. Foster, *Commerce, Inter-Polity Legal Conflict and the Transformation of Civil and Commercial Law in the Ottoman Empire*, 17 Y. B. Islamic & Middle E. L. 3 (2011 - 2012), p. 30.

〔2〕 See Heba Abdel Halim Sewilam, *The Jurisprudential Problems of the Early Codification Movement in the Middle East: a Case Study of the Ottoman Mejelle and the 1949 Egyptian Civil Code*, University of California, 2011, p. 138.

在移植这些法典的过程中尽量做到不和传统伊斯兰法产生冲突。卡杜里认为,这些法典都经过严格的措辞,以免因侵犯伊斯兰教法而引起乌里玛的敌意。[1] 实际上,帝国的乌里玛作为帝国改革者中的成员,并没有抵制商法典的引进。胡珀认为,奥斯曼政治家移植《法国商法典》是不可避免的。[2] 笔者归纳主要原因如下。

第一,法国的思想和革命对奥斯曼帝国产生了深远影响。法国人长期以来在奥斯曼帝国的贸易中发挥了重要作用。法国的法律制度和法国大革命的思想在当时的帝国有很高的声望。托普拉克指出:"从马哈茂德二世开始,坦志麦特改革派的思想都受到法国大革命思潮的影响,或者至少是启蒙。奥斯曼帝国的许多精英知识分子都学过法语,有些人曾经去法国留学,并且对法国的思想和法律制度由衷敬佩。"[3]

第二,奥斯曼帝国早已有适用《法国商法典》的实践。《法国商法典》被欧洲商人用作习惯商法。伊斯坦布尔的希腊社区是帝国最繁荣的商业区之一,他们早已将《法国商法典》翻译成希腊语在伊斯坦布尔适用。由此看来,在当时,《法国商法典》是一部很容易移植的外国法律。

第三,奥斯曼帝国移植商法典没有受到较大阻力。一是商业法比其他法律具有更少的宗教意涵。伊斯兰商业法实际上更具有理论特性。帝国在实际的商业交易中采用交易习惯,因此,引进法国的商业实践及商法典遭遇的阻力就小很多。二是商法典的移植契合坦志麦特改革的精神。对《法国商法典》的移植除了归于奥斯曼帝国商事交易的实用主义传统外,最主要的

[1] See Nicholas H. D. Foster, *Commerce, Inter-Polity Legal Conflict and the Transformation of Civil and Commercial Law in the Ottoman Empire*, 17 Y. B. Islamic & Middle E. L. 3 (2011-2012), p. 34.

[2] See Nicholas H. D. Foster, *Commerce, Inter-Polity Legal Conflict and the Transformation of Civil and Commercial Law in the Ottoman Empire*, 17 Y. B. Islamic & Middle E. L. 3 (2011-2012), p. 30.

[3] See Nicholas H. D. Foster, *Commerce, Inter-Polity Legal Conflict and the Transformation of Civil and Commercial Law in the Ottoman Empire*, 17 Y. B. Islamic & Middle E. L. 3 (2011-2012), p. 32.

是受到帝国坦志麦特改革运动的影响。这一时期，奥斯曼帝国的政治精英向西方学习，他们认为帝国商业领域的西方化是拯救帝国的一个容易实现的目标。[1]

虽然奥斯曼帝国移植商法典没有受到较大阻力，但是有一个插曲足以说明传统派的反对。实际上，《法国商法典》是《法国民法典》的补充，因此在没有诸如现代财产法和合同法等的情况下，单独将《法国商法典》的部分内容移植到奥斯曼帝国存在诸多限制。按照法理论，移植法律需要考虑当地的社会情况，否则移植的法律和当地的情况可能会产生冲突。以破产法为例，在《法国商法典》中，丈夫破产时妻子所享有的权利的基础是法国婚姻法的规定，但这在奥斯曼帝国法律中是一个陌生概念，由此掀起了穆斯林法学家中早已存在的一场争议：法学家们认为新法典违反伊斯兰法，并强行停止其适用。当穆斯塔法·雷什德帕夏在最高会议上提出这部新法典的时候，有人问他新法典是否符合伊斯兰的神圣法典，他说神圣法典与这事无关。在座的乌里玛都表示抗议说：真是目无真主，年轻的苏丹当即把这位开明派大臣免了职。[2]

《奥斯曼商法典》的颁布，意味着帝国第一次正式承认其有一部独立于乌里玛的法律，可以借以处理不在沙里亚范畴以内的各项事务。这种承认在伊斯兰法的发展史中决不是新鲜事情。然而，把它作为一部法典公布，却根本违背了奥斯曼帝国的习惯做法，并且成为一场彻底的法律和社会革命的前奏。

3. 土地法的制定

奥斯曼帝国于 1858 年颁布了新土地法。帝国土地改革总的趋势，就是

---

〔1〕 See Nicholas H. D. Foster, *Commerce, Inter-Polity Legal Conflict and the Transformation of Civil and Commercial Law in the Ottoman Empire*, 17 Y. B. Islamic & Middle E. L. 3 (2011 – 2012), p. 35.

〔2〕 参见［英］伯纳德·刘易斯：《现代土耳其的兴起》，范中廉译，商务印书馆 1982 年版，第 120 页。

要取消较早时期的各种农业关系，逐步扩大和确立土地的使用权、占有权和所有权。新土地法明确了土地所有权，将所有土地划分为五种类型，即称作米里的国有土地、称作穆勒克的私人地产、称作瓦克夫的宗教地产、称作米特鲁卡的公共土地和称作麦乌特的荒地。将原有的各种土地税合并为收成百分之十的什一税，扩大租种国有土地的农民的经营自主权，直至赋予农民对租种土地的交易权，以鼓励农业生产。租地人和包租人取得了土地完全保有权，享有对这些土地进行自由处理和继承的权利，并且还持有土地测量局发给的契文作为凭证。实际耕种者的权利与地位进一步被削弱了，他们变成了佃户或雇工，听任地位日益巩固的地主阶级的随意摆布。土地法的实施加速了土地所有制的非国有化进程。然而，由于技术落后、工具简陋，加之局势动荡、战乱频繁，奥斯曼帝国的农业生产长期处于停滞不前的状态。[1] 1867 年，奥斯曼帝国颁布法律，允许外国人在帝国境内购置土地。

（二）新式司法机构的建立

在引进西方法典时，奥斯曼帝国面临一个问题：引入的西方法律无法在帝国的沙里亚法院实施，因此，需要对既有的司法制度进行改革。帝国存在历史悠久的沙里亚法院，沙里亚法院的卡迪从乌里玛阶层中选任。位于伊斯坦布尔的伊斯兰长老是乌里玛阶层的最高级别，在历史上由其掌控着帝国的司法以及沙里亚法院。帝国缺少世俗法院来实施移植的西方法典。早在 1837 年，即坦志麦特改革之前，奥斯曼帝国组建了最高司法条例委员会，负责行政和司法改革、起草新的法律并监督其适用。1868 年，该委员会被分为司法部和帝国协商会议两个机构。帝国于 1840 年建立特别商事法院（世俗法院），处理欧洲人和当地商人之间的纠纷。[2] 因此，奥斯曼帝国在 1840 年以后不但存在双重法律体系即伊斯兰法和借鉴西方的世俗法，而且

---

〔1〕 参见哈全安：《中东国家史：610—2000：奥斯曼帝国史》，天津人民出版社 2016 年版，第 85 页。

〔2〕 See Bluebook 20th ed. Majid; Liebesny, Herbert J., Editors Khadduri, *Law in the Middle East*, The Middle East Institute, 1955, p. 293.

还存在双重的司法系统:一个是沙里亚法院系统,负责对涉及传统伊斯兰法的案件进行审理;另一个是世俗法院系统,负责对引进的西方世俗法典进行实施以及对涉及外国商人的案件进行审理。1847 年,奥斯曼帝国成立了混合法庭,其中欧洲和帝国的法官各占半数,而且提供证据和开庭的程序,都不是按照传统伊斯兰法的惯例而是按照欧洲的习惯来拟订的。

在司法系统进行改革之后,帝国出现了商业法院和沙里亚法院,以及基督教法院和犹太教法院二元司法体系。为了解决司法系统中的二元性问题,帝国于 1869 年颁布奥斯曼国籍法典。该法典规定世俗法院将审理所有民事纠纷,同时废除了希腊人、亚美尼亚人和犹太人的法庭。因此,在 1869 年,奥斯曼帝国有一个世俗和统一的法院系统来解决帝国不同民族之间的争端,以及奥斯曼人与欧洲商人之间的争端。1871 年,帝国通过特别法令建立了一个新的世俗法院。[1] 到 19 世纪 70 年代,帝国的主要贸易和商业活动中心设立了欧洲模式的商业世俗法院,包括伊兹密尔、埃迪尔内、塞拉尼克、贝鲁特、开罗、大马士革和阿勒颇。[2]

综上所述,传统的伊斯兰教理论坚持沙里亚法院的神圣地位,否认世俗法院的立法权,同时强调穆斯林与非穆斯林之间的信仰差异和法律界限。坦志麦特时代,奥斯曼帝国在沿袭传统法律的同时,开始尝试世俗的立法实践,引进世俗法律,进而形成伊斯兰法与世俗法律并存的二元体系,穆斯林与非穆斯林之间的法律界限和法律地位的差异逐渐淡化。

---

〔1〕 See Majid Khadduri & Herbert Liebensky, *Law in the Middle East*, The Middle East Institute, 1955, p. 293.

〔2〕 See Bugnacki John, *The Garden of Forking Paths: Islamic Legal Transformations in the Ottoman Empire During the Nineteenth Century*, History Student Papers, 2014, p. 28.

第三节　奥斯曼帝国为什么需要一部民法典?

本节主要讨论奥斯曼帝国编纂民法典的原因:一是法典编纂报告中的理由。法典编纂报告为我们提供了编纂民法典最为直接的理由。二是笔者分析帝国需要民法典的深层理由。

一、法典编纂委员会的编纂理由:基于法典编纂报告

法典编纂委员会在完成《奥斯曼民法典》第一编后,向奥斯曼帝国的苏丹提交了一份法典编纂报告。报告指出了该民法典编纂的必要性,并详细讨论了法典编纂过程中出现的问题以及法典编纂委员会对相关法律问题的处理。

(一)传统伊斯兰法的多元性困境

奥斯曼帝国主要实行传统伊斯兰法。首先,传统的伊斯兰民事法律以学说形式存在,因学派的不同,法学家的学说往往产生分歧。在伊斯兰法逊尼派的发展过程中逐渐分裂成哈乃斐法学、马力克法学、沙斐仪法学、罕百里法学四大学派。奥斯曼帝国以哈乃斐法学为官方正统法,但即使是哈乃斐法学也是由许多不同时期、层次各异的法律创制者建立,其中存在大量法学问题上的分歧。[1] 法学家的努力无法穷尽所有案件,不能适应所有法律内部差异。其次,传统菲格亥法学著作在语言表达方面也有所不同。这些著作大多用古典阿拉伯语写成,只有精通传统伊斯兰法的法学家经过长期的训练,才能区分传统法学中正确和较弱的意见,优先考虑最强的意见,这对大多数人来说难度很大。再次,正如法典编纂报告指出的,沙斐仪法学派

---

〔1〕 参见《奥斯曼帝国民法典》,王永宝译,商务印书馆2018年版,第6页。

制定过法典，而哈乃斐法学派没有编纂过法典，相关规定往往散落在法学家著作中，增加了法官适用法律的难度，如不能系统地予以整理并加以编纂，不利于法律的统一。因此，帝国迫切需要找到一种方法来简化对传统伊斯兰法学的审查和研究。换言之，帝国需要一部民法典来破解传统伊斯兰法多元化的困境，通过整合分散的菲格亥法学实现法律的统一。

（二）世俗法院缺乏伊斯兰法法官

传统的伊斯兰法体现的是法学家学说，并以法学家著作的形式表现，这些著作大多用古典阿拉伯语写成，奥斯曼帝国晚期精通传统伊斯兰法的法官人数有限，新的世俗法院中的执业律师中鲜少有人掌握传统伊斯兰法知识，世俗法院的法官亦没有受过伊斯兰法的训练。[1] 因此，帝国缺乏精通传统伊斯兰法的法官，无法满足世俗法院的需求。一方面，穆斯林法学家不了解西方的法律规则，当他们遇到大量新型和疑难案件时，很难从分散的学说之法中提炼出适用于这些案件的法律原则；另一方面，沙里亚法院也难以确保适当数量的法官。民法典编纂委员会的报告指出："菲格亥法学是一个无底的海洋，需要先进的教育和丰富的经验，从其深处提升其法律的珍珠……而现在这一代中精通菲格亥法学的人很少。"因此，帝国面临的困境是，传统的民事法律规则并没有编纂成法典，商事法院的法官又不熟悉传统伊斯兰民法。

（三）沙里亚法院和世俗法院的二元对立

奥斯曼帝国存在历史悠久的沙里亚法院，卡迪作为沙里亚法院的法官，有权适用伊斯兰法审理案件。1840 年，帝国设立特别世俗法院，处理欧洲人和当地商人之间的纠纷。从此帝国出现了沙里亚法院和世俗法院双重司法体系。到 19 世纪 70 年代，帝国的主要贸易和商业活动中心均设立了欧

---

〔1〕 See Heba Abdel Halim Sewilam, *The Jurisprudential Problems of the Early Codification Movement in the Middle East: A Case Study of the Ottoman Mejelle and the* 1949 *Egyptian Civil Code*, University of California, 2011, p. 138.

洲模式的世俗法院。[1] 由于没有权威的法典作为参考,沙里亚法院和世俗法院往往对同一案件作出不一致的裁决。"……如果交易的规定足以满足人民的需要,法官将适用这些规定;但是人们认为,由于民事法院的法官不是宗教法的专家,他们不会依法解决这些纠纷,而是根据自己的判断来决定。"[2] 由此可见,当时世俗法院的法官作出的裁判没有参考伊斯兰法,[3] 并且根据自己的判断作出的裁判和沙里亚法院法官的裁判产生冲突。因此,为了消除沙里亚法院与世俗法院之间的二元对立,编纂民法典成为必要选择。

艾哈迈德·杰夫代特帕夏总结指出,是什么激起了起草一本民法典的想法?每天奥斯曼帝国都在见证欧洲人的到来,在克里米亚战争之后,欧洲人的人数急剧增加,贸易交易的范围不断扩大。在伊斯坦布尔,每天出现的商事诉讼都无法在世俗法院审理。外国人也不想去沙里亚法院。他们认为,沙里亚法院既不会听取非穆斯林对穆斯林的证词,也不会听取穆斯林对犹太人或基督教徒的证词。因此,他们反对在沙里亚法院审判基督教徒。[4] 按照伊斯兰法的规定,沙里亚法院不接受非穆斯林证人的证言,外国人无论其宗教信仰为何,都不能对奥斯曼帝国的穆斯林作证。[5] 这种规定引起帝国欧洲商人的不满。既然外国人不愿去沙里亚法院,而世俗法院又没有可适用的法律依据,那么编纂一部民法典就显得非常必要。正如有人指出的那样,《奥斯曼民法典》的编纂显然与 19 世纪中叶在奥斯曼帝国建

---

〔1〕 See Bugnacki John, *The Garden of Forking Paths: Islamic Legal Transformations in the Ottoman Empire During the Nineteenth Century*, History Student Papers, 2014, p. 28.

〔2〕 See Bluebook 20th ed. Majid; Liebesny, Herbert J., Editors Khadduri, *Law in the Middle East*, The Middle East Institute, 1955, p. 294.

〔3〕 See Bluebook 20th ed. Majid; Liebesny, Herbert J., Editors Khadduri, *Law in the Middle East*, The Middle East Institute, 1955, p. 294.

〔4〕 See Heba Abdel Halim Sewilam, *The Jurisprudential Problems of the Early Codification Movement in the Middle East: a Case Study of the Ottoman Mejelle and the 1949 Egyptian Civil Code*, University of California, 2011, p. 144.

〔5〕 See Sevgi Çetin, *Trailblazers Ⅱ: Emperor Justinian and Ahmet cevdet pasa Codification*, p. 18.

立的世俗法院有关。[1]

(四)奥斯曼商法典存有缺陷

坦志麦特时期奥斯曼帝国编纂的商法典旨在为欧洲国家的商人与帝国的穆斯林、基督教徒和犹太人提供商事争议解决方案。但是1850年的奥斯曼商法典存有缺陷。

首先,该商法典缺少诸如抵押、担保等的规定,因此商事法院审理的案件若涉及抵押、担保等内容,只能诉诸传统民法。法典编纂委员会指出了这个困难:在19世纪,贸易关系的领域广泛,并且具有复杂性,以致奥斯曼法律无法解决有关汇票或破产等问题。因此,根据商法典的规定进行审理的商事法院,必须在质押、保证和代理等事项上诉诸民法。[2] 问题是奥斯曼帝国没有一部民法典。民法典的缺失导致商事法院不得不参考欧洲法,但是欧州法并非帝国的有效法律渊源,不能作为法官裁判案件的依据。

其次,该商法典没有规定法人制度,因此编纂一部弥补商法典缺陷的民法典就十分必要了。我们考察《奥斯曼民法典》发现,它回应了19世纪奥斯曼商法典的需求。[3] 《奥斯曼民法典》通过间接承认奥斯曼市场上新出现的商业规则,如关于伙伴关系的法律人格,来实现这一目标。法律人格在19世纪下半叶逐渐形成。不同于欧洲商法典,《奥斯曼民法典》以某种方式认可了法律人格。[4]

---

[1] See Daniel Friedman, *The Effect of Foreign Law on the Law of Israel: Remnants of the Ottoman Period*, 10 Isr. L. Rev., 1975, p. 196.

[2] See Bluebook 20th ed. Majid; Liebesny, Herbert J., Editors Khadduri, *Law in the Middle East*, The Middle East Institute, 1955, p. 294.

[3] See Heba Abdel Halim Sewilam, *The Jurisprudential Problems of the Early Codification Movement in the Middle East: a Case Study of the Ottoman Mejelle and the* 1949 *Egyptian Civil Code*, University of California, 2011, p. 157.

[4] 《奥斯曼民法典》第432条规定了租赁合同中的法人人格。该条规定:"允许将某一物出租给两个人或多人。如果其中一个人支付了他的租金份额,除非他担任担保人,否则出租人不得向其中一人追索另一人的份额的租金。"该条款将两个人作为租赁合同的一方当事人合法化,并要求两人分担责任和权利。因此,每个人将根据其股份承担租金份额。除非其中一人担任担保人,否则其他人均无义务支付其合伙人的租金份额。

实际上,民法典编纂委员会的以上理由,并不能从根本上解释帝国为什么在 19 世纪编纂《奥斯曼民法典》。如果是为了解决商事法院审理案件之需,那么在商事法院填充伊斯兰法法官足以解决这个困境。如果是为了追求法律的统一性,为什么 19 世纪之前没有对传统民法进行编纂?

二、民法典编纂的深层理由:传统民法现代化的追求

如果我们深入考察《奥斯曼民法典》编纂的原因,实际上远不止民法典编纂委员会指出的上述理由。有学者总结出欧洲国家民法典编纂的五个理由,并基于这些理由分析《奥斯曼民法典》的编纂理由。这五个理由分别是:(1)理性主义和自然法运动,这仅对奥斯曼帝国产生间接影响;(2)18 世纪和 19 世纪的法律体系化理论,在《奥斯曼民法典》中不存在;(3)由于不断变化的社会和经济关系状况(特别是经济状况),需要对新的要求做出回应;(4)旨在加强中央权威,这也是奥斯曼帝国的宗旨之一;(5)法律国有化运动,这在整个帝国中都不是问题。然而,也有大部分学者认为民法典编纂的主要原因是欧洲对帝国的压力。[1]

我们对民法典编纂的理由进行分析后发现,一部分论者过分强调了欧洲对帝国的压力。确实有欧洲大国利用帝国的非穆斯林作为获得影响力的政治工具的情形,但这种干预并非奥斯曼帝国独有,而且过分强调欧洲的压力以及外部影响会忽视帝国的内部动力。我们可以从经济、政治以及帝国实现现代化的方面分析民法典编纂的理由。

(一)经济方面:规范欧洲人和奥斯曼人的经济交往关系

《奥斯曼民法典》的编纂是为了满足当时欧洲大国的需求。19 世纪的西方进入自由资本主义阶段,欧洲国家打开了奥斯曼帝国的大门,在帝国建立治外法权以及各种特权,促使帝国向欧洲国家开放市场,实现市场自由化。

---

〔1〕 See Ismail noyan, *Ahmet cevdet pasha and change*: *A three-tiered approach*, Sabancı University, M. A. Thesis, July 2018, p. 77.

一旦实现市场自由化,奥斯曼帝国就必须与外国商人联合起来。为了规范欧洲商人和奥斯曼人的经济交往关系,需要一部现代的民法。[1]

19世纪上半叶,奥斯曼帝国的经济依赖于农业和手工业。并且,帝国拥有丰富的人口和原材料。从经济角度来看,帝国是廉价原材料的供应商。欧洲国家意识到,帝国是欧洲进口廉价原材料和出口产品的巨大市场,因此帝国在欧洲具有极大的经济利益。通过与奥斯曼帝国签署《巴尔塔利曼条约》,英国解决了最后的绊脚石,让奥斯曼市场完全向英国开放。该条约规定,所有属于英国的货物或者在英格兰或其任何殖民地生产的货物都可以进入奥斯曼帝国,关税为货物价值的3%。[2] 如果货物在帝国境内销售,则额外增加2%的货物价值的关税。这意味着在过境时越过奥斯曼的英国商品征收3%的关税,而在奥斯曼帝国销售的商品则征收5%的关税。在原材料采购问题上,《巴尔塔利曼条约》规定,英国商人可以无条件地在奥斯曼帝国销售农产品和制成品,或出口到国外。由此可见,帝国的市场已经完全被打开,欧洲人进入帝国和当地人的经济贸易往来越来越频繁,仅有的商法典由于存在如上所说的缺陷,无法实现对帝国经济以及人们交易关系的全面调控,民法典编纂就被提上了日程。

(二)政治方面:实现帝国法律世俗化要求

奥斯曼帝国将民法典作为一个政治目标,即实现法律的世俗化。《奥斯曼民法典》的编纂反映了帝国晚期社会、经济、文化的转变。从内部来看,前所未有的社会、经济、文化和政治变革给传统的法律制度、法律价值带来了巨大压力,给整个法律传统带来了深刻的挑战。从外部来看,欧洲法律霸权通过商业诉讼活动控制帝国,帝国为了应对外来的挑战,必须加强中央集

[1] See Heba Abdel Halim Sewilam, *The Jurisprudential Problems of the Early Codification Movement in the Middle East: a Case Study of the Ottoman Mejelle and the* 1949 *Egyptian Civil Code*, University of California, 2011, p. 130.

[2] See Heba Abdel Halim Sewilam, *The Jurisprudential Problems of the Early Codification Movement in the Middle East: a Case Study of the Ottoman Mejelle and the* 1949 *Egyptian Civil Code*, University of California, 2011, p. 135.

权,因此帝国需要统一多元的法律。实现法律统一是帝国实现中央集权的主要政治目标。为此,法典编纂委员会提取出穆斯林、犹太教徒和基督教徒共同的规则加以编纂,保留了无法统一的规则,例如家庭法、婚姻法和继承法。换言之,多元的法律和分散的族群无法实现帝国的中央集权和法律世俗化,正如奥塔尔伊利所说,19 世纪奥斯曼帝国若要实现中央集权就必须制定标准化的现代法典。[1] 总之,如伯克斯所言,考虑到经济的变化、帝国政治制度的转型,传统法律无法满足现代要求,用现代的法律代替传统法律以及进行法典编纂是不可避免的。[2]

现代社会要求法律规则应该具有统一性和明确性,而法典的编纂有助于统一法律并保证法律的确定性。[3] 司法裁判的一致性要求帝国必须编纂一部统一的法律,而传统的伊斯兰法因其多元性特征注定无法满足现代社会的需要。因此,相比于恪守传统伊斯兰法,编纂民法典的需求更强烈。[4]

(三)帝国的现代化追求:法国大革命的影响

如上所述,奥斯曼帝国之所以在 19 世纪编纂民法典,是因为帝国 19 世纪的改革具有特殊之处。如果说 19 世纪之前的改革是帝国为了恢复传统,那么 19 世纪的改革则意味着帝国要实现现代化。现代化是受外部西方之影响和内部改革之需要而产生的。就外部影响而言,19 世纪晚期,帝国在战争中屡屡惨败、大片领土丧失,不得不救亡图存。就内部因素而言,在整个古典时代,奥斯曼帝国的社会结构几乎保持不变,帝国除了穆斯林,还有

---

[1] See Ismail noyan, *Ahmet cevdet pasha and change: A three-tiered approach*, Sabancı University, M. A. Thesis, July 2018, p. 79.

[2] See Ismail noyan, *Ahmet cevdet pasha and change: A three-tiered approach*, Sabancı University, M. A. Thesis, July 2018, p. 75.

[3] See Mathias Rohe, *Islamic Law in Past and Present*, Brill, 2015, p. 234.

[4] See Heba Abdel Halim Sewilam, *The Jurisprudential Problems of the Early Codification Movement in the Middle East: a Case Study of the Ottoman Mejelle and the* 1949 *Egyptian Civil Code*, University of California, 2011, p. 139.

大量的基督教徒、犹太教徒等非穆斯林,为了统治非穆斯林,帝国实行米勒特制度。米勒特制度意味着帝国境内的非穆斯林只要承认苏丹的权威,缴纳人头税,就可以建立自治社区,在各自的米勒特内,实行各自的法律,形成相对独立的自治共同体。[1] 在米勒特制度下,帝国允许非穆斯林实行宗教—社区主义的追求。但是米勒特制度的弊端是加剧社会的离心力,如1821年希腊基督教徒发起斗争,争取民族独立。另外,米勒特制度无法提供一个平等、共享的秩序空间。

从18世纪初开始,法国风格和礼仪而非法国思想在帝国找到了有利的环境。此后,随着与法国人接触次数增加,帝国知识分子认识到西方世界拥有卓越的技术、工业和经济实力。法国大革命后,民族(国家)主义概念在全世界传播开来。法典、科学范式和技术组织以及大多数国家的度量衡标准体系都是法国的模式。[2] 19世纪以后,在法国大革命的影响下,帝国资本主义的出现创造了共同的经济市场,这迫使帝国不同族群的人们共享同一个空间,不同宗教信仰的族群开始融合在一起。非穆斯林团体生活在伊斯兰教法之下,法律允许这些团体实现自己的追求,他们开始融合在一起,共享更多空间;并且帝国的国内市场与世界市场更加融合,因此需要统一的法律来进行管理。[3] 托普拉克指出,不同于建立在自由、平等理念之上的欧洲法,传统伊斯兰法的僵硬性以及塔格利德[4]的主导地位,或者遵循严格

---

[1] See Paul J. Magnarell, *East Meets West: The Reception of West European Law in the Ottoman Empire and the Modern Turkish Republic*, Journal of International Law and Practice, Vol. 2:2, p. 282 (1993).

[2] See Zafer Toprak, *From Plurality to Unity: Codification and Jurisprudence in the Late Ottoman Empire*, Ways to Modernity in Greece and Turkey-Encounters with Europe, 1850-1950, A. Frangoudaki, Ç. Keyder (Derleyen), 29-39, London-New York; I. B. Tauris, 2007, p. 26.

[3] See Ismail noyan, *Ahmet cevdet pasha and change: A three-tiered approach*, Sabancı University, M. A. Thesis, July 2018, p. 78.

[4] 因循守旧、遵循前人学说之意。

学说,使传统法律与奥斯曼社会现代化需求之间出现了明显不可调和的矛盾。[1] 其根源在于,由米勒特组成的奥斯曼社会正在消失,现代民族国家逐渐诞生。不同于由米勒特组成的传统奥斯曼社会,现代国家需要公民的直接联系、统一的国内市场、平等主体的公民身份以及法律对国家的调控。

法国大革命为新兴国家提供了自由主义思想,大多数民族国家的自由主义受其启发。法国自由主义思想不仅彻底改变了整个欧洲大陆,而且还蔓延至奥斯曼帝国。在法国大革命之后,自由主义原则和革命思想在奥斯曼帝国知识分子,特别是非穆斯林中得到了回响。坦志麦特改革派紧随其后,帝国在拿破仑战争之后融入全球资本主义进程。帝国知识分子和政治精英对现代民族国家的建构抱有希望,从马哈茂德二世开始的坦志麦特改革充满了法国大革命的思想以及启蒙哲学。[2] 法国的正义概念遍及整个欧洲并进入了奥斯曼帝国,意味着古典奥斯曼帝国的多中心、本土法律体系转向以国家为中心的现代法律体系,传统奥斯曼帝国的模式让位于现代性。[3] 现代国家需要法律的普遍性以及公民的直接接触,不受宗教和种族的影响。从法国大革命开始,公民的直接接触为基于法治的现代国家奠定了基础。在奥斯曼帝国改革运动一开始,波特以牺牲民族和宗教共同体为代价加强了中央集权,把个人而不是社区作为其关注和税收的重点,并试图创造一个新的奥斯曼主义的身份,从而取代社区共同体身份认同。这种新

---

〔1〕 See Zafer Toprak, *From Plurality to Unity: Codification and Jurisprudence in the Late Ottoman Empire*, Ways to Modernity in Greece and Turkey-Encounters with Europe, 1850–1950, A. Frangoudaki, Ç. Keyder (Derleyen), 29–39, London-New York; I. B. Tauris, 2007, p. 31.

〔2〕 See Zafer Toprak, *From Plurality to Unity: Codification and Jurisprudence in the Late Ottoman Empire*, Ways to Modernity in Greece and Turkey-Encounters with Europe, 1850–1950, A. Frangoudaki, Ç. Keyder (Derleyen), 29–39, London-New York; I. B. Tauris, 2007, p. 27.

〔3〕 See Zafer Toprak, *From Plurality to Unity: Codification and Jurisprudence in the Late Ottoman Empire*, Ways to Modernity in Greece and Turkey-Encounters with Europe, 1850–1950, A. Frangoudaki, Ç. Keyder (Derleyen), 29–39, London-New York; I. B. Tauris, 2007, p. 27.

颖的表述反映了19世纪现代国家的概念。[1] 如上所述,帝国改革的动力不仅有来自欧洲的压力,还有帝国从传统国家向现代国家的转变,实现现代化的需求。但直到塞利姆三世之前,帝国还没有实现现代化的需求。塞利姆三世之前的改革是为了恢复帝国的传统,重振帝国往日雄风,但是塞利姆三世之后的改革是向西方学习,使帝国实现现代化。因此,法国大革命作为一个里程碑,对帝国的现代化产生了深远影响。[2]

为什么帝国的现代化会受到法国大革命的影响?法国大革命是发生于欧洲、作为纯属非宗教性的精神表现的第一次社会大动荡。一般而言,这样一种唯俗论对于穆斯林没有太大吸引力,在过去,无论基督教和伊斯兰教怎样长时期地隔着地中海对峙,也无论他们怎样在和平与战争中从叙利亚到西班牙保持着无数次的接触,发生于欧洲的文艺复兴、宗教革命之类的运动,都没有在帝国穆斯林中间引起共鸣。为什么伊斯兰文明在其较早阶段愿意接受来自希腊、伊朗甚至印度和中国的影响,后来却变得闭关自守,坚决地拒绝了西方?其中的原因是,当伊斯兰世界处在扩张的时候,信仰基督教的西方几乎没有任何超越伊斯兰世界的优势,西方文化在辉煌灿烂的伊斯兰文化面前黯然失色。另外,穆斯林认为西方的事物以基督教为核心,他们拒绝接受基督教及其思想和文明。除在伊斯兰教创始时期东方基督教曾经对它有过影响外,基督教甚至拜占庭文明对它的影响都被降低到了最低限度。[3] 实际上,法国大革命的主要主张是反对基督教,提倡自由、平等、博爱的思想。在伊斯兰教中也能找到这种思想的根源:穆斯林认为能够在不损及本身宗教信仰与传统的情况下,从这样一个非基督教的,甚至是反基

---

〔1〕 See Zafer Toprak, *From Plurality to Unity: Codification and Jurisprudence in the Late Ottoman Empire*, Ways to Modernity in Greece and Turkey-Encounters with Europe, 1850–1950, A. Frangoudaki, Ç. Keyder (Derleyen), 29–39, London-New York; I. B. Tauris, 2007, p. 27.

〔2〕 See Ismail noyan, *Ahmet cevdet pasha and change: A three-tiered approach*, Sabancı University, M. A. Thesis, July 2018, p. 62.

〔3〕 参见[英]伯纳德·刘易斯:《现代土耳其的兴起》,范中廉译,商务印书馆1982年版,第47页。

督教的、同时还被它的主要阐释人强调说是由基督教分裂出来的运动中，找出那个难以捉摸的西方力量的秘密来。[1]

换言之，19 世纪奥斯曼帝国在法国大革命的影响下，从传统帝国社会逐渐向新型现代民族国家转型，打破了以不同族群为区分的传统社会分化，向平等公民共享共同空间的现代社会过渡。只有按照现代民族国家的市场需求和政治愿望制定一部统合帝国社会不同族群的民法典，才能实现帝国现代化的追求。

〔1〕 参见[英]伯纳德·刘易斯：《现代土耳其的兴起》，范中廉译，商务印书馆 1982 年版，第 47 页。

第二章

本土法律与外来法律：《奥斯曼民法典》编纂之争

奥斯曼帝国在编纂民法典的过程中发生了著名的“民法典编纂之争”。在这次争论中帝国的政治精英们形成了激进派、保守派和温和派,最终温和派胜出。本章主要介绍这次民法典编纂争论,追溯法典编纂者艾哈迈德·杰夫代特的生平和他编纂民法典的曲折经历,并就伊斯兰法能否被编纂成法典给出笔者的观点。

第一节 法典编纂之争:《法国民法典》抑或传统伊斯兰法

坦志麦特时期,就帝国是否需要一部民法典,帝国的政治精英们达成了共识。但是在制定一部什么样的民法典这一问题上,帝国的政治精英们产生了重大分歧,形成了激进派、保守派和温和派三派。

一、激进派:移植《法国民法典》

激进派的政治精英大多数曾留学于欧洲,受过西方文化教育并且精通外文(主要是法语),回到奥斯曼帝国后主要从事翻译和外交工作。激进派以阿里帕夏为代表。阿里帕夏(1815—1871 年),出生于伊斯坦布尔,是一个商店老板的儿子。像穆斯塔法·雷什德帕夏一样,他在青年时期进入政府机关,凭借其出色的法语能力于 1833 年被调到帝国政府翻译室工作,后来于 1840 年任奥斯曼帝国驻英国大使,1844 年回到帝国,担任司法会议委员。1852 年穆斯塔法·雷什德帕夏被免职,由阿里帕夏继任。1856 年,阿里帕夏以波特的身份参加了巴黎国会,并签署了结束克里米亚战争的和平条约,成为了帝国改革运动中的主导人物,直到 1871 年去世为止。以阿里帕夏为代表的激进派主张,帝国应该彻底放弃传统伊斯兰民事法律规则,直接移植《法国民法典》。他们的理由如下:

一是移植外国法律是坦志麦特时期奥斯曼帝国对欧洲国家的承诺。根据《花厅御诏》等法令的要求，帝国向西方国家和本国臣民承诺改革法律，切实做到法律面前人人平等。1789 年法国大革命是西方基督教对伊斯兰世界具有真正影响的首次思想运动。[1] 法国经历过大革命后普遍以自由、平等的革命理念制定法律，因此法国的法律成为帝国借鉴和移植的重要母体。移植《法国民法典》是帝国的不二选择，亦将兑现帝国法律改革的承诺。

二是保持帝国法律体系的融贯性。自坦志麦特运动以来，奥斯曼帝国的法律编纂都以法国法为蓝本。[2] 例如帝国的《刑法典》、刑事程序法、《海商法典》都移植法国法，帝国的《商法典》几乎是对法国商法典的直接翻译。从法国法学中引入的私法和公法两个法律部门应该与奥斯曼法律体系相协调。由于奥斯曼帝国已经引入了法国法律，例如 1840 年的《刑法典》和 1850 年的《商法典》，因此直接翻译《法国民法典》是恰当的。这样，奥斯曼法律体系将拥有统一的欧洲法律和制度。[3] 因此，没有什么比考虑借鉴 1804 年《法国民法典》更为正常的了。[4] 按照阿里帕夏的观点，既然帝国的《商法典》直接移植于法国商法典，那么移植《法国民法典》是帝国编纂民法典极其自然的选择，唯有这样才能保证帝国法律体系的融贯性。

三是 1804 年的《法国民法典》是当时世界上最先进的法典。1804 年的《法国民法典》是第一部现代意义上的民法典，也是当时世界上最著名的法典之一。《法国民法典》的诞生直接影响了 19 世纪世界范围内的法典化运

---

〔1〕 参见[英]伯纳德·刘易斯：《现代土耳其的兴起》，范仲廉译，商务印书馆 1982 年版，第 40 页。

〔2〕 See Ahmet Cemil Yildirim, *Ottoman Mecelle as a Secular Uniform Law Instrument*, International Journal of Turcologia / Vol: X No: 19, p. 34.

〔3〕 See Heba Abdel Halim Sewilam, *The Jurisprudential Problems of the Early Codification Movement in the Middle East: a Case Study of the Ottoman Mejelle and the* 1949 *Egyptian Civil Code*, University of California, Los Angeles, 2011, p. 142.

〔4〕 See Ahmet Cemil Yildirim, *Ottoman Mecelle as a Secular Uniform Law Instrument*, International Journal of Turcologia / Vol: X No: 19, p. 33.

动,它是该时期所有现代法典化运动中最重要的灵感来源。[1]《法国民法典》随着拿破仑征服被引入欧洲大部分地区,后被广泛模仿或移植,[2]很多现代新型的民族国家在制定其本国法时会直接或间接地移植《法国民法典》,如荷兰1838年民法典借鉴了《法国民法典》,意大利统一后以《法国民法典》为模板编纂了自己的民法典。因《法国民法典》具有高超的立法质量,普遍地表达了整个19世纪法典编纂运动的理想,[3]并且奥斯曼帝国和法国之间关系密切,法国的思想、文化甚至生活方式都对帝国产生了巨大影响,[4]因此,移植《法国民法典》就成为奥斯曼帝国民法改革的首要选择。

四是移植《法国民法典》可以防止帝国的非穆斯林从帝国内分离出去。[5]帝国的米勒特制度意味着其他宗教团体享有更多的法律自治权,而传统的伊斯兰民事法律规则只适用于穆斯林。如果移植《法国民法典》,能更大程度地统合帝国内的基督教、犹太教等族群,防止其从帝国内分离出去。

二、保守派:由宗教乌里玛阶层编纂伊斯兰民法典

保守派以乌里玛阶层为代表。伊斯兰法规定只有真主享有伊斯兰法的立法权。穆罕默德去世以后,伊斯兰法的启示经文随之终结,伊斯兰法的发

---

〔1〕 See Ahmet Cemil Yildirim, *Ottoman Mecelle as a Secular Uniform Law Instrument*, International Journal of Turcologia / Vol:X No:19, p. 34.

〔2〕 See Zafer Toprak, *From Plurality to Unity: Codification and Jurisprudence in the Late Ottoman Empire*, Ways to Modernity in Greece and Turkey-Encounters with Europe, 1850 - 1950, A. Frangoudaki, Ç. Keyder (Derleyen), 29-39, London-New York; I. B. Tauris, 2007, p. 28.

〔3〕 See Zafer Toprak, *From Plurality to Unity: Codification and Jurisprudence in the Late Ottoman Empire*, Ways to Modernity in Greece and Turkey-Encounters with Europe, 1850-1950, A. Frangoudaki, Ç. Keyder (Derleyen), 29-39, London-New York; I. B. Tauris, 2007, p. 28.

〔4〕 根据伯纳德·刘易斯的考察,18世纪、19世纪,法国的装饰、家具都成为奥斯曼帝国宫廷的时尚,苏丹本人也在他的宫门外盖了一座一望而知是洛可可式的喷水池。参见[英]伯纳德·刘易斯:《现代土耳其的兴起》,范仲廉译,商务印书馆1982年版,第53页。

〔5〕 See Ahmet Cemil Yildirim, *Ottoman Mecelle as a Secular Uniform Law Instrument*, International Journal of Turcologia, Vol. 5:19, p. 33.

展落在了法学家肩上。其中具有法律创制资格的乌里玛被称为穆智台希德。广义上的乌里玛指伊斯兰教学者，包括领导穆斯林聚礼及宣讲教义的伊玛目、审理穆斯林诉讼的卡迪、解释伊斯兰教法和发布宗教法令的穆夫提。具有法律创制资格的乌里玛受过传统的宗教教育，精通伊斯兰教法，有权通过伊智提哈德的原则创制法律，发布法特瓦。乌里玛掌管宗教、司法和教育，构成独具特色的社会群体。乌里玛一般不从政府领取俸禄，其主要经济收入来自宗教地产瓦克夫，因此区别于世俗官吏，处于相对自治的地位。宗教地产瓦克夫约占奥斯曼帝国国有土地的1/3，构成乌里玛的经济支柱。乌里玛有鲜明的等级，其最高职位是伊斯坦布尔的伊斯兰长老。伊斯兰长老有权发布法特瓦，其办公室中的乌里玛监督整个帝国内伊斯兰法律的执行情况。[1] 乌里玛掌握解释神圣法律的权力，卡迪、卡迪亚斯克尔（军事法官）和穆夫提都服从其领导。到苏莱曼时期，乌里玛阶层的权力越来越膨胀，乌里玛可以管理宗教事务，国家有关重大决策包括对外宣战和签约、税收、技术革新等事务都要经过伊斯兰长老的同意，甚至在统治者的立法有违沙里亚法时，伊斯兰长老有权废黜他。宗教势力控制了社会的方方面面，作为乌里玛最高宗教首领的伊斯兰长老，其地位仅次于大维齐尔。

乌里玛阶层坚决反对阿里帕夏移植《法国民法典》，其理由如下：

一是伊斯兰法神圣不可改变。乌里玛认为，伊斯兰的神圣法典，特别是在涉及社会和家庭问题时，仍然是丝毫不可动摇的。所有有关结婚和离婚、财产和继承，以及妇女和奴隶的地位等的问题，实质上都仍然没有改变；乌里玛还没有想到要对宗教机构进行任何形式的改革。正如萨迪克·里法特帕夏在1844年对斯特拉特福德·坎宁说的："在有关政治的事务上，我们将会完完全全地倾听欧洲的忠告，但在有关宗教的事务上，我们需要有自己的全部自由。宗教是我们的法律的基础，是我们的政府的根本；就连苏丹陛下

---

〔1〕 See John Bugnacki, *The Garden of Forking Paths: Islamic Legal Transformations in the Ottoman Empire During the Nineteenth Century*, History Student Papers, Providence College, 2014, p. 45.

自己,也并不比我们任何人更能动它一动。"[1]

二是移植世俗的《法国民法典》与伊斯兰教的教义相冲突。[2] 乌里玛认为移植《法国民法典》是叛教行为,并视那些误入歧途持有这种法兰克思想的人是不信教者。[3] 乌里玛认为《法国民法典》是信基督教的西方所编纂的法典,这种在基督教背景下产生的法典注定和伊斯兰教不相容。而且《法国民法典》对传统伊斯兰法而言是新生事物,伊斯兰教反对这种"比达"(新生事物)。

三是移植《法国民法典》会引起帝国社会的动荡。乌里玛认为,如果奥斯曼帝国政府将其整个法律体系从伊斯兰教的宗教法律转化成法国的世俗欧洲法律,这种动荡将是不可避免的。奥斯曼帝国完全放弃伊斯兰教法将引起穆斯林大众的反抗和起义。[4] 乌里玛警告道,完全放弃伊斯兰教法则将预示着奥斯曼帝国的毁灭。

四是依据传统伊智提哈德原则发展伊斯兰法。传统伊斯兰法的发展主要依赖穆智台希德通过法律创制的手段,解决社会中遇到的问题。这种法律创制的方法是乌里玛拥有的技能,而一般普通的民众没有法律创制的资格。乌里玛阶层反对艾哈迈德·杰夫代特帕夏以西方法典模式编纂民法典,他们担心民法典一旦编纂完成,传统伊斯兰法的创制之门将关闭,伊斯兰法不能沿着传统的路径而发展。在他们看来,通过法律创制发展伊斯兰法具有正当性。

但是帝国晚期的法典编纂是帝国法律改革的重要议程,乌里玛的这种

---

〔1〕[英]伯纳德·刘易斯:《现代土耳其的兴起》,范中廉译,商务印书馆 1982 年版,第 109 页。

〔2〕See Ahmet Cemil Yildirim, *Ottoman Mecelle as a Secular Uniform Law Instrument*, International Journal of Turcologia, Vol. 5:19, p. 36.

〔3〕See Dora Glidewell Nadolski, *Ottoman and Secular Civil Law*, International Journal of Middle East Studies, Vol. 8:4, p. 539(1977).

〔4〕See Heba Abdel Halim Sewilam, *The Jurisprudential Problems of the Early Codification Movement in the Middle East: a Case Study of the Ottoman Mejelle and the 1949 Egyptian Civil Code*, University of California, 2011, p. 145.

极端保守的观点显然早已过时,因此,他们退而求其次,提出应该由其编纂民法典。理由是按照伊斯兰法传统,乌里玛具有法律创制的权力,民法典制定权应该归于帝国宗教事务部门(伊斯兰长老办公室)。换言之,乌里玛担心自己享有的法律创制的权威会被剥夺,[1]想控制民法典的制定权。

三、温和派:以传统伊斯兰民事法律规则编纂民法典

温和派以奥斯曼帝国的司法部大臣艾哈迈德·杰夫代特帕夏为代表,他坚决反对阿里帕夏移植《法国民法典》的主张。温和派认为,在商法、刑法等领域移植法国法无可非议,因为这些领域具有"共同法"的特质。以帝国的刑法为例,据记载,在帝国几百年历史上只实施过一次伊斯兰石刑,刑法领域较少适用伊斯兰法。换言之,商法、刑法领域的改革全盘移植法国法几乎不存在阻力,但是制定民法典需要慎重考虑。首先,民法典与一个民族的宗教、文化、历史等密切相关。帝国几百年来受传统伊斯兰法文化影响,适用传统伊斯兰民事法律规则,如果全面放弃伊斯兰民事法律规则,取而代之以《法国民法典》,那么将从根本上动摇帝国伊斯兰教的基础,改变穆斯林的生活方式;且这种法律不可能为穆斯林所认可,势必遭到帝国穆斯林大众的抵抗。奥斯曼社会的结构、地理和历史与欧洲并不相同,即使将欧洲法律翻译并应用于以伊斯兰教为中心的奥斯曼社会,环境也并不合适。艾哈迈德·杰夫代特帕夏指出,"某些人想到了将《法国民法典》翻译成奥斯曼语版本,以便在世俗法庭上作为判决依据。这个想法是不能接受的,因为改变一个国家的基本法律将导致其毁灭"[2]。因此,政治家们

---

[1] See Sevgi Çetin, *Trailblazers* Ⅱ: *Emperor Justinian and Ahmet Cevdet Paa Codification (or Bringing Order to Chaos) From Corpus Iuris Civilis to Mecelle (Mejelle)*, SSRN Electronic Journal, 2019, p. 58.

[2] Dora Glidewell Nadolski, *Ottoman and Secular Civil Law*, International Journal of Middle East Studies, Vol. 8:4, p. 539 (1977).

决定将菲格亥法学中的民法部分放在一本清晰易懂的法典中。[1] 在民法领域保持传统伊斯兰法的主导权,这是在西方压力下奥斯曼帝国对自身奥斯曼文化的一种认同。[2] 因此,温和派拒绝了革命者采用《法国民法典》的主张,其宁愿根据奥斯曼帝国的宗教法律文化,编纂伊斯兰教法的民法典。

其次,艾哈迈德·杰夫代特帕夏也反对由乌里玛阶层固守传统的伊斯兰法。虽然他本人曾经是乌里玛阶层的一员,但是后来他跟随外交大臣穆斯塔法·雷什德帕夏进入帝国官僚高层,和乌里玛阶层进行了切割,并因此受到乌里玛阶层的极大敌意。[3] 他认为传统的伊斯兰法没有编纂成法典的现实的困境是,"法兰克人常说'拿出您的法典,让我们看到它并让我们知晓'"[4]。因此民法必须以法典编纂的方式实现现代化,不能停留在中世纪法学家造法的时代。艾哈迈德·杰夫代特帕夏主张对传统伊斯兰民法重新进行编纂。他指出,"每个国家的法律基础是民法。我们的国家是建立在沙里亚法基础上的,因此沙里亚法应该成为我们国家法律的基础……我们根据时代需要,从传统菲格亥法学中编纂一部民法典,这将是一部对穆斯林和非穆斯林都适用的民法典"[5]。换言之,切实可行的途径是对传统伊斯兰民事法律规则进行重新编纂,从而形成有伊斯兰特色的现代民事法律体系。

在这次著名的《奥斯曼民法典》编纂之争中,艾哈迈德·杰夫代特帕夏的主张是在激进派和保守派之间的一种平衡。艾哈迈德·塞米尔·耶尔德勒姆也指出,艾哈迈德·杰夫代特帕夏的民法典编纂实际上代表了移植《法

---

〔1〕 See Heba Abdel Halim Sewilam, *The Jurisprudential Problems of the Early Codification Movement in the Middle East: a Case Study of the Ottoman Mejelle and the* 1949 *Egyptian Civil Code*, University of California, 2011, p. 144.

〔2〕 See Avi Rubin, *Modernity as a Code: The Ottoman Empire and the Global Movement of Codification*, Journal of the Economic and Social History of the Orient, Vol. 59:5, p. 848(2016).

〔3〕 See John Bugnacki, *The Garden of Forking Paths: Islamic Legal Transformations in the Ottoman Empire During the Nineteenth Century*, History Student Papers, Providence College, 2014, p. 45.

〔4〕 Dora Glidewell Nadolski, *Ottoman and Secular Civil Law*, International Journal of Middle East Studies, Vol. 8:4, p. 539(1977).

〔5〕 N. Berkes, *The development of secularism in Turkey*, McGill-Queen's Press-MQUP, 1964, p. 168.

国民法典》和起草伊斯兰法律的提案之间的中间点。[1] 在民法典编纂之争中,当时驻奥斯曼帝国的法国大使尼古拉斯·布雷也试图让奥斯曼帝国移植《法国民法典》。他将该请求提交给帝国的苏丹,并由阿里帕夏对此议案在 1867 年进行审议。同时,阿里帕夏已经派人将《法国民法典》翻译成奥斯曼语,[2] 为帝国移植《法国民法典》做准备。对此,艾哈迈德·杰夫代特帕夏批判道,奥斯曼政府已经被用作法国政策的工具。[3] 他竭力说服帝国苏丹,提出民法典应该"基于伊斯兰法律的原则,民法的现代化应适应当前的现实"[4]。

最终,艾哈迈德·杰夫代特帕夏的意见被采纳。选择艾哈迈德·杰夫代特帕夏担任民法典的起草者,是帝国谨慎考量的结果:一是艾哈迈德·杰夫代特帕夏曾作为帝国乌里玛阶层的一员,精通传统的伊斯兰法,尽管后来他跟随穆斯塔法·雷什德帕夏进入帝国政界并任职于司法部,但他和乌里玛之间的联系未断。二是他谙熟西方知识,曾研究欧洲各国的法律传统,特别是法国法和国际法。[5] 因此,艾哈迈德·杰夫代特帕夏作为一名既精通帝国传统伊斯兰法文化,又谙熟西方现代文化的精英,在编纂民法典的过程中,能协调西化的激进派和保守的乌里玛阶层之间的冲突,从而成为编纂民法典的最佳人选。由此可见,在帝国以民法典为媒介实现现代化的选择上,既没有过于激进也没有过于保守,而是采取了一种平衡激进和保守、渐进式的现代化改革路径。

---

〔1〕 See Ahmet Cemil Yildirim, *Ottoman Mecelle as a Secular Uniform Law Instrument*, International Journal of Turcologia, Vol. 5:19, p. 36.

〔2〕 See Ahmed Akgunduz, *Introduction to islamic law*, IUR PRESS Rotterdam, 2010, p. 248.

〔3〕 See Ahmed Akgunduz, *Introduction to islamic law*, IUR PRESS Rotterdam, 2010, p. 248.

〔4〕 Nicholas H. D. Foster, *Commerce, Inter-Polity Legal Conflict and the Transformation of Civil and Commercial Law in the Ottoman Empire*, 17 Y. B. Islamic & Middle E. L. 3 (2011-2012), p. 40.

〔5〕 See John Bugnacki, *The Garden of Forking Paths: Islamic Legal Transformations in the Ottoman Empire During the Nineteenth Century*, History Student Papers, Providence College, 2014, p. 30.

四、民法典编纂之争的评价

民法典编纂之争以温和派取得最终胜利而告终。其中有两个问题值得深思:

(一)为何帝国乌里玛阶层的意见没被采纳?

在奥斯曼帝国的历史发展过程中,乌里玛作为伊斯兰法的守护神具有举足轻重的地位,但在法典编纂之争中的失利耐人寻味。实际上,如果我们追溯帝国改革的历史,就能找到其中的原因。乌里玛阶层作为传统社会中的一支整合帝国的力量,在各领域具有重要作用:在司法领域,他们解释神圣的伊斯兰法,任命法院的卡迪;在教育领域,他们掌握渊博的宗教知识,把持了帝国的宗教学校,垄断了帝国的教育;在宗教事务领域,他们作为宗教法专家掌管帝国的宗教事务,最高乌里玛甚至有权就苏丹的法令是否违反伊斯兰法进行审查。

但是乌里玛阶层的存在对奥斯曼帝国的现代化改革形成巨大的障碍。因此,自 19 世纪以来,苏丹马哈茂德二世通过改革大大缩减了乌里玛阶层的权力。1839 年帝国成立国务委员会动摇了伊斯兰长老办公室和乌里玛在奥斯曼官僚体系中的地位。[1] 1870 年帝国成立了教育部和司法部,剥夺了乌里玛的大部分行政职责,[2]其建立的新式学校教授现代的科学和技术,对传统的宗教学校带来了不小的冲击;世俗法院的建立对传统的沙里亚法院带来了更大的冲击,以前乌里玛阶层出身的伊斯兰法院法官面临受过西方教育的世俗法院法官的挑战。乌里玛的权力逐渐被架空。过去仅属于乌里玛讨论的教法问题在当时已经成为社会公开辩论的主题,没有受过传统宗

---

〔1〕 See John Bugnacki, *The Garden of Forking Paths: Islamic Legal Transformations in the Ottoman Empire During the Nineteenth Century*, History Student Papers, Providence College, 2014, p. 44.

〔2〕 See John Bugnacki, *The Garden of Forking Paths: Islamic Legal Transformations in the Ottoman Empire During the Nineteenth Century*, History Student Papers, Providence College, 2014, p. 45.

教培训的知识分子也可参与其中。[1] 因此,发展伊斯兰法不再仅仅是乌里玛的专权,越来越多的受过西方教育的知识分子开始质疑乌里玛,认为他们无法带领帝国实现改革和现代化,其已经成为帝国发展的阻力。因此,在民法典编纂之争中,传统乌里玛的地位早已一落千丈,没有任何竞争力,伊斯兰长老也只是作为一种象征,在帝国需要的时候为帝国装点门面。简言之,乌里玛阶层已经失去了他们对传统伊斯兰法的垄断地位,其失去民法典的制定权是历史发展的必然结果。

(二)为何激进派在法典编纂之争中没有获胜?

奥斯曼帝国实现现代化主要受到法国的影响。帝国的法律改革主要以法国法律为模板编纂帝国的法典,但是唯独在编纂民法典时,激进派的建议失灵。实际上,正如上文所述,民法典的编纂涉及一个民族生活的方方面面,需要慎之又慎,直接移植《法国民法典》可能会带来水土不服的问题。我们还考察历史上最著名的德国民法典编纂之争。德国民法典编纂之争主要聚焦于德国需不需要一部民法典这一问题,蒂堡认为民法典能将当时一盘散沙的德国统合起来,编纂一部民法典有利于实现国家统一。他的学术劲敌萨维尼认为,德国当时并不具备制定民法典的时机条件,因为民法典涉及一个民族的生活、习俗,体现的是一个民族的精神,只有在充分深入研究德国的民族精神和传统文化的基础上,才能编纂民法典。德国民法典编纂之争持续了近半个世纪。从现在看来,德国民法典吸收了诸多罗马法的规则和精神,较为充分地体现了德意志民族精神。《奥斯曼民法典》编纂之争也隐含着奥斯曼民族精神和西方自由精神之争,激进派的主张体现出对西方精神价值的向往和对本民族传统价值的否定,这种对传统精神价值的否定注定会遭遇帝国保守派和温和派的一致反对。

但是也有人指出,虽然移植《法国民法典》的建议遭到其他两派的反

〔1〕 See Rudolph Peters, *From Jurists' Law to Statute Law or What Happens When the Shari'a is Codified*, Mediterranean Politics, 2002, p. 94.

对,但实际上,温和派在编纂民法典的时候移植了《法国民法典》。其理由笔者总结如下:一是《奥斯曼民法典》的编纂形式借鉴了《法国民法典》,传统伊斯兰民法作为法学家法以法学著作的形式得以表现,而民法典的编纂以章节、条款的方式加以编排,这对伊斯兰法传统而言是新鲜事物,因为法典编纂肯定不是伊斯兰法的传统。《奥斯曼民法典》是历史上第一次对伊斯兰民事法律规则的编纂。《法国民法典》给予了奥斯曼帝国编纂民法典最初的灵感。法典编纂委员会就哈乃斐法学不同学说和意见进行讨论,最后制定成"精准无误、易于查找、无分歧"〔1〕的法律条款,并参照《法国民法典》的模式,以编、章、节、条、款的形式予以公布。

二是《奥斯曼民法典》的内容受到《法国民法典》的影响。《奥斯曼民法典》是否受到《法国民法典》的影响？对此学界存有争议。土耳其学者艾哈迈德·塞米尔·耶尔德勒姆认为,《法国民法典》在《奥斯曼民法典》的起草过程中得到了研究。〔2〕他指出《奥斯曼民法典》第2条借鉴了《法国民法典》第1158条,第3条直接翻译了《法国民法典》第1156条,第43条借鉴了《法国民法典》第1160条,第356条借鉴了《法国民法典》第1118条。〔3〕实际上,艾哈迈德·塞米尔·耶尔德勒姆只是简单罗列了二者相似的法条,并没有给出直接证据。笔者认为,《奥斯曼民法典》并没有借鉴《法国民法典》

〔1〕《奥斯曼帝国民法典》,王永宝译,商务印书馆2018年版,第8页。

〔2〕See Ahmet Cemil Yildirim, *Ottoman Mecelle as a Secular Uniform Law Instrument*, International Journal of Turcologia, Vol. 5:19, p. 34.

〔3〕《奥斯曼民法典》第2条规定,一切事务,皆因意图;即由某一事项造成的法律效力,应当按照其行为意图来定。《法国民法典》第1158条规定,承认两种含义的条款应采用最符合合同目的的含义。《奥斯曼民法典》第3条规定,在合同中,思虑应针对意图和含义,而非字面和形式。这一表述几乎是《法国民法典》第1156条的直接翻译,《法国民法典》第1156条规定,合同中必须寻求缔约方的共同意图,而不是注意条款的字面含义。《奥斯曼民法典》第43条规定,传统中所认定的事项,如同契约上所认定。这一条也受到《法国民法典》第1160条的启发,《法国民法典》第1160条规定,合同中的条款应在合同中予以补充,即使它们不在那里表达。《奥斯曼民法典》第356条规定的合同损害似乎受到《法国民法典》第1118条的启发。See Ahmet Cemil Yildirim, *Ottoman Mecelle as a Secular Uniform Law Instrument*, International Journal of Turcologia, Vol. 5:19, p. 34.

的内容,理由如下:一是《奥斯曼民法典》缺乏债的一般理论。大陆法系民法典中债的理论是对整个合同法的统合,债法在民法典中具有举足轻重的地位,但是《奥斯曼民法典》并没有规定债的理论。〔1〕二是《奥斯曼民法典》规定的侵权还较为原始,比如直接规定了侵权的客观责任归责原则。〔2〕三是《奥斯曼民法典》中合同自由受到明显的限制,〔3〕尤其是对合同交易类型的规定,限制了当事人的交易自由。〔4〕这些传统的伊斯兰民事法律规则显然和《法国民法典》相去甚远。四是《奥斯曼民法典》的编排、文字表达等无不表现出这部法典具有中世纪法学著作的色彩。

综上所述,《奥斯曼民法典》的内容并没有受到《法国民法典》的影响,这从另一个层面说明了激进派在民法典编纂之争中的失败。

第二节　艾哈迈德·杰夫代特帕夏和《奥斯曼民法典》

本节追溯了《奥斯曼民法典》编纂者艾哈迈德·杰夫代特帕夏的生平,以及他编纂民法典的艰辛历程。不同于学界通说将艾哈迈德·杰夫代特帕夏作为保守主义代表,本书对"保守——改革"的二分范式持保留意

〔1〕参见徐国栋:《一个正在脱亚入欧的国家的奋斗——土耳其民法典编纂史》,载《比较法研究》2006年第2期。

〔2〕如《奥斯曼民法典》第913条规定,如果当事人一方滑倒并且跌落在了另一方的财产上,从而导致该财产损毁的,则其必须承担损失赔偿责任。《奥斯曼民法典》第915条规定,如果当事人一方坐在了另一方的衣摆上,其所有人在起立时不知自己的衣摆被另一人坐着,从而致使其衣服被撕裂,则坐在另一方衣摆上的人必须承担此衣服价值一半的损失赔偿责任。这些法条没有考虑过失或故意的因素,从而有别于现代意义上的侵权归责。

〔3〕See Majid Khadduri and Herbert Liebensky. ,*Law in the Middle East*,Washington:The Middle East Institute,1955,p. 295-296.

〔4〕1914年修订的《奥斯曼民事诉讼法》第64条改变了《奥斯曼民法典》限制合同自由的缺陷,《奥斯曼民事诉讼法》第64条扩大了合同自由原则,将所有不违反法规、道德或公共秩序的合同包括在内,从而使《奥斯曼民法典》更加适应社会的发展需求。See P. Nicholas Kourides,*The Influence of Islamic Law on Contemporary Middle Eastern Legal Systems:The Formation and Binding Force of Contracts*,9 Colum. J. Transnat'l L. ,1970,p. 399.

见,指出我们需要超越这种范式,客观地、全方位地分析和评价法学史上的历史人物。

一、艾哈迈德·杰夫代特帕夏的生平

艾哈迈德·杰夫代特帕夏(1823—1895 年)出生在奥斯曼帝国保加利亚的洛夫萨。其家族显赫,祖父是当地宗教领袖穆夫提,父亲是行政委员会的成员。[1] 他的祖父对他期望很高,希望他能够继承先祖的事业,进入帝国的乌里玛阶层。因此,在十几岁时,艾哈迈德·杰夫代特帕夏就学习阿拉伯语,因为懂阿拉伯语是进入乌里玛阶层的第一步,只有掌握阿拉伯语,才能读《古兰经》原文、圣训以及教义方面的著作。受祖父的影响,他从小接受了传统的宗教教育,就读于附属于清真寺的宗教小学麦克台卜。麦克台卜遍布帝国的乡村和城市,构成初等学校的基本形式,学习内容包括诵读《古兰经》、学习伊斯兰教常识和宗教道德。帝国的高等学校被称作麦德莱赛。麦德莱赛主要讲授阿拉伯语、波斯语、经注学、圣训学、教义学和教法学,培养伊斯兰教的神职人员和宗教法官卡迪。但是从 16 世纪后期开始,麦德莱赛几乎沦为伊斯兰教神学院,致力于穆斯林神学和法律的教学,培养传统的乌里玛。麦德莱赛培养出来的乌里玛因保守主义和偏见阻碍了对新事实的发现和对新思想的支持。[2]

1839 年坦志麦特运动开始之际,艾哈迈德·杰夫代特帕夏离开家乡去伊斯坦布尔接受现代教育。[3] 一方面,他在清真寺旁边的一个宗教学校接受教育,学习清真寺给神职人员开设的课程;另一方面,他全心全意地投入

---

〔1〕 See Çiğdem R, *Ahmed Cevdet Pasha* (1823 - 1895): *A Scholar and a Statesman*, Islam Hukuku Ara tırmaları Dergisi, Vol. 6, p. 78(2005).

〔2〕 See Chambers Richard L., *The Education of a Nineteenth-Century Ottoman Alim*, *Ahmed Cevdet Pasa*, International Journal of Middle East Studies, 4th edition, Vol. 4, Cambridge University Press, 1973, p. 445.

〔3〕 See Çiğdem R, *Ahmed Cevdet Pasha* (1823 - 1895): *A Scholar and a Statesman*, Islam Hukuku Ara tırmaları Dergisi, Vol. 6, p. 78(2005).

理性科学中去。他并不满足只掌握传统伊斯兰知识，他的偏好不可避免地促使他超越宗教学的范围以寻求其他学科上的满足。[1] 因此，他学习神学、地质学和天文学，还在帝国军事工程学院学习数学。[2] 30 岁之前他涉猎过法国法和国际法。[3] 艾哈迈德·杰夫代特帕夏在学习期间拜访了很多名师，只用了 5 年便完成了学业。这主要是因为，首先，他的家庭富裕，父亲的大力资助使他不用为学费而发愁，他可以将全部精力用在学习上。其次，他有远大的志向，聪明好学，往往事半功倍。艾哈迈德·杰夫代特帕夏从伊斯坦布尔完成学业后，通过参加考试进入帝国司法部门任职，1844 年被任命为帝国沙里亚法院的卡迪。[4]

当时坦志麦特的总设计师穆斯塔法·雷什德帕夏在改革过程中遇到保守派的反对，其希望找到一位伊斯兰法律专家，能够贯彻他的改革意见，并且能缓和改革者和宗教乌里玛之间的冲突。艾哈迈德·杰夫代特帕夏由于精通伊斯兰法和西方法律，成为完美的候选人。[5] 1846 年，艾哈迈德·杰夫代特帕夏被任命为穆斯塔法·雷什德帕夏的顾问，由于其精通伊斯兰法，穆斯塔法·雷什德帕夏进行改革时可以随时向其咨询，以免改革的措施和传统法律产生直接公开的冲突。

1857 年艾哈迈德·杰夫代特帕夏被任命为坦志麦特委员会的成员，因

---

〔1〕 See Chambers Richard L., *The Education of a Nineteenth-Century Ottoman Alim, Ahmed Cevdet Pasa*, International Journal of Middle East Studies, 4th edition, Vol. 4, Cambridge University Press, 1973, p. 445.

〔2〕 See Chambers Richard L., *The Education of a Nineteenth-Century Ottoman Alim, Ahmed Cevdet Pasa*, International Journal of Middle East Studies. 4th edition, Vol. 4, Cambridge University Press, 1973, p. 440–464.

〔3〕 See Shaw Stanford Jay & Ezel Kural Shaw, *The Era of Modern Reform: The Tanzimat*, 1839–1876, History of the Ottoman Empire and Modern Turkey, Vol. 2, Cambridge University Press, 1977, p. 64–66.

〔4〕 See Çiğdem R, *Ahmed Cevdet Pasha* (1823–1895): *A Scholar and a Statesman*, Islam Hukuku Ara tırmaları Dergisi, Vol. 6, 2005, p. 81.

〔5〕 See Bugnacki John, *The Garden of Forking Paths: Islamic Legal Transformations in the Ottoman Empire During the Nineteenth Century*, History Student Papers, 2014, p. 30.

其曾参与一些立法活动,因此对立法工作较为熟悉。1858 年,他主持完成了以伊斯兰法和习惯法为基础的奥斯曼帝国土地法的编纂工作。这部土地法没有关于私人土地所有权的规定。艾哈迈德·杰夫代特帕夏认为私人土地在古典菲格亥著作中有规定,应属传统伊斯兰法的调整范畴。此外,为了遵循伊斯兰法,这部土地法并没有公有土地继承的相关内容。[1] 在穆斯塔法·雷什德帕夏的指导下,艾哈迈德·杰夫代特帕夏积累了丰富的行政经验,充实了其法学方面的理论。[2] 1858 年穆斯塔法·雷什德帕夏去世后,阿里帕夏和富阿德帕夏向他建议,离开乌里玛阶层,以便为帝国政府更好地服务。在他们的影响下,艾哈迈德·杰夫代特帕夏加入了帝国政府机构。1863 年 3 月,艾哈迈德·杰夫代特帕夏被派往波斯尼亚担任检察官,在那里待了 18 个月,并且成功地恢复了那里混乱的秩序。实际上艾哈迈德·杰夫代特帕夏一直和传统乌里玛阶层保持联系,直到 1866 年有谣言传他想成为伊斯兰长老,但是受到阿里帕夏的阻碍,从那以后他才脱离乌里玛的圈子。1866 年,他被任命为帝国司法部大臣,负责帝国的司法改革,建立了帝国第一个世俗法院。1868 年,他出任司法条例委员会的主席,负责起草《奥斯曼民法典》。[3]

二、艾哈迈德·杰夫代特帕夏艰难曲折的民法典编纂历程

奥斯曼帝国曾在 1855 年尝试编纂民法典,艾哈迈德·杰夫代特帕夏作为编纂委员会成员参加过此次民法典编纂。作为该委员会唯一的法律专家,他负责起草了该民法典的买卖合同部分。[4] 但遗憾的是,该委员会无

---

〔1〕 See Çiğdem R, *Ahmed Cevdet Pasha* (1823-1895): *A Scholar and a Statesman*, Islam Hukuku Ara tırmaları Dergisi, Vol. 6, 2005, p. 85.

〔2〕 See Bugnacki John, *The Garden of Forking Paths*: *Islamic Legal Transformations in the Ottoman Empire During the Nineteenth Century*, History Student Papers, 2014, p. 31.

〔3〕 See Çiğdem R, *Ahmed Cevdet Pasha* (1823-1895): *A Scholar and a Statesman*, Islam Hukuku Ara tırmaları Dergisi, Vol. 6, 2005, p. 86.

〔4〕 See Ahmet Cemil Yildirim, *Ottoman Mecelle as a Secular Uniform Law Instrument*, International Journal of Turcologia, Vol. 5: 19, p. 32.

法完成这项工作,因为除了艾哈迈德·杰夫代特帕夏是法律专家,其他成员都是非法律专业人士。委员会成员们明白,民法典的编纂必须要由法律专家来完成,因此编纂民法典的议程终止了。

1869年,艾哈迈德·杰夫代特帕夏和他的团队开始了艰辛的民法典编纂历程。之所以说艰辛,是因为在编纂民法典的过程中随时会受到激进派和保守派的阻挠。编纂委员会考虑到,民法典的编纂是一个漫长的过程,如果等到编纂完成后再公布,那么这期间激进派极有可能推进《法国民法典》在帝国的实施。因此,编纂委员会在编纂完序言和第一编买卖合同,并听取乌里玛的修改意见后,于1870年4月14日予以公布。后期编纂委员会也采取了这种分批编纂及时公布的模式,防止了《法国民法典》在帝国的适用;直到1876年完成最后一编,历时7年。《奥斯曼民法典》的编纂不仅时间漫长,而且在编纂过程中艾哈迈德·杰夫代特帕夏也多次从编纂委员会主席的位置上被罢免,仅举两例:

1870年4月,在编纂《奥斯曼民法典》第629条时,艾哈迈德·杰夫代特帕夏因选择晚期哈乃斐法学家祖法尔的观点而遭到乌里玛哈桑·费赫米的反对,理由是祖法尔的法学观点的权威性不够。[1] 因此他被撤去民法典编纂委员会主席的职务,被任命为布尔萨州的州长,但不久之后又遭到罢免。直到1871年8月才被恢复职务。他被恢复职务的原因是他的缺席使《奥斯曼民法典》第六章的编纂有缺陷。1872年7月,由于他和马哈茂德·纳迪姆帕夏产生分歧,被再次撤去了民法典编纂委员会主席的职务,但是经过短暂的18天后又被恢复职务。由此看来,在民法典编纂过程中他是一个不可或缺的人物。1876年11月26日,编纂委员会完成了剩余15编的编纂工作。1877年根据苏丹阿卜杜勒·哈米德二世的敕令,《奥斯曼民法典》正式颁布实施。[2] 尽

〔1〕 See Çiğdem R, *Ahmed Cevdet Pasha* (1823-1895): *A Scholar and a Statesman*, Islam Hukuku Ara tırmaları Dergisi, Vol. 6, 2005, p. 88.

〔2〕 See Bosworth C. E. et al., *The Encyclopaedia of Islam*, New Edition Vol. 6, Leiden: Brill Academic Publishers, 1991, p. 971.

管艾哈迈德·杰夫代特帕夏是一位宗教学者和伊斯兰法律专家,但是他没有留下专门的法律著作。[1]从另一个角度来看,如果没有他的斗争,就没有《奥斯曼民法典》的诞生。[2]

《奥斯曼民法典》包括序言和正文16编,共计1851条。正文16编分别为:(1)买卖;(2)租赁;(3)担保;(4)债务转移;(5)质押;(6)寄托物;(7)赠与;(8)侵占和毁损;(9)禁治产、胁迫和优先购买权;(10)共有;(11)代理;(12)清偿和债务解除;(13)追认;(14)诉讼;(15)证据与责成宣誓;(16)审判。《奥斯曼民法典》的主要内容大概可以归纳为序言、物权或财产权、合同、侵权责任和民事程序这五种类型。这部法典颁布后在奥斯曼帝国适用,即在包括安纳托利亚、巴尔干、塞浦路斯、叙利亚、约旦、巴勒斯坦、黎巴嫩、伊拉克、希贾兹、利比亚在内的奥斯曼帝国所有属地(埃及除外)实施。该法典同时适用于帝国的沙里亚法院和世俗法院。在帝国实施50年后,由于帝国的解体,这部法典也于1926年被土耳其民法典代替。但是此后《奥斯曼民法典》在中东国家继续适用,比如黎巴嫩适用至1932年,叙利亚适用至1949年,伊拉克适用至1953年,[3]约旦适用至1976年,科威特适用至1980年。直到今日,约旦民法典依然承认《奥斯曼民法典》是其民法的有效渊源之一,只要《奥斯曼民法典》的相关内容和约旦民法典不相冲突,其就可以作为法院裁判的依据。[4]

三、艾哈迈德·杰夫代特帕夏:接受改革的“保守主义者”

艾哈迈德·杰夫代特帕夏成功编纂了伊斯兰世界第一部民法典,作为

---

[1] See Çiğdem R, *Ahmed Cevdet Pasha* (1823-1895): *A Scholar and a Statesman*, Islam Hukuku Ara tırmaları Dergisi, Vol. 6, 2005, p. 88.

[2] See Çiğdem R, *Ahmed Cevdet Pasha* (1823-1895): *A Scholar and a Statesman*, Islam Hukuku Ara tırmaları Dergisi, Vol. 6, 2005, p. 88.

[3] See Bosworth C. E. et al., *The Encyclopaedia of Islam*, New Edition Vol. 6, Leiden: Brill Academic Publishers, 1991, p. 972.

[4] See A. Hayajneh, *Legal Surgery: The Need to Review Jordanian Civil Law*, British Journal of Humanities and Social Sciences, Vol. 6:2, p. 46(2012).

温和派的代表人物,学术界对他如何评价?

从现有的资料来看,学术界通常认为艾哈迈德·杰夫代特帕夏是一位保守主义者。例如,有学者指出,艾哈迈德·杰夫代特帕夏作为保守主义者和改革派进行激烈的斗争。“保守派伊斯兰主义者艾哈迈德·杰夫代特帕夏是坦志麦特时代法典编纂的先驱者之一,他的立场遭到西方主义者以及法律移植派的反对。”[1]换言之,学术界在“保守——改革”二分法范式下将艾哈迈德·杰夫代特帕夏视为保守主义的代表。

(一)“保守——改革”二分法范式之批判

实际上,笔者认为,学界将艾哈迈德·杰夫代特帕夏视为保守派的观点值得商榷。通过简单的“保守——改革”范式无法客观反映艾哈迈德·杰夫代特帕夏的复杂经历。汉尼奥卢指出,在研究奥斯曼帝国改革人物时,因为人物的复杂性,导致研究者通常描绘出两个假想的阵营:一个是追求科学进步践行改革的阵营,另一个是保守宗教愚昧的阵营。大部分学者都无可避免地使用二元对立来分析帝国改革家和政治精英的思想。因此,进步/保守和宗教/世俗二分法借助实证主义和现代化理论而广为流传,这些理论试图将奥斯曼帝国晚期的历史解释为改革派和保守派之间的冲突。[2] 换言之,人们惯用这种结合保守派与改革派的二分法范式来研究奥斯曼帝国的改革人物。

汉尼奥卢反对这种二分法范式。他指出,“就像没有任何历史学家能够令人信服地将俄国帝国主义的最后几十年描绘成布尔什维克和沙皇之间的斗争一样,因此也无法将奥斯曼帝国的晚期历史描述成世俗主义者和他们的宗教反对者之间的一场简单的斗争”。乌里玛由于宗教上的保守主义而反对改革和现代化,这是理所当然的。尽管如此,让乌里玛扮演反动派角

---

〔1〕 Ismail noyan, *Ahmet cevdet pasha and change: A three-tiered approach*, Sabancı University, M. A. Thesis, July 2018, p. 18.

〔2〕 See Ismail noyan, *Ahmet cevdet pasha and change: A three-tiered approach*, Sabancı University, M. A. Thesis, July 2018, p. 14.

色,让具有西方思想的知识分子始终坚持改革,这是一个谬论。[1] 实际上,有些乌里玛比某些新型知识分子更具改良主义精神;反之亦然,有些知识分子比乌里玛更为传统。

我们为了更细致地分析评价艾哈迈德·杰夫代特帕夏,必须首先回答艾哈迈德·杰夫代特帕夏是否一个保守主义者这一问题。要回答这个问题,就需要对保守主义进行界定。保守主义强调事物的连续性、人们逐渐变化的思想以及知识和经验积累的重要性,保守主义者尊重“我们祖先的智慧”。伯克指出,保守的前提,即一个人并不能拥有所有的才能,因此他们必须从他们祖先世代相传的经验和智慧中寻找答案和启发。因此,保守派重视所有现存制度和法律,只要它们能经受住时间的考验。[2]

理解保守主义的关键是分析保守主义者对改革的态度。亨廷顿认为,保守主义提倡既定秩序,对变革具有明确系统的、理论上的抵制。实际上,保守主义者不接受任何形式的变革的观点没有说服力。保守主义者认为改革应该是通过保留“旧制度的有用部分”,并与旧制度的其余部分添加兼容进而形成新事物的过程。必须指出,鉴于保守派接受某些变化而拒绝其他变化,改革与保守主义者之间的关系并不简单。[3] 换言之,保守主义者不会断然拒绝变革,也不会欢迎变革。保守主义者似乎在接受和拒绝变革之间摇摆不定。[4] 那么哪些是保守主义者可以接受的变革?罗西特区分了保守主义者可接受和不可接受的变革。第一,有机变革的思想。有机变革既适合当下,又适合过去,对于保守主义者来说是可以接受的。第

〔1〕 See Ismail noyan, *Ahmet cevdet pasha and change*: *A three-tiered approach*, Sabancı University, M. A. Thesis, July 2018, p. 17.

〔2〕 See Ismail noyan, *Ahmet cevdet pasha and change*: *A three-tiered approach*, Sabancı University, M. A. Thesis, July 2018, p. 99.

〔3〕 See Ismail noyan, *Ahmet cevdet pasha and change*: *A three-tiered approach*, Sabancı University, M. A. Thesis, July 2018, p. 3.

〔4〕 See Ismail noyan, *Ahmet cevdet pasha and change*: *A three-tiered approach*, Sabancı University, M. A. Thesis, July 2018, p. 22.

二,“对超人类的信仰”。保守主义者认为人类的能力是有限的,因此降低了个人作为自由意志行使者的地位。第三,灵活运用无争议的概念。罗西特主张,保守主义的实质在于“通过援引人类早有的秩序来预防破坏性的变革”〔1〕。

(二)艾哈迈德·杰夫代特帕夏:接受改革的“保守主义者”

对于艾哈迈德·杰夫代特帕夏的评价,本书指出需突破“保守——改革”的二分法范式。艾哈迈德·杰夫代特帕夏既不极端保守,又没有过分改革,而是采取了比较中和的道路。通过简单的二分法将其归为保守主义者,并不能客观描绘这位伟大的“东方萨维尼”。

艾哈迈德·杰夫代特帕夏遵循穆斯塔法·雷什德帕夏的道路,强调按照传统改革帝国的重要性。但一方面,他批评赛义德帕夏过于保守。赛义德帕夏声称其梦想着回到一百年前的帝国,并清除采用新式思想的人。〔2〕艾哈迈德·杰夫代特帕夏警告说,这样的做法最终会使帝国落后。另一方面,他对那些选择移植《法国民法典》且不加以改动的人不满意。艾哈迈德·杰夫代特帕夏批评了这两种极端。另外,我们从他对穿着的态度能看出他是一个不偏不倚奉行中和思想的人。艾哈迈德·杰夫代特帕夏曾指出,他既不喜欢传教士的长袍,又不希望将自己的着装改成欧洲风格。〔3〕由此我们可以得出以下结论:

一是艾哈迈德·杰夫代特帕夏没有否定改革,而是尝试区分可接受的改革和不可接受的改革。正如亚历山大指出的那样,保守派不欢迎变革,但也不反对变革。在这点上,保守派和反对派之间存在明显差异。尽管他们都不欢迎变革,但他们对过去的态度却有所不同。反对派拒绝一切改革。

---

〔1〕 Ismail noyan, *Ahmet cevdet pasha and change*: *A three-tiered approach*, Sabancı University, M. A. Thesis, July 2018, p. 24.

〔2〕 See Ismail noyan, *Ahmet cevdet pasha and change*: *A three-tiered approach*, Sabancı University, M. A. Thesis, July 2018, p. 32.

〔3〕 See Ismail noyan, *Ahmet cevdet pasha and change*: *A three-tiered approach*, Sabancı University, M. A. Thesis, July 2018, p. 55.

保守派并不认为世界就像一个博物馆,其更喜欢将它作为车间,在那里可以创造出能作为新基础的东西。正如柯克指出的那样,保守派认为进步和持久性是影响社会的两大力量,其只欢迎改变,只要它是可以接受的。[1]

艾哈迈德·杰夫代特帕夏曾说,神圣的法律不受时间的变化而发生变化,但是人类制定的法律会随时间而变化,政治家必须考虑时代的需求进而采取细致的步骤进行改革。艾哈迈德·杰夫代特帕夏讨论塞利姆三世改革时指出,他对招募教师和工程师进行教育并不反对,但改革没有必要完全仿照欧洲的模式。作为另一个例子,艾哈迈德·杰夫代特帕夏讨论了帝国和欧洲国家截然相反的传统:掌声虽然被视为对欧洲统治者的敬重之举,但保持沉默和低头被视为向帝国苏丹致敬的方式。[2] 因此,他的主要目的是借鉴,而不是完全模仿。

土耳其学者指出,如果艾哈迈德·杰夫代特帕夏没有遇到穆斯塔法·雷什德帕夏,尽管他本身聪明机智,但他依然可能是极端保守的乌里玛,遇到穆斯塔法·雷什德帕夏是他生活轨迹中的一个里程碑。[3] 艾哈迈德·杰夫代特帕夏并不反对传统。为了说明这一点,他描述了波斯尼亚人约会的传统[4],并指出,尽管有些乌里玛不赞成这种传统,但是传统是人们世界观的一部分,而且很难改变,就此放弃也不容易。

二是在社会环境变化的情形下艾哈迈德·杰夫代特帕夏接受激进的改革。艾哈迈德·杰夫代特帕夏主持编纂的《奥斯曼民法典》第 39 条规定,不可否认,法律随着时间的变化而变化。该条反映出,艾哈迈德·杰夫代特帕夏接受伊斯兰法随着时代的发展而变化。可以说,这是伊斯兰法领域最激

---

[1] See Ismail noyan, *Ahmet cevdet pasha and change: A three-tiered approach*, Sabancı University, M. A. Thesis, July 2018, p. 28.

[2] See Ismail noyan, *Ahmet cevdet pasha and change: A three-tiered approach*, Sabancı University, M. A. Thesis, July 2018, p. 94.

[3] See Ismail noyan, *Ahmet cevdet pasha and change: A three-tiered approach*, Sabancı University, M. A. Thesis, July 2018, p. 11.

[4] 根据波斯尼亚人约会的传统,男孩和女孩在一起约会,共度时光,女孩直到结婚才戴头巾。

进的改革。尽管艾哈迈德·杰夫代特帕夏认为改变或放弃传统绝非易事，但在特殊情况下，人们也会接受它。人们讨论的一个问题是，艾哈迈德·杰夫代特帕夏是否学过法语？这主要是因为是否学习过西方语言是判断一个人西化程度的标准。有学者指出，艾哈迈德·杰夫代特帕夏能说基本的法语，并能够阅读法文版的法律著作。〔1〕由此看出，艾哈迈德·杰夫代特帕夏对于西方思想持较为开放的态度。考虑到晚期帝国衰落的事实，他使用了一个隐喻，即帝国就像破旧的钟表一样，旧弱的身体无法通过普通药物治愈，一些小小的改动不足以挽救帝国，因此，只有通过根本性的改革才能挽救国家。〔2〕

但是艾哈迈德·杰夫代特帕夏反对剧烈的社会革命，认为革命就像打开洪水屏障一样，一旦打开，任何人都无法停止，即使是首先发起革命的人也是如此。因此，革命不仅伤害了反对者，而且伤害了革命的支持者。他批评了法国大革命的支持者，认为尽管法国大革命主张是为了给公民提供自由、平等和博爱的思想，但最终却导致无辜者被杀害。〔3〕

艾哈迈德·杰夫代特帕夏进而指出，帝国的改革需要有益于帝国的人民，人们不应肤浅地模仿并被西方的豪华生活方式淹没，而应明智地借鉴。他希望进行彻底改革以跟上时代的步伐，但这并不意味着可以采取非常激进的步骤。为了说明这一点，他在致萨杜拉帕夏大使的信中指出，我们进行改革，假如我们本来要求帝国制造鞋子，但是由于我们迫切想穿鞋子，而帝国的工匠没有那么快的生产速度，这时，我们引进外国企业生产，外国企业没有让我国掌握这项技术，却从我们国家赚走了很多钱，而奥斯曼帝国的许多行业会因此不振。综上，艾哈迈德·杰夫代特帕夏认为，从大局上看，只

〔1〕 See Ismail noyan, *Ahmet cevdet pasha and change: A three-tiered approach*, Sabancı University, M. A. Thesis, July 2018, p. 54.

〔2〕 See Ismail noyan, *Ahmet cevdet pasha and change: A three-tiered approach*, Sabancı University, M. A. Thesis, July 2018, p. 95.

〔3〕 See Ismail noyan, *Ahmet cevdet pasha and change: A three-tiered approach*, Sabancı University, M. A. Thesis, July 2018, p. 89.

关注西方较浅的方面,而不是试图理解和接受欧洲发展的至关重要的方面,将会对帝国造成更大的伤害。[1]

由上可知,我们不能简单地用传统的"保守——改革"二分法的范式刻画艾哈迈德·杰夫代特帕夏。实际上,他既是一个保守主义者,又能接受改革,但前提是他区分了可以接受的改革和不可接受的改革。在社会环境巨变的情形下,他还能接受激进的改革。但是他又反对像法国大革命这样剧烈的社会革命,因为这些革命带来了生灵涂炭。换言之,他追求的是一种渐进式的、随着社会步伐的改革。他的这种改革思想使帝国最终接受了他的民法典编纂方案。我们认真研读《奥斯曼民法典》,就会发现,艾哈迈德·杰夫代特帕夏实行的是一种缓慢的改革。事实证明这种改革在当时的帝国取得了成功。

第三节　传统伊斯兰法能否被编纂成法典?

在《奥斯曼民法典》编纂之争中,以艾哈迈德·杰夫代特帕夏为代表的温和派胜出,最终编纂了伊斯兰世界第一部民法典。传统伊斯兰法能否被编纂成法典?对这个问题的争论从法典编纂之争一直持续到现代,本书从历史和现实、理论和实践的维度回答这个问题。

一、伊斯兰法编纂的历史考察

在穆罕默德和四大哈里发时期,社会关系较为简单,那时候还没有出现伊斯兰法编纂的现象。穆罕默德时期对前伊斯兰时代阿拉伯的习惯法采取较为宽容的态度,只要这些习惯和伊斯兰教的精神不相违背,都可以被借鉴

---

[1] See Ismail noyan, *Ahmet cevdet pasha and change: A three-tiered approach*, Sabancı University, M. A. Thesis, July 2018, p. 97.

和吸收。穆罕默德通过安拉启示的《古兰经》解决当时社会出现的种种问题,他的弟子将《古兰经》背记在心或者写在树叶、兽皮上。穆罕默德曾经禁止弟子记录圣训,以免和神圣的《古兰经》经文混淆。随着穆罕默德的去世,一些能熟记《古兰经》的圣门弟子在战场上牺牲,穆斯林意识到编纂的必要性,因此展开了对《古兰经》经文的收集工作。在第三任哈里发奥斯曼时期形成了奥斯曼定本的《古兰经》。当然,该《古兰经》不是严格意义上的法律编纂。严格意义上的法律编纂出现在伊斯兰法学派产生之后。公元 7 世纪至 9 世纪是伊斯兰法的形成时期。这一时期伊斯兰法主要以法学家法的方式发展,主要表现为法学家以《古兰经》、圣训作为基础,用公议和类比的方法解决当时遇到的案件。

随着时间的推移,越来越多的法学派出现,法学呈现出复杂化发展趋势,法学家们开始意识到法典编纂的必要性。历史学家记载了伊斯兰历史上最早的法典编纂,其中有法学家伊本·阿尔穆卡法和哈里发曼苏尔关于法典编纂的对话。伊斯兰法学家伊本·阿尔穆卡法是第一个认识到法典编纂必要性的人。他在给哈里发曼苏尔的信中指出:"这两个地区(库法和巴士拉)以及其他省份的阿米尔必须深入思考的一个问题是伊斯兰法的意见分歧,伊斯兰法现在达到了这样的程度,我们再也不可能闭上眼睛……如果阿米尔想要它,就会得到答案。阿米尔颁布法令,规定迄今为止所有的决定和判决都是以文本的形式,并且每个教派都必须附上所有支持他们观点的论据,这些论据适当地基于推理和权威参考。此后,阿米尔可以审查整个记录,并在每个案件中作出自己的判断,并限制法院违反规定。通过这种方式,所有分散的判决……涵盖各种主题——应采取定期的编纂成书面的法典形式,并且没有错误。"[1]哈里发曼苏尔当时没有接受他的提议,但他记

---

〔1〕 See Najmaldeen K. Kareem Zanki PhD, *Codification of Islamic Law Premises of History and Debates of Contemporary Muslim Scholars*, International Journal of Humanities and Social Science Vol. 4:9, p. 128(2014).

住了这个建议。哈里发曼苏尔前往麦加朝圣时,向伊玛目马力克表达了编纂法典的想法。伊玛目马力克反对这个想法,并表示每个法学派的跟随者都可以遵循各自的学说。伊玛目马力克虽然反对哈里发曼苏尔编纂法典的想法,但是自己编辑了《穆宛塔圣训集》。[1] 根据历史记载,在哈伦·拉希德(Harūnal-Rashīd)统治期间,哈伦·拉希德也向伊玛目马力克提出了这一建议,但是遭到后者的反对。[2]

在伊斯兰历史的前三个世纪,法律仍然按照伊智提哈德的方式进行创制,法官根据伊斯兰法的四大法源,以及习惯法、公共利益的考量因素,凭着正义感裁判案件。在伊斯兰历史的后期,法典编纂的概念被提出来,并且以非常缓慢和渐进的步骤得到改进和发展。一般而言,在编纂法典时,对于传统伊斯兰法有以下五种选择方法:

一是采用四大法学派的观点。伊斯兰法四大法学派的意见是主导意见,人们只能遵循各自学派的观点,以致出现了严重的教条主义。在阿巴斯王朝时期,法律僵化问题凸显出来。由于阿巴斯王朝以哈乃斐学派的观点为官方观点,因此哈乃斐学说在帝国的分布范围最广。沙斐仪出生在埃及,他的学说在埃及广受欢迎。马力克的学说主要在西非适用。四大法学派的法官从各自的学派中选任,其在裁判案件时也遵循各自的学说。然而,统治者并没有采用某一学派作为判决的唯一参考,人们可以根据这些学说的共同可接受性自由选择他们所喜欢的法官。因此,这并非严格意义上的法律编纂。

二是采用某种学说作为裁判案件的依据。在法蒂曼王朝时代的埃及,曾选任什叶派的法学家为高级法官。因此什叶派的学说被适用于埃及。

---

[1] See Najmaldeen K. Kareem Zanki PhD, *Codification of Islamic Law Premises of History and Debates of Contemporary Muslim Scholars*, International Journal of Humanities and Social Science Vol. 4:9, p. 128(2014).

[2] See Najmaldeen K. Kareem Zanki PhD, *Codification of Islamic Law Premises of History and Debates of Contemporary Muslim Scholars*, International Journal of Humanities and Social Science Vol. 4:9, p. 128(2014).

在奥斯曼帝国,苏丹萨利马尔·阿瓦尔(Salīmal-Awwal,1512—1520 年在位)曾颁布一项法令,宣布哈乃斐学说作为帝国的官方学说,[1]哈乃斐学派的乌里玛发布的法特瓦和法官裁判的案件均具有约束力。采用某种学说作为强制性参考,是编纂伊斯兰法的必要步骤。

三是从某个学派中选择法律观点加以编纂。奥斯曼帝国时期,由于帝国适用哈乃斐法学,因此司法裁判以哈乃斐法学为依据,司法裁判相对统一。但是哈乃斐法学内部对某一个问题也有不同法律意见。对于法律问题的最佳解决方案的意见和争议的多样性仍然是编纂法典的障碍,促使奥斯曼帝国适用统一法典。在法典编纂方面,奥斯曼帝国土地法是以哈乃斐法学为依据编纂的。最典型的《奥斯曼民法典》,主要以哈乃斐法学为基础,选择其中最符合时代的意见编纂成法典。换言之,《奥斯曼民法典》并没有参考其他学派的观点,而是对哈乃斐法学的观点加以选择的产物。实际上,编纂委员会选择的并非权威法学家艾布·哈尼法的观点,如果其弟子的意见更符合时代的需要,编纂委员会也会予以采纳。

四是从不同法学派中选择法律观点加以编纂。例如奥斯曼帝国 1917 年编纂的家庭法是根据哈乃斐法学的观点编纂的。但是为了选择最适合现实的观点,编纂委员会也采纳了其他学派的观点,将其他族群的家庭习惯法纳入家庭法,其中包括犹太教和基督教的宗教家庭法的特殊规则,统合了帝国多元的社会。

五是借鉴外国法律。在奥斯曼帝国坦志麦特时期,帝国为了应对西方的挑战,以及内部改革追求现代化的需求,从西方移植了一批法律。根据诺·库尔森的观点,奥斯曼帝国移植西方法律的基础主要在于其 19 世纪的治外法权制度。在帝国的治外法权制度下,西方列强确保居住在帝国的公

---

〔1〕 See Najmaldeen K. Kareem Zanki PhD, *Codification of Islamic Law Premises of History and Debates of Contemporary Muslim Scholars*, International Journal of Humanities and Social Science Vol. 4:9, p. 129(2014).

民将受其自己的法律管辖。这使帝国的人们熟悉欧洲法律。因此帝国借鉴外国法律有其社会基础。基于这些因素,1839—1876 年坦志麦特改革期间,奥斯曼帝国大规模借鉴了欧洲法律。可以看出,帝国的法典编纂运动向两个相反的方向发展。第一,移植外国法,主要是法国法。这些外国法律在某些方面和传统伊斯兰法产生冲突,例如,编纂的刑法没有包括胡杜德在内的伊斯兰刑罚制度,高利贷也被认为是合法的,土地法规定男女的继承权平,等等。第二,编纂伊斯兰法典,最典型的是《奥斯曼民法典》的编纂。

二、传统伊斯兰法法典化的争议

在奥斯曼帝国坦志麦特改革之后,伊斯兰国家纷纷通过法典编纂实现法律现代化。与之伴随的一个问题是,伊斯兰法的编纂是否合法?换言之,穆斯林法学家讨论是否有必要对传统伊斯兰法进行编纂从而实现现代化。当代关于伊斯兰法编纂问题存在两种主要观点。

(一)反对伊斯兰法法典化

保守派反对编纂法典。主要代表是沙特阿拉伯的学者,例如沙特阿拉伯著名学者阿卜杜勒·阿布·扎伊德。他撰写了一本著作,并得出结论认为法典编纂不适合伊斯兰国家。他指出,法典是西方的模式,无论是标题还是内容都无法适应伊斯兰教法,伊斯兰法律的性质拒绝编纂法典。[1] 伊斯兰法来自神圣的《古兰经》、圣训,穆智台希德不能超越神圣的以沙里亚为基础的特定规则,如果没有相关的确定规则,其需通过公议、类比的方式发展伊斯兰法。换言之,法学家通过伊智提哈德的方法发展伊斯兰法。

法典编纂反对者的主要理由如下:其一,担心统治者制定实现自身利益的法典。其二,伊斯兰法律规则已成功实施超过 14 个世纪,且没有被编纂为

---

〔1〕 See Najmaldeen K. Kareem Zanki PhD, *Codification of Islamic Law Premises of History and Debates of Contemporary Muslim Scholars*, International Journal of Humanities and Social Science Vol. 4:9, p. 134(2014).

法典。其三,一些西方发达国家,例如普通法系的英国,即使没有成文法典,也通过自身的特色制度发展了法律。其四,法典编纂违背了伊斯兰法的发展路径——伊智提哈德。[1] 根据伊智提哈德原则,很难有明确统一的法律,伊斯兰法固有的发展路径和伊斯兰法法典化相互矛盾。其五,当时西方研究伊斯兰法的大家威尔·哈拉克认为伊斯兰法不能编纂成法典,伊斯兰法和现代国家有着本质上的冲突,现代国家要求建立一种排他的、终极的中心,相反,伊斯兰法是"明显离心式的"。[2]

有现代学者质疑《奥斯曼民法典》的编纂。他认为《奥斯曼民法典》的编纂没有适用传统的伊斯兰法伊智提哈德方法,因此其限制了法官的权力,这也是该民法典被废除的主要原因。该学者指出,帝国急于承认《奥斯曼民法典》是民法最权威的载体,导致对帝国司法机构职能的约束;至少在形式上,法官被视为"法律的适用者"。法官严格按照民法典的规定裁判案件,其自由裁量权受到严格限制。当案件提交法官作出决定时,法官从原始问题中提取相关事实,描述这些事实所呈现的法律问题,找到适当的立法规定,并将其应用于该案件。该学者认为《奥斯曼民法典》第 1801 条说明了法官的法律创制之门被关闭。该条规定,司法受限于时间、地点以及部分特殊事项的例外情况。被任命为一年期限的法官,只能在该年度内裁判,并且不得在该年度来临之前或届满之后裁判。被委任为某司法辖区的法官,可以在该司法辖区内的任何地方裁判,但不得在其他司法辖区内裁判;被委任为某特定法院的法官,只能在该法院裁判,不得在其他法院裁判。如果涉及公共利益,颁布的苏丹敕令要求不得受理某相关事项的诉讼,则法官无权对其审理和裁判;或者某一法院的法官被许可审理某些特定事项,则其只能审理

---

〔1〕 See Najmaldeen K. Kareem Zanki PhD, *Codification of Islamic Law Premises of History and Debates of Contemporary Muslim Scholars*, International Journal of Humanities and Social Science Vol. 4:9, p. 134(2014).

〔2〕 See Wael B. Hallaq, *Sharia: Theory, Practice, Transformations*, Cambridge University Press, 2009, p. 362.

和裁判得到授权的事项,并且不得审理和裁判除此之外的任何事项。如果关于某一事项,颁布的苏丹敕令要求执行某创制法学家更利于人民、更符合时代利益的意见,则法官不得执行与其相悖的其他创制法学家的意见;如果执行了,则其裁判不生效。

由此该学者指出,法官无权就苏丹决定的案件作出司法裁判,《奥斯曼民法典》第1801条限制了法官对一些案件通过伊智提哈德方法进行裁判。换言之,该学者认为,必须遵从传统的伊智提哈德方法发展伊斯兰法,而不是编纂一部民法典。

(二)支持编纂伊斯兰法典

当时伊斯兰世界大部分学者都支持法典编纂。他们认为法典编纂是非常必要的,理由如下:

其一,法典编纂使司法裁判者更容易查明法律。传统的伊斯兰法作为法学家法包含不同观点和学说,给法官适用法律裁判案件带来了很大的困难。如果将传统伊斯兰法编纂成法典,将会统一法律的适用,而不会产生歧义。事实上,根据法典编纂拥护者的考察,在伊斯兰法中,基于神圣文本的法律规则与基于伊智提哈德方法的法律规则相比,数量很少。[1] 伊斯兰法中大量的法律规则都是后世的法学家构建起来的。法学家主要通过公议、类比的方法创制了大量的法律规则。因此,通过编纂法典可以将法学家法统合起来。其二,法典编纂有助于法学家选择最适合时代需要的法学观点,并以最好的方式得出结论。其三,当时社会很少有精通传统伊斯兰法的法学家,并且很少有具有独立创制资格的法学家,因此,编纂一部法典从而为司法裁判者适用是时代之需。其四,法典编纂有助于法律的统一适用,做到同案同判。其五,当时社会西方法律已成为主流,其中法典法为典型代

---

〔1〕 See Najmaldeen K. Kareem Zanki PhD, *Codification of Islamic Law Premises of History and Debates of Contemporary Muslim Scholars*, International Journal of Humanities and Social Science Vol. 4:9, p. 135(2014).

表,只有将伊斯兰法编纂成法典,才能实现和西方法律相互交流的目标。[1]

实际上,笔者认同第二种观点,就反对伊斯兰法法典化的论者的观点,笔者提出以下反驳意见:首先,论者指出统治者编纂法典实现自身利益。实际上,统治者为了自身利益编纂法典,是历朝统治者的编纂目标,法典编纂本身无法避免这种情况。历史上确实有过制定恶法伤害人民利益的极端案例,但这不是常态。法典编纂是社会各个阶层达成一致的最低共识的过程,如果编纂出一部恶法,那么这部恶法的寿命也不会太长久。退一步讲,即使是法学家法,也不能避免法学家因受到执政者的影响而创制出恶法。

其次,论者指出伊斯兰法没有进行法典编纂也成功实施了 14 个世纪。如果我们认真考察伊斯兰法的历史,就会发现,自公元 10 世纪起,伊斯兰法进入停滞时期,直到近代伊斯兰世界法律改革,才又进入发展时期。如果伊斯兰法成功实施 14 个世纪,那么就不会出现近代伊斯兰世界纷纷改革法律的现象。

再次,论者指出以英国为代表的普通法系国家并没有编纂成文法典,依然能通过法律调整变化中的社会。诚然,普通法系国家没有编纂法典的传统,其法官主要通过遵循先例的方式裁判案件,即先前的判决对以后的判决具有约束力。而伊斯兰国家的法官主要通过卡里斯玛的裁判模式裁判案件,即先前的案例对后面的法官没有必然的约束力,法官享有更多的自由裁量权;因此,如果不编纂法典,伊斯兰法的发展不会遵循普通法系那样的发展路径,而是最后呈现古代罗马法百家争鸣的局面,这显然和现代社会要求的法律统一相悖。

---

〔1〕 See Najmaldeen K. Kareem Zanki PhD, *Codification of Islamic Law Premises of History and Debates of Contemporary Muslim Scholars*, International Journal of Humanities and Social Science Vol. 4:9, p. 135(2014).

三、伊斯兰法法典化的意义

如上所述,学术界对于伊斯兰法能否编纂具有较大的争议,直到今天还有人质疑传统伊斯兰法编纂的合法性。我们考察大陆法系和英美法系后发现,在这些法域也发生过法典编纂之争。

(一)西方世俗法法典化之考察

法典编纂并非伊斯兰法的传统,而被认为是西方的法律发展技术。西方第一次法典编纂主要以《普鲁士民法典》(1794年)、《法国民法典》(1804年)和《奥地利民法典》(1811年)为代表。在编纂《德国民法典》时,蒂堡(1772—1840年)与萨维尼(1779—1861年)之间发生了"1814年民法典编纂争议"。蒂堡认为,拿破仑的失败激发了人们对《德国民法典》的需求,这部民法典将成为德国统一的象征。根据欧洲法律史学家弗朗兹·维克的说法,蒂堡"希望这部法典可以统一一个四分五裂的国家……最重要的是将法律从奄奄一息的学术中拯救转化为重要的国家法"[1]。然而,蒂堡的建议遭到了萨维尼的强烈反对。萨维尼并不反对编纂民法典,但他认为编纂民法典的时机还不成熟。对于萨维尼来说,"正确的法典必须是一个基于法律的真正基本原则的有机系统,因为它们随着时间的推移而发展"。萨维尼认为法律和一个民族的习惯、精神一样,不能强制性地进行编纂。他认为罗马法是德国历史上一千多年的产物,是神圣罗马帝国文化的核心,废除它就是将德国排除在外。[2] 萨维尼认为法律必须反映一个民族的有机发展:法律与人民的存在和性格的有机联系,也体现在时代的进步中……对于法律……没有绝对停止的时刻;它与其他流行趋势一样,进行同样的运动和发展;而这种发展仍然处于同样的内在必然法则之下,就像它在最早阶段一

---

[1] Franz Wieacker, *A History of Private Law in Europe*, trans. by Tony Weir, 1995; reprint, Oxford: Clarendon Press, 2003, p. 310.

[2] See Frederick C. Beiser, *The German Historicist Tradition*, Oxford: Oxford University Press, 2011, p. 235.

样。法律随着人民的成长而成长,并随着人民力量的增强而增强,最终随着国家的消亡而消亡。[1]

由此可见,蒂堡将法典编纂作为一种政治统治的工具,即通过法典编纂将分散的德国统一起来。而萨维尼认为过早地进行法典编纂有可能使德国民族精神遭到破坏,因此对民法典的编纂持较为谨慎的态度。从萨维尼的角度来看,如果法律反映的是人民的文化、习俗,则这种文化和习俗会慢慢转变和发展,随着时间的推移成为法律的精神。因此,萨维尼的历史法学方法认为法典编纂代表了一种人为的、任意强加的特定法律制度,实际上这种编纂必然会失败。在这二者之争中,萨维尼并没有输,德国民法典直到 1896 年才被编纂完成。

在蒂堡——萨维尼争论的大致相同时期,在整个英吉利海峡,杰米里·边沁是 18 世纪末和 19 世纪初倡导法典编纂的最重要的人物之一。杰米里·边沁批判英国普通法"不确定并且充满了虚构和套套逻辑式";此外,他认为"司法是缓慢而不公正的"。[2] 与萨维尼的历史法学相反,杰米里·边沁并不认为普通法是"人民的远古习俗和实践的表达"。杰米里·边沁对法典编纂的主张与他的功利主义哲学有关,功利主义哲学提倡最大多数人的利益最大化,其中法典编纂作为建立社会福利国家的有效机制具有吸引力。普通法模式以法官为中心并纠正已经发生的错误,那么法典编纂就是面向未来的,它试图提前命令、组织和预测冲突。

(二)伊斯兰法法典化的重要意义

可以看出,在大陆法系、英美法系和伊斯兰法系中都发生过法典编纂之争,但是它们争议的内容不一样。目前,英美法系和大陆法系之间出现了逐渐融合的趋势,二者的特征不再那么明显,泾渭不再分明,英美法系国家和

---

〔1〕 See Frederick Charles von Savigny, *of the Vocation of Our Age for Legislation and Jurisprudence*, trans. by Abraham Hayward, London: Littlewood & Co., 1831, p. 27.

〔2〕 See Gunther A. Weiss, *The Enchantment of Codification in the Common-Law World*, Yale Journal of International Law 25, 2000, p. 475.

地区也编纂法典,大陆法系国家和地区也重视判例的作用。反观伊斯兰世界,法典编纂亦表现出其特殊的意义。

伊斯兰法编纂是通过人为的理性对传统伊斯兰法进行整理、整合和系统化的过程。一般而言,法典编纂具有以下五个特征:一是权威性。法典编纂是一个国家严肃的立法活动,法典编纂意味着“法律不仅被发现,而且还被制定——法律是实证法”。在法典编纂中,民族国家是所有立法活动的重要效力来源,法典因此具有权威性。二是完整性。首先,完整性意味着法典的内容涵括范围广泛、连贯。其次,完整性意味着法典内容排他,即编纂旨在排除其他法律渊源,统一和协调相互冲突的法律规则。三是系统性。编纂意味着法律体系具有逻辑性和系统性,法典必须系统、清晰、合理、有逻辑地排列。它旨在至少提出一个结构清晰以及一致的法律规则和原则,促进法律的内部一致性,并为司法或立法发展提供概念框架。法典代替了以前零散的立法、习惯,实现了法律的系统化。四是改革性。编纂作为一种形式的改革,统一了法律,至少在理想情况下排除了其他法律渊源;作为实质性改革,为立法者和起草者提供了改革法律学说的机会。五是国家法律统一性。从历史上看,毫无疑问,法典编纂不仅是在政治上分裂的领域创造法律统一,而且也促进不同民族之间的团结。[1]

正因为法典编纂具有以上五个特征,它和传统伊斯兰法之间具有一定的差异。一般而言,法典编纂和伊斯兰法有以下三点区别:一是法典编纂是以正式的、统一形式的要求对法律进行系统化整合;伊斯兰法是以法学家法的形式分散在法学家的著作中。二是法典编纂要求国家立法集中化,即国家是立法的主体,除此之外的任何主体并不享有立法权。伊斯兰法作为法学家法,是法学家建构并完善的法律,在伊斯兰理论中,国家并不具有立法权。三是法典编纂的内容较为狭窄,而伊斯兰法的内容不仅包括现代法典

〔1〕 See Anver M. Emon, *Codification and Islamic Law: The Ideology Behind a Tragic Narrative*, Middle east law and governance 8, 2016, p. 293.

编纂的内容，还包括宗教仪轨、道德伦理的内容。伊斯兰法和法典化具有不同的实质，但是伊斯兰法法典化的重要意义也显而易见。

1. 伊斯兰法编纂是传统伊斯兰法现代化的重要标志

夏赫认为，伊斯兰法编纂是伊斯兰教中现代思想的一个最重要的形式。[1] 这种重要性只有在考察伊斯兰法历史的背景下才能理解。伊斯兰法最初不是通过编纂加以实施。在伊斯兰教的前两个世纪，法学家对伊斯兰法的创制远远超出了《古兰经》的内涵。由于伊斯兰法的理论和实践之间存在差距，因此法学家发明出法律计谋的技术来予以协调。伊斯兰法官受到政治的约束；卡迪被指令在各自的限制范围内审理婚姻或继承等案件，其权限来自苏丹的任命，故必须遵守苏丹的指令来适用伊斯兰法律。显而易见的是，这一规则使伊斯兰政府能够通过指示不应用伊斯兰法来使伊斯兰法的任何特定规则失效，无须在实质上干涉它。[2] 奥斯曼帝国的苏丹认为，他们在颁布行政命令卡农时并没有违背伊斯兰教法律，而是通过一个完全合法的程序，适用与宗教无关紧要的规则来补充伊斯兰法。这种对伊斯兰法的补充，实际上协调了法律理论和实践之间的张力。只是由于近代西方的影响破坏了这种平衡，伊斯兰世界开始了从西方被动接受法律的新时期。

夏赫指出，穆罕默德作为先知的目的不是要建立一个新的法律体系，而是教人们如何行动，做什么和避免什么，以便在审判日通过审判并进入天堂。[3] 因此，《古兰经》将宗教和道德原则应用于它认为是理所当然的现有法律规范，并且偶尔仅出于宗教和道德原因修改这些规范。例如伊斯兰法把人的行为分为五种：第一种是强制性行为，即法律命令人们为某种行

[1] See Joseph Schacht, *Problems of Modern Islamic Legislation*, Studia Islamica, No. 12, 1960, p. 99.

[2] See Joseph Schacht, *Problems of Modern Islamic Legislation*, Studia Islamica, No. 12, 1960, p. 103.

[3] See Joseph Schacht, *Problems of Modern Islamic Legislation*, Studia Islamica, No. 12, 1960, p. 106.

为,为者受鼓励,不为者受惩罚,如参加礼拜和完纳“天课”等。第二种是嘉许性行为,即法律鼓励的行为,但并不强制人们履行该行为,为者受奖,不为者不受罚,例如穆斯林从事宗教慈善事业等。第三种是劝诫性行为,法律要求人们尽量避免某种行为,但并不严格禁止,行为者受到谴责,不受处罚。第四种是允许性行为,行为人可以自己决定是否选择该行为,如打猎等。第五种是禁止性行为,不为者受奖,为者受罚;有时,该行为虽属于禁止性行为,但因特定条件的满足而变成允许性行为,如找不到食物而吃自死动物等。由此,传统伊斯兰法涵盖的范围要远远大于现代法,传统伊斯兰法律是一种学说,而不是一部法典,它本质上与法典编纂不相容。[1]

公元670—720年是伊斯兰法学形成过程中最重要的时期。这一时期,倭玛亚帝国时期的行政法规以及被征服地区的习惯法被纳入伊斯兰法。这主要得益于伊斯兰第一世纪末和第二世纪初的第一批法学家的贡献。这些法学家们不是受过技术培训的专业人士,但是对正确的伊斯兰生活方式充满兴趣,在业余时间认真思考法律问题,并且将宗教和伦理思想浸透到法律领域,使其符合伊斯兰教规范。他们的尝试远远超出了《古兰经》和先知的实践。实际上,这批法学专家们用宗教的眼光去审视一些习惯法,并对这些材料加以系统化。

伊斯兰法不承认人类的立法权,认为神圣的法律源于安拉,在理论上,政府只能在神圣法律赋予它的范围内制定行政法规,这些行政法规不会对伊斯兰法实质性地施加影响。哈里发和其他世俗统治者出于对神圣法律的尊重,将自己的立法称为行政命令,并坚持认为他们的行政命令只适用于补充和执行伊斯兰法律。夏赫指出,这只是一个虔诚的虚构,宗教法与世俗政府之间尚未解决的冲突已经掩盖了整个伊斯兰法的历史。[2] 通过法典

---

〔1〕 See Joseph Schacht, *Problems of Modern Islamic Legislation*, Studia Islamica, No. 12, 1960, p. 108.

〔2〕 See Joseph Schacht, *Problems of Modern Islamic Legislation*, Studia Islamica, No. 12, 1960, p. 110.

编纂,伊斯兰法理论承认人类立法权的存在,意味着伊斯兰法从宗教法走向世俗法,法典编纂也被作为伊斯兰法现代化的重要标志。

2. 伊斯兰法编纂是传统伊斯兰法从学说之法走向国家法的标志

传统伊斯兰法表现为学说之法。学说之法是传统伊斯兰法的根本标志。穆罕默德去世后,法学发展的重任落在了历代法学家身上。法学家由于生活地域不同,个人对《古兰经》、圣训的解释不同,形成了多姿多彩的法学派。再加上权威法学家的著作和观点具有法律效力,促使伊斯兰法的发展呈现出多元的状态。另外,按照伊斯兰教教义,政府没有立法权,因此精通伊斯兰法的乌里玛就掌握了对伊斯兰法的解释权。乌里玛阶层在传统伊斯兰社会中具有举足轻重的作用,但是在帝国向现代国家转型的过程中却成为巨大的阻力和障碍。

伊斯兰法法典编纂解决传统伊斯兰法面临的上述问题。其一,通过法典编纂将多元的法律统一起来。如前所述,伊斯兰法作为法学家法具有法律多元的特征,但是这种多元的法律不适应现代民族国家。民族国家必须要有统一的法典来统合社会,因此,传统帝国社会向现代国家转型,必须从法律多元走向法律统一。其二,通过编纂法典,将法学家法转变为国家法。现代国家的重要特征是国家具有立法权,传统伊斯兰法实际上被乌里玛宗教人士掌控,这和现代国家的要求完全相反。因此,只有赋予政府编纂法典的权力,才能实现国家的现代化。但是就伊斯兰法而言,法典编纂将导致其多样性特征消失,将限制法官的自由裁量权,从而使法典成为唯一的法律渊源,法官的作用仅限于法典的机械应用。实际上,法典编纂最终将传统的伊斯兰法一分为二,一部分作为法典的内容用以调控穆斯林的世俗生活,另一部分作为穆斯林的私人信仰和道德范畴。

第三章

民法典编纂的方法：传统伊斯兰法的重构

作为伊斯兰世界第一部民法典，《奥斯曼民法典》是中东法律现代史上的一项重大成就。[1] 学术界给予这部民法典高度的评价。那么这部民法典是如何编纂的？学术界对此提出了诸多观点，笔者选择其中最具代表性的三种观点进行探讨。

第一种观点认为《奥斯曼民法典》严格按照传统伊斯兰法编纂。这是法典编纂委员会的立场。他们的观点可归纳如下：其一，该民法典编纂遵循传统伊斯兰哈乃斐法学的观点，“汇集了权威的哈乃斐法学的民事义务内容”[2]。法典编纂委员会自谦地指出，能力有限的他们制定时代所需的伊斯兰法学规则。[3] 其二，该民法典的编纂经过了乌里玛的认可。法典编纂委员会指出，在完成序言和第一编后，他们将副本呈递给了帝国的乌里玛和伊斯兰法学家，并且根据乌里玛的建议进行了必要的修改，以此声明法典编纂没有偏离传统伊斯兰法。其三，传统伊斯兰法足以调整任何新型的商业案件，菲格亥法学交易的规则足以满足商业交易活动方面的实际需求。其四，该民法典未参考任何西方法律，因为西方法律并非帝国的法律渊源。另外，诺·库尔森指出，该民法典没有采用任何欧洲法的资源，而是全部来自伊斯兰法哈乃斐法学 。[4] 奥纳尔也认为，该民法典是伊斯兰法律规则的非结论性摘要。[5]

第二种观点认为《奥斯曼民法典》按照西方世俗法典编纂，并非伊斯兰民法典。著名伊斯兰法专家夏赫等学者持此主张。其一，该民法典是欧洲思想影响下的产物，“严格来说，它不是一个伊斯兰教的，而是一个世俗的法

---

〔1〕 See Avi Rubin, *Modernity as a Code: The Ottoman Empire and the Global Movement of Codification*, Journal of the Economic and Social History of the Orient, Vol. 59, No. 5, 2016, p. 851.

〔2〕 *Report of the Commission Appointed to Draft the Mejelle*, 1 Arab L. Q. 367, 1986, p. 369.

〔3〕 参见《奥斯曼帝国民法典》，王永宝译，商务印书馆 2018 年版，第 8 页。

〔4〕 See N. J. Coulson, *A History of Islamic Law*, Edinburgh at the UniYersity Press, 1964, p. 151.

〔5〕 See Majid Khadduri and Herbert Liebensky eds., *Law in the Middle East*, Washington DC, 1955, p. 295-296.

典"[1]。其二,法学家法是伊斯兰法的传统,法典编纂对伊斯兰法而言是全新的事物。而且"严格的伊斯兰法本质上不适合编纂,因为它只有在以传统方式在公认的法学派教授时才具有权威性"[2]。

第三种观点认为《奥斯曼民法典》是伊斯兰法和西方法结合的产物。奥斯曼历史学家安卫鲁宾等人持此观点。其一,土耳其法学家艾哈迈德·塞米尔·伊尔德勒姆指出,该民法典借鉴《法国民法典》的一些原则和法条。[3] 其二,该民法典是欧洲法形式和伊斯兰法内容的结合。约翰·布格纳奇指出,不能简单地将该民法典归类为宗教法典/世俗法典或伊斯兰法典/西方法典。与二元划分相反,该民法典将伊斯兰法律的原则与欧洲民法的结构进行了结合。[4] 换言之,该民法典是一个包含伊斯兰法和欧洲法特征的融合物。[5]

以上三种观点值得商榷。第一,《奥斯曼民法典》是否如法典编纂委员会声称的那样,严格遵循传统的伊斯兰法?如果答案是肯定的,那么有两个事实无法解释:一是伊斯兰法并无法典编纂的传统;二是伊斯兰法以法学家的学说之法作为其表现载体,意味着其具有法学观点的多样性和竞争性,而法典编纂则要求法条所表达的含义精确、唯一、无误。

第二,《奥斯曼民法典》是否像夏赫等人认为的那样,是一部西方的世俗法典?考察该民法典的内容就会发现,它和西方的法典有着本质的区别。首先,该民法典最后三编涉及程序法的规定(第 14 编"诉讼"、第 15 编"证据与责成宣誓"、第 16 编"司法"),呈现出传统中世纪伊斯兰法学著

---

[1] Joseph Schacht, *An Introduction to Islamic Law*, Oxford University Press, 1982, p. 92.

[2] Joseph Schacht, *An Introduction to Islamic Law*, Oxford University Press, 1982, p. 92.

[3] See Ahmet Cemil Yildirim, *Ottoman Mecelle as a Secular Uniform Law Instrument*, International Journal of Turcologia / Vol: X No: 19, p. 33-35.

[4] See John Bugnacki, *The Garden of Forking Paths: Islamic Legal Transformations in the Ottoman Empire During the Nineteenth Century*, History Student Papers, Providence College, 2014, p. 32.

[5] See Avi Rubin, *Legal borrowing and its impact on Ottoman legal culture in the late nineteenth century*, *Continuity and Change* 22 (2), Cambridge University Press, 2007, p. 283.

作特色。[1] 其次,该民法典的编排体例缺少人法的规定,而世俗法典不仅调整财产关系,还规范平等主体之间的人身关系。最后,该法典法条的抽象程度远不及西方法典,甚至很多法条后都有大量的通俗举例。[2]

第三,《奥斯曼民法典》也并非如论者指出的那样,是西方法和伊斯兰法的简单结合。首先,这些论者没有拿出确切证据指出哪些内容借鉴或移植于西方法典,哪些内容是伊斯兰民事法律规则。我们有理由相信,伊斯兰法从倭玛亚王朝、阿拔斯王朝到后来的奥斯曼帝国历经上千年的历史发展,同样的民事交易规则在传统哈乃斐法学中亦存在。其次,笔者认同该民法典的形式参照了《法国民法典》,但是其内容并没有完全体现传统伊斯兰法民事规则。

综上所述,笔者并不完全认同前述三种观点。《奥斯曼民法典》的编纂实质上是对传统法律规则现代化重构的尝试。重构的意涵包含三点:一是该民法典的编纂形式受到西方法典编纂的启发,但没有借鉴西方法典的内容;二是该民法典编纂借助的资源是传统的伊斯兰法,并非严格依据伊斯兰法传统进行编纂;三是该民法典编纂者秉承与时俱进的态度从事编纂活动,力图适应急速发展的帝国社会并欲实现帝国的现代化。正如艾哈迈德·杰夫代特帕夏指出的那样,通过修改和调整本土法律制度,而不是通过大规模移植欧洲法典来实现现代化是可能的。[3] 重构意味着既继承了传

---

〔1〕 See Roland K. Wilson, *Modern Ottoman Law*, 8 J. Soc. Comp. Legis. n. s. 1907, p. 41.

〔2〕 民法典诸多法条后面都列举出具体的例子,对条文加以说明和解释。以第433条为例,该条规定若出现了阻止履行合同的法定理由,可以撤销合同。其后分别举三个例子:例一:某厨师受雇承担某婚宴的菜肴烹饪任务,但雇佣合同由于新婚夫妇一方死亡而被随即撤销。例二:当事人一方因牙痛与牙医协商拔出痛牙,但在拔牙之前,患者的牙痛症状自动消失,则该合同被撤销。例三:随着婴幼儿的死亡,相关的哺乳雇佣合同也被撤销,但不以乳母的死亡而被撤销。以现在的眼光来看,这些例子过于具体,缺乏抽象。但是在当时,这种法典编纂方法给帝国的法官、律师和民众带来了便利。这种举例"在特定条件下具有务实性,它被视为一种优点"。See Roland K. Wilson, Modern Ottoman Law, 8 J. Soc. Comp. Legis. n. s. 1907, p. 41.

〔3〕 See John Bugnacki, *The Garden of Forking Paths: Islamic Legal Transformations in the Ottoman Empire During the Nineteenth Century*, History Student Papers, Providence College, 2014, p. 30.

统的法律规则,又对有些不合时宜的规则进行修改和舍弃。

第一节　通过法律格言整合民法典

法律格言(legal maxims)是对伊斯兰法内容的抽象概括,是法官裁判疑难案件的指引。对法律格言进行研究的主要原因如下:一是伊斯兰法学家过分关注菲格亥法学细节,不能对传统伊斯兰法进行有效的分类,所以为了教学研究,可以按照法律格言对伊斯兰法进行有效分类,使之条理化或系统化。二是法律格言不受塔格利德的影响,通过法律格言可以实现伊斯兰法的创制。法律格言类似于现代法中的法律原则。现代法理论将法律规范分为法律原则和法律规则,出现法律规则无法涵盖的案件事实时,通过法律原则加以解决。法律格言和法律原则有异曲同工之处。法典编纂者在《奥斯曼民法典》设置了 99 条法律格言,这些法律格言在该民法典中具有哪些功能?伊斯兰法中存在哪些著名的法律格言?法律格言对伊斯兰法现代化具有何种重要意义?本节将对以上问题展开讨论。

一、法律格言的历史考察

根据伊斯兰法的历史,哈乃斐法学家第一次制定法律格言。根据伊斯兰法学家卡迪加·穆萨的考证,最早的法律格言出现于公元 8 世纪左右的一些伊斯兰法学家著作中。[1] 早期的伊拉克法学家 Sufydn Ibn Tahir al-Dabbas al-Qadi 整理了 17 条法律格言,后来另一法学家 Abu al-Hassan'Ubayd Allah Ibn al-Husayn al-Karkhi 将其增加到了 39 条。A1-Karkhi 的作品名为

---

〔1〕 这些著作包括:al-Qawd'id of the MllikI jurist Abfi ‘Abd Alldh alMaqqari (d. 758/1357), al-Majm' al-Mudhhabft Qawd'id al-Madhhab by the Shafi' al-‘AlI'I (d. 761/1360), and Taqrtr al-Qawd'id wa-Tahrtr al-Fawd'id by the Hanball scholar Ibn Rajab (d. 795/1393) Khadiga Musa, *Legal Maxims as a Genre of Islamic Law*, 21 Islamic L. & Soc'y 325, 2014, p. 327。

Usl al-Karkhi,被认为是哈乃斐法学中关于法律格言的权威著作。Al-Karkhi的法律格言被视为伊斯兰历史上最早的格言之一。一些早期的法律格言包括“规范就是被穆斯林认为是正直和善良的事务,除非出现相反的情况”,即不应该对人们之间的行为和交易关系给予负面解释,除非有证据表明相反。还有诸如“预防伤害优先于招致利益”“古来有之的事物保持其固有性”等格言。哈乃斐法学派之所以最早制定法律格言,主要原因在于其处理法律问题的时候注重人的理性,通过制定一些法律格言,加深人们的记忆,解决严苛的法律和社会之间的张力。在哈乃斐法学派之后,沙斐仪法学派、马力克法学派、罕百里法学派也制定出各自的法律格言,“总数最终超过了1200条”。[1]

《奥斯曼民法典》代表了法律格言汇编中最先进的阶段。[2]《奥斯曼民法典》起草者在该法典序言部分设置了99条法律格言。该法典起草者指出,法律格言的编纂受到了埃及哈乃斐法学家伊本·努杰米(Zayn Ibn Nujaym)著作的影响,其著作汇集了大量的法学规则和命题。《奥斯曼民法典》中的法律格言主要来自哈乃斐法学家伊本·努杰米和苏尤退(Jaldl al-Din al-Suyuti)的著作。苏尤退在讨论每一条法律格言之前,先确定这条法律格言的出处,然后对其进行解释和分析。他的著作第一章主要讨论了5条著名格言以及这些法律格言的法律适用,第二章讨论了衍生于这5条著名格言的40条子格言;并且该作品的其中一章专门用于选择菲格亥法学著作中最常用的法律格言,而另一章则讨论了法学家们关于该格言的分歧意见。苏尤退的著作后三章汇集了相似的格言,以及无法分类的格言。其中一些法律格言如“私人权威比公共权威更强”,意指父母和监护人对孩子的权威比公权力的权威更强;另一条格言“从物遵循主物”,已经和现代民法物权法的原

---

〔1〕 See Mohammad Hashim Kamali, *Legal Maxims and Other Genres of Literature in Islamic Jurisprudence*, 20 Arab L. Q. 77, 2006, p. 92.

〔2〕 See Mohammad Hashim Kamali, *Legal Maxims and Other Genres of Literature in Islamic Jurisprudence*, 20 Arab L. Q. 77, 2006, p. 92.

则相同。伊本·努杰米将法律格言分为两类:主要格言和附属格言。《奥斯曼民法典》的99条格言大部分摘自于伊本·努杰米的著作。

《奥斯曼民法典》的法律格言的来源分为三类:一是《古兰经》。《古兰经》包含了伊斯兰法的基本原则,从而成为法律格言的首要来源。《古兰经》是伊斯兰法的神圣渊源,因此源于《古兰经》中的法律格言具有极高的权威。法律格言"困难导致容易"是对《古兰经》规定的"真主使你容易,不使你犯难"的阐释。二是圣训。圣训作为仅次于《古兰经》的第二大法源,也包含了许多法律格言。例如圣训规定"损害不能以同等者消除""禁止一切伤害行为以及以其他形式报复伤害的行为"。[1]三是伊智提哈德(法律创制)。法律格言也可以通过基于伊斯兰法律的其他渊源以及法律推理的方式获得。例如法学家通过法律创制得出的格言"禁令解于困境"在伊斯兰法中适用得极其广泛。由于学派的不同,法学家的法律创制会产生分歧,但是对于有些格言,不同法学派之间都达成了共识。例如"确定性可能不会被怀疑推翻""一项法律创制不以另一项法律创制而被废除""阻止危害优于招致利益"等,都是众所周知达成共识的格言。[2]

二、5条著名的法律格言

早期的法学家挑选出5条最基本的法律格言,这5条法律格言体现了伊斯兰法的本质,其余的法律格言只是对这5条法律格言的阐述。[3] 这5条法律格言在《奥斯曼民法典》中亦有规定。

(一)行为由意图决定

"行为由意图决定"这条格言来自圣训。这条格言意味着一个人的言语

---

[1] See Muhammad Shettima, *The Relevance of Islamic Legal Maxims in Determining Contemporary Legal Issues*, 24 (2) 2016 IIUMLJ, p. 428.

[2] See Mohammad Hashim Kamali, *Legal Maxims and Other Genres of Literature in Islamic Jurisprudence*, 20 Arab L. Q. 77, 2006, p. 81.

[3] See Mohammad Hashim Kamali, *Legal Maxims and Other Genres of Literature in Islamic Jurisprudence*, 20 Arab L. Q. 77, 2006, p. 83.

和行为应根据他的意图来解释。按照伊斯兰法的规定,当某人占有另一人遗失的财物时,占有的意图将是法官裁判的决定因素:一方面,如果占有人意图将其视为个人财产,则他是该财物的侵占人,并且该人应对所造成的损害负责。另一方面,如果占有人占有的意图是保护该财物,并发布公告以便所有者可以取回该财物,则占有人是财物的受托人,如果在占有财物期间占有人不是由于故意造成该财物损毁的,占有人不承担财物损坏的责任。《奥斯曼民法典》第769条阐述了这条格言:如果任何人在道路上或者任何其他地方发现并且以占有方式获取了某物品,则其将以侵占人论处。因此,如果此财产灭失即使不是由于占有人操作或者不当行为造成的,其也将被认定为保证人。至于如果此人获取该财产的意图是将之归还于其所有人,而且如若该财产的所有人是明确的,则此人所占有的为纯粹的信托物,并且应当将之交付于其所有人;如果该财产的所有人并不确定,则应将之认定为遗失物并且由拾得人占有,即以信托物的形式获取。

《奥斯曼民法典》规定,先占的确定必须结合意图来判断。如果当事人一方以收集雨水为目的将某一容器放置于某一地方,则汇聚于此容器中的雨水是此人的所有物。同样,如果某人为了蓄水而修建池塘或者蓄水池,则汇聚于其中的水亦是此人的财产。至于当事人一方无任何目的地将某一容器置放于某一地方,则汇聚于其中的雨水不被视为其财产,因而允许他人拿取并且所有之。《奥斯曼民法典》第1303条也作类似规定,如果当事人一方为了捕猎而在某地设置了某一物品,如陷阱和罗网,而后其中落入了某猎物,则该猎物应当归此人所有。但是,如果当事人一方以脱水为目的而将网展开于某地,而后其中落入了某猎物,则其不被视为该猎物的所有人。同样,如果某猎物落入了当事人一方所有的土地上的天然坑洞中,则允许他人通过获取此猎物而所有之,但如果是该土地的所有人自己或雇人挖掘了此坑洞,则其对此猎物比他人更具有优先权。第1304条指出,行为人的意图虽然没有明确表示出来,但是如果他提前做了准备工作,也视为具有明确的意图。该条规定,如果一只野生鸟在当事人一方的庄园里筑巢并且产下了蛋,则该鸟蛋不被视为庄园所有人的财产。因此,如果他人获取了鸟蛋或者幼鸟,则此庄园的所有人不得向其索还之;但是,如果此庄园的所有人为了让野生鸟在其庄园里产蛋,或者为了让野生动物在其中产崽,而对其庄园做了预备工作,则进入其中的野生鸟所产下的蛋和野生动物所产下的幼崽应当归其所有。另外一个例子是,如果一个继承人故意杀害被继承人,除了惩罚这种故意杀人的行为之外,该继承人也丧失了继承权。需要指出的是,故意杀人并不是阻却继承的理由,但是根据其意图,故意侵害被继承人的生命为法律所禁止。

伊本·盖伊木(Ibn Qayyim)指出,任何与法律原则相悖的意图都应该被宣布无效。他举例说明,如果一个出售武器的人知道购买者是为了杀害普通平民而购买武器,那么该武器销售是被禁止的;但是,如果购买者使用该武器是为了保家卫国,那么这笔交易是有效的。[1]

"行为由意图决定"这条格言作为伊斯兰法的基本原则,适用范围极其广泛。它体现了《奥斯曼民法典》的自由主义倾向,表明了该民法典较为重视当事人的意思自治,非常接近现代法律中的意思表示。以这条格言为基础,该民法典中还有类似的格言。其中一条格言是,合同中的标准是意图和意义,而不是字面意义和结构。说明在合同中,重点不在于文本的字面意义和模糊含义,而在于当事人合同签订时的真实意图。如果签订合同的当事人来自不同的行业,那么法官必须考虑当事人在签订合同时的意图以及各自行业中特定单词的不同术语含义。

(二)确定性不被怀疑推翻

确定性不被怀疑推翻是《奥斯曼民法典》第4条的规定。这条格言是指不能因为有所怀疑就推翻确定的事实或状态。例如,当法官依据确定性的

---

〔1〕 See Luqman Zakariyah, *Legal Maxims and Islamic Financial Transactions: A Case Study of Mortgage Contracts and the Dilemma for Muslims in Britain*, 26 Arab L. Q. 255, 2012, p. 269.

法律裁判案件,但是事后该判决被认定可能出现错误,如果他先前的裁判是基于确定性的法律的,那么该错误不会归咎于法官的错误裁判。同样,按照伊斯兰法的规定,一个失踪的人被认为是活着的,因为这是在他失踪前被人们知道的确定事实,因此,他活着的确定性占主导地位。除非有明确的证据证明此人已经死亡,否则他的财产不能作为遗产在继承人中间分配。这意味着不允许以这个人的死亡的可疑性推翻被认为是确定的事实。

还有一个例子是,如果对某个人是否犯罪存有疑问,那么根据确定性不被怀疑推翻的原则,不能认定这个人犯罪,除非有事实证明他犯罪,并且在没有确切证据之前,将罪责归咎于任何人都被视为可疑,必须将其定为无罪。这个规定类似于现代刑法中的无罪推定原则。换句话说,确定性只能被确定性推翻,而不是被怀疑推翻。

扎尔德(AI-Zarqd)指出,这一条格言极其重要,伊斯兰商法中的确定性体现在商事交易的合法性和允许性。换言之,合法性和允许性是交易的基本原则,随着商业交易范围的扩大,一般都应该确定法律没有规定的交易类型都是被允许的和合法的,除非法律另有规定。[1]《古兰经》也规定除了明确禁止的事情,人们所从事的其他行为都是确定合法的。当某事被确定之时,只要没有相反的证据,这种确定的状态就会持续存在。

和这条格言类似的格言有,一切事物保持现状,即除非事实证明事物已经改变,否则它将被推定为继续存在。当签订合同的一方声称合同是在胁迫下签订的,而另一方否认时,另一方的主张将得到支持,因为没有胁迫是正常的状态,除非通过证据予以反驳。另外一条格言是,事物的规范性是允许的规范,说明除非特别规定某事物是禁止的事项,否则推定是允许的。[2]

---

[1] See Luqman Zakariyah, *Legal Maxims and Islamic Financial Transactions*:*A Case Study of Mortgage Contracts and the Dilemma for Muslims in Britain*, 26 Arab L. Q. 255, 2012, p. 271.

[2] See Mohammad Hashim Kamali, *Legal Maxims and Other Genres of Literature in Islamic Jurisprudence*, 20 Arab L. Q. 77, 2006, p. 85.

(三)艰难困境导致容易

“艰难困境导致容易”这条法律格言指出,在遇到困境的时候可以适当变通法律规则。这条格言来自《古兰经》的规定。《古兰经》提道:“安拉打算让你轻松,他并不打算让你陷入困境”“安拉不打算给你造成困难”。《古兰经》禁止穆斯林吃死去的动物、血液、猪肉以及除了以安拉之名义宰杀的动物。但是在饥饿危及生命或者被逼迫的情形下,允许穆斯林吃《古兰经》禁止的食物。据圣训记载,穆罕默德说,宗教使人容易,任何在宗教上负担过重的人都不能以这种方式继续下去。[1] 对于生活在西方国家的穆斯林,在正常上班时间不能礼拜的时候,他们都适用这一条格言晚上回家礼拜。法学家利用这条格言,给予残疾人和病人许多宽松的规定。这一条格言表达是对困境的妥协,有助于减轻和消除人们的负担。

和这条规则类似的格言是,紧急情况根据其严重程度处理,即在紧急情况下可以突破伊斯兰法的规则,但是突破规则应以遇到具体困境为条件,如果困境消失,那么必须适用伊斯兰法的规定。有学者指出,如果困难导致容易,那么应该享受容易,直到情况发生变化时再恢复正常的规则。[2] 类似的另一条法律格言是,当事情变得非常困难时,必须找到一个开头。例如,债务人如果能够履行其义务,但当时由于客观原因不能履行,则须给予债务人履行债务的必要时间。在司法领域,法官为了解决当前的案件,即使对证人的正直性持怀疑态度,也可以接纳其证言。

(四)伤害必须被消除

伊斯兰教禁止以任何形式对他人造成伤害。据历史记载,一名男子走近穆罕默德,抱怨另一名男子在他的土地上种了一棵树,损害了他的权利。穆罕默德要求后者对土地所有人进行赔偿,或者将树木作为礼物送给土地

---

〔1〕 See Luqman Zakariyah, *Legal Maxims and Islamic Financial Transactions: A Case Study of Mortgage Contracts and the Dilemma for Muslims in Britain*, 26 Arab L. Q. 255, 2012, p. 274.

〔2〕 See Luqman Zakariyah, *Legal Maxims and Islamic Financial Transactions: A Case Study of Mortgage Contracts and the Dilemma for Muslims in Britain*, 26 Arab L. Q. 255, 2012, p. 275.

所有人。当该男子拒绝这两种选择时,穆罕默德要求土地所有人铲除这棵树。[1] 这个例子说明对于所有权的损害必须清除。但是,如果某人损坏了他人的围栏或墙壁,受害者通过报复进行反向损坏的行为是被禁止的,解决办法是受害者通过司法系统寻求救济。《奥斯曼民法典》第 1224 条规定,对于通行权、引水渠权和排水道权,应当考虑其古有性,即应当以这些事物由来已久的属性予以维持和保留。因为根据规定,古有事物在无证据证明与其状况相反的情况下,应当保持不变。如果古有事物有悖于伊斯兰法,则不应当予以考虑,即任何事物如果原本就是以非法形式而存在的,那么即使该事物是古有的,也无任何有效性可言,而且如果产生了重大损害,那么必须予以清除。例如,某人的住宅下水管道自古以来就向公共道路排放污水,但由于此行为对行人造成损害,所以不应当考虑其古有性,而是应当予以清除。《奥斯曼民法典》第 1214 条规定,对于存在已久的伤害也应该予以清除,任何在公共道路上给行人造成重大损害的物体,即使其存在已久,也均应当予以清除,如落地的露台和当街的房屋。

这条格言同样体现在伊斯兰合同法缺陷选择权的规定中,以保护买方免受伤害。当一个人购买汽车后发现它实质上有缺陷时,他可以选择撤销合同。因为沙里亚法规定,买方在买卖标的没有缺陷的情况下订立合同。《奥斯曼民法典》第 345 条引用了一个更复杂的例子,即如果出售物在买受人占有时新生了瑕疵,则买受人不可以以原有的瑕疵为由退回所购物品,只能向出卖人请求赔偿价金的损失。例如,若当事人一方购买了一块布料,其后按照披风的式样对这块布料进行裁剪时发现了其中存在的瑕疵,但是由于其对这块布料的裁剪行为造成了新生的瑕疵,所以其不得将之退给出卖者,而只得向出卖者请求价金的降低。《奥斯曼民法典》第 25 条规定,损害不以等同的事项消除。第 29 条规定,两害相较取其轻。另一个格言是,伤害

---

〔1〕 See Luqman Zakariyah, *Legal Maxims and Islamic Financial Transactions: A Case Study of Mortgage Contracts and the Dilemma for Muslims in Britain*, 26 Arab L. Q. 255, 2012, p. 278.

不能建立一个先例,换句话说,时间的流逝不能证明对伤害的容忍是正当的。例如,污染公共通道的废物处理应该停止,不管已经对它容忍多长时间。[1] 同样,伤害将在合理范围内被消除。例如,如果可以用一个棍子来阻止小偷,那么就不应该用刀试图阻止他。《奥斯曼民法典》第26条规定,为防止公共伤害,个人应有所担当。因此,禁止不合格的医生行医,以免给病人带来伤害。

在当事人间接毁损的情形下产生的损害也要被消除。如《奥斯曼民法典》第922条规定,如果当事人一方间接毁损了另一方的财产或者导致另一方的财产贬值,即当事人一方的行为是导致另一方财产毁损或者价值降低的原因,则此人将被认定为赔偿相应损失的责任人。例一:如果当事人一方抓住了另一方的衣服,而衣服上的某物品在双方拉扯的状态下掉落在地上或者被毁损,则抓握人将被认定为赔偿相应损失的责任人。例二:如果当事人一方在无正当理由的情况下切断了流向另一方的田地或花园的水,从而致使其中的庄稼或种植物枯萎并且被毁损,或者如果一方让水过多地溢出至另一方的田地或花园,从而淹没庄稼或种植物并且造成了庄稼或种植物的毁损,则堵塞人或者放水人将被认定为赔偿相应损失的责任人。例三:如果当事人一方打开了另一方所有的畜圈的门,从而致使其中的动物逃跑或丢失,或者如果当事人一方打开了另一方所有的鸟笼的门,从而致使笼中的鸟飞走,则打开门的人将被认定为赔偿相应损失的责任人。

类似的格言规定,通过较小的伤害消除了更大的伤害。伊本·努杰米在关于建造建筑物的案例中对这一格言进行了说明:如果建筑物的价值超过木材的价值,则建筑物的所有者在支付到期价款之后获得木材的所有权;然而,如果木材比建筑物更有价值,那么木材的合法所有者的所有权就应得到保护。另一类似的格言是,必要性使非法合法。这条格言指出,为防止火

---

〔1〕 See Mohammad Hashim Kamali, *Legal Maxims and Other Genres of Literature in Islamic Jurisprudence*, 20 Arab L. Q. 77, 2006, p. 85.

灾蔓延到邻近建筑物,必须拆除着火的房屋,就像倾倒超载船舶的货物一样,以防止对乘客的生命造成危险。这条规定类似现代法中的紧急避险原则。还有一条格言指出,必要性根据其真实比例来衡量。根据这一条格言,如果法院命令出售过失债务人的资产以偿还其债权人,则必须从出售其动产开始——如果这足以清除债务——在下令出售其不动产之前。

《奥斯曼民法典》第1202条亦作出类似规定。该条规定,观看女士所在地,如厨房、井头、住宅的院子,被认为是重大损害。伊斯兰教不允许此种行为。因此,如果当事人一方在其房屋中新开设的窗户,或者在新建的建筑物中开设的窗户正对着隔壁邻居或相隔一条路面对邻居宅院中的女士所在地,则后者可以责令前者消除此损害,而且前者也将以阻止观看行为发生的方式被强制消除此损害,即通过建造隔墙或者设置隔板来消除此损害,但在任何情况下均不得强制其完全封堵窗户。同样,如果透过由灌木搭建的墙壁的孔隙可以看到邻居的女士所在地,则可以责令该墙壁的所有人封堵这些孔隙,但不强制其摧毁该灌木墙而另建一堵实墙。

(五)习惯具有法律权威

传统伊斯兰法没有将习惯法作为法律渊源,但是习惯法对伊斯兰法的形成和发展具有深远的影响。实际上,伊斯兰法并不排斥对阿拉伯社会习惯的吸收和改造。卡玛里指出,习惯法可以作为法官裁判案件的依据,前提是习惯法是当时流行并被人们遵守的,而且和伊斯兰法的原则不相冲突。[1] 据历史记载,有人去问穆罕默德,一头骆驼进入一个人的花园并损坏了花园,该如何赔偿?穆罕默德回答,白天花园的财产安全由花园所有人负责,动物所有人承担动物夜间造成的毁坏。在另一个版本中,他说,动物的主人必须对动物在夜间毁坏的东西负责。从这两个版本的叙述中,法学家们裁定,如果动物在白天毁坏财产,动物所有人不承担责任,但如果财产

---

〔1〕 See Mohammad Hashim Kamali, *Legal Maxims and Other Genres of Literature in Islamic Jurisprudence*, 20 Arab L. Q. 77, 2006, p. 88.

在夜间被动物损坏,动物所有人将承担法律责任,因为当时的习俗是动物的所有人在白天离开家去工作。[1] 换言之,穆罕默德的裁定也是基于当时的习惯法作出的。

《奥斯曼民法典》第 1509 条规定了追偿权的习惯法。该条规定,如果当事人一方指令另一方说,“你向第三方出借(或者赠与,或者施舍)某数额的迪尔汗款,并且之后我向你给付相应款项”,而受命人对此予以了履行,则其可以向指令人追偿相应款项。如果指令人并未约定追偿权说“我向你支付之”或者“此后你从我这里获取之”,而只是说了“你支付”,则受命人不享有追偿权。但如果受命人的追偿是彼此周知和通常的行为,例如受命人是指令人的家属或者合伙人,则即使追偿权未得以约定,其也可以追偿。该民法典第 1584 条规定,附条件追认的条件只要符合习惯法,就被认定是对延期债务的追认。该条还规定,附条件的追认无效,但如果所涉条件符合人们习惯中的期限,则其将被认定为对延期债务的追认。

《奥斯曼民法典》第 42 条规定了类似的格言,借鉴源于普遍存在、众所周知的事物,而非罕见少有、鲜为人知的事物。因此,对于法律没有明确规定的事项,通常可以适用习惯法的规定:对于租赁物的使用,应该按照通行的习惯加以使用,在未说明租赁用途的情形下,对住宅和商铺进行承租是有效的。该民法典第 569 条规定了工资。该条指出,某人将自己的孩子交给某师傅学习其某项手艺,而双方当事人并未约定酬金,此孩子在学习之后,如果其中一方当事人向另一方当事人请求工资,则应当遵循当地的习惯。

三、《奥斯曼民法典》中法律格言的功能

如上所述,《奥斯曼民法典》中规定了包括 5 条著名的法律格言在内的 99 条格言,主要涉及合同方面,如第 2 条规定,一切事物,皆因意图;情势变

[1] See Luqman Zakariyah, *Legal Maxims and Islamic Financial Transactions: A Case Study of Mortgage Contracts and the Dilemma for Muslims in Britain*, 26 Arab L. Q. 255, 2012, p. 281.

更原则方面，如第18条规定，事物一旦陷入困境，就应当给予宽容；物权方面，如第96条规定，任何人均不得在未经许可的情况下处分他人的财产；侵权方面，如第20条规定，损害应予消除。具体而言，《奥斯曼民法典》中的法律格言具有以下重要功能：

一是法律格言将分散的法律规则整合为法律原则。法律格言言简意赅，是对法理理论的高度抽象，具有广泛的适用性。法律格言为人们了解伊斯兰法提供了便利，有助于学习者了解伊斯兰法的不同规则以及主要精神内涵。法律格言实现了对博大精深的伊斯兰法的整合，其根据容易理解的抽象原则，将分散的法律规则汇集在一起。[1] 谢赫·扎卡（SheikhAl-Zarqā）指出，如果不是因为这些法律格言，伊斯兰教义的禁令将仍然散布在表面上彼此矛盾的法律规则中，没有共同根源将它们束缚在一起。[2]

二是法律格言促进伊斯兰法的创制。法律格言代表了伊斯兰法的目的（maqāsid）。法律格言被认为是法学家创制法律的工具，法官也可以将法律格言作为法律推理的基础以解决新型案件。换言之，法律格言不受塔格利德[3]法学传统的影响，为法学家的法律创新提供了正当性。[4] 伊本·努杰米指出，法学家只有在拥有法律格言知识后才能达到穆智台希德的地位，因为即使在穆智台希德颁布的法特瓦中，法律格言也是登顶的阶梯。[5] 当然，法律创制并不能否定前面的法律创制。如果法官通过法律创制得出不同于先前法官创制的规则，即他们的观点有分歧，也不会影响先前法官创制的规则。在伊斯兰历史上，哈里发欧麦尔在一两个类似案件中的裁定，与他

---

〔1〕 See Muhammad Shettima, *The Relevance of Islamic Legal Maxims in Determining Contemporary Legal Issues*, 24 (2) 2016 IIUMLJ, p. 425.

〔2〕 See Muhammad Shettima, *The Relevance of Islamic Legal Maxims in Determining Contemporary Legal Issues*, 24 (2) 2016 IIUMLJ, p. 424.

〔3〕 意为盲从，指10世纪以后法学家盲从前人，缺乏独立的法律推理。

〔4〕 See Mohammad Hashim Kamali, *Legal Maxims and Other Genres of Literature in Islamic Jurisprudence*, 20 Arab L. Q. 77, 2006, p. 78.

〔5〕 See Muhammad Shettima, *The Relevance of Islamic Legal Maxims in Determining Contemporary Legal Issues*, 24 (2) 2016 IIUMLJ, p. 424.

的前任艾布·伯克尔所作的相反,但他并没有试图宣布艾布·伯克尔创制的规则无效。哈里发欧麦尔认为他创制的法律规则不一定比艾布·伯克尔的更好。[1]

三是法律格言缓和了传统法律的僵硬性。《奥斯曼民法典》中的法律格言类似于现代民法典中的法律原则,在很大程度上缓和了传统法律的僵硬性,调试了其适应社会的能力。首先,作为法律原则的法律格言在法官遇到法无明文规定的案件时,为其提供了裁判指引。传统法律在时代变迁的过程中逐渐出现其缺陷,正如梅因描述的印度社会的情形,法律限制了传统印度社会的发展。[2] 这种描述也可以用在伊斯兰社会。10 世纪以后伊斯兰世界出现的关闭伊智提哈德大门的现象表现出这一特征。[3] 本来传统法律资源就有限,法典编纂委员又受限于必须以四大法学派中的哈乃斐法学为基础编纂法典,可资利用的法律资源就更受限制了。因此,法典编纂委员会通过法律格言的设置,"为熟悉和掌握法学问题判例开辟了便捷之路",为法官裁判案件指明了方向。其次,有些法律格言本身就蕴含缓和传统法律僵化之意,如《奥斯曼民法典》第 17 条规定,难致易,即遇到困境必须拓宽路径,与人方便;第 21 条规定,禁令解于困境,即遇到现实困境可以变通传统法律的苛刻性规定。

四是法律格言对于有些抽象的法条具有解释说理的功能。以《奥斯曼民法典》第 902 条为例,该条规定了当事人一方的所有物在无任何意图的情况下丧失的赔偿问题,其后举了两个例子予以说明。例一:如果位于山上的花园由于山体塌方而落在了其下面的花园上,导致下面的花园受损,则土地价值较大的所有人必须赔偿土地价值较小的所有人的损失,并且成为价值

---

〔1〕 See Mohammad Hashim Kamali, *Legal Maxims and Other Genres of Literature in Islamic Jurisprudence*, 20 Arab L. Q. 77, 2006, p. 90.

〔2〕 参见[英]梅因:《古代法》,沈景一译,商务印书馆 1984 年版,第 14 页。

〔3〕 伊智提哈德大门关闭,是公元 10 世纪后法学家主张关闭法律创制大门,理论上不允许后世法学家创制法律,只能因袭前人,从而造成法律发展的繁荣局面一去不返的现象,对于伊智提哈德之门是否关闭,学术界存有争议。

较小的土地的所有人。例二：如果一颗价值 50 库鲁什的珍珠从当事人一方手中掉落，并且被一只价值 5 库鲁什的母鸡吞下，则珍珠的所有人应当向母鸡的所有人支付 5 库鲁什获取这只母鸡。为了说明该条规定的法理，法条后面引用了法律格言第 27 条（严重损害可由轻微损害消除）、第 28 条（当两种罪恶不期而遇时，避重就轻）、第 29 条（两害相较取其轻）的规定，从而让法官和当事人既了解此规定的情形，又知晓此规定的法理。

四、法律格言对伊斯兰法现代化的重要意义

伊斯兰法中的法律格言具有诸多重要功能。民法典编纂者认识到法律格言的重要意义，因此在《奥斯曼民法典》的序言中加以规定。实际上，民法典编纂者意识到了当时世俗法院的法官没有受过传统伊斯兰法的训练，对菲格亥法学并不熟悉，因此设置法律格言，以涵盖法律规则遗漏或空白之处。法律格言类似于现代法中的法律原则。按照现代法理论，法律原则和法律规则共同构成了法律规范。其中，法律规则以假定、行为模式和法律后果的逻辑结构作为大前提适用于具体案件，而法律原则作为较为抽象的规定是对法律精神和法律目的的概括。在法律原则与法律规则的关系上，必须首先使用法律规则，只有在穷尽法律规则依然无法解决案件时，方可使用法律原则。因此，法律原则具有补充法律漏洞的功能。

法律格言作为伊斯兰法中的法律原则，对伊斯兰法具有重大的意义。法律格言有助于伊斯兰法改革，赋予了伊斯兰法改革的正当性。传统伊斯兰法现代化之所以困难，是因为伊斯兰法中的诸多规定被视为神圣法律。按照正统伊斯兰法理论，伊斯兰历朝历代政府都不敢对伊斯兰法加以篡改，伊斯兰政府只能通过发布行政命令等对传统伊斯兰法予以补充。近代以来，伊斯兰国家纷纷借鉴西方法律，以代替传统的伊斯兰法，取得了暂时性的成功；由于建立在西方基督教基础上的法律并不适合以伊斯兰教为基础的穆斯林社会，因此 20 世纪 70 年代以来出现了伊斯兰法复兴运动。笔者观察到,伊斯兰国家法律现代化的过程,始终在伊斯兰法西方化和伊斯兰法复兴之间摇摆,并没有找到一个很好的平衡点。笔者认为,伊斯兰法现代化过程中需要重视传统,只有以传统作为切入点,才能不被传统主义者抵抗。民法典编纂委员会提到的法律格言实际上是伊斯兰法改革的突破口和切入点。伊斯兰法现代化中法律格言的意义表现在以下几个方面:

一是强调当事人的意思自治,突破合同不自由的限制。法律格言指出,一切事物皆因意图,旨在说明人的行动都受意志支配,这实际上是现代民法中的意思表示。在现代民法中,意思表示是一切法律关系的起点,人们通过意思表示来构建合同关系、物权关系、婚姻关系等法律关系。意思表示作为法律行为的核心要素实现私法自治。法律格言中的意图作为意思表示,实际上鼓励人们签订各种类型的契约,这个格言是对伊斯兰法中合同不自由的突破。伊斯兰合同法规定了合同的具体种类,当事人没有创新合同的权利。如果对这一法律格言加以运用,强调当事人的意思自治,改造传统伊斯兰法诸多限制当事人自由的条款,这种改革将促进伊斯兰法现代化,且不违背传统法的精神,因为这一格言本身就来自《古兰经》规定的"一切行为,皆凭举意"。

二是灵活使用伊斯兰法,以适应法律本土化。伊斯兰法自伊斯兰教诞生以来就传入世界各地,并形成了独具特色的伊斯兰法文化。在伊斯兰法本土化过程中,法律格言"困难导致容易、禁令解于困境"就发挥着重要作用。在这条格言的指引下,世界各地的穆斯林根据自己的实际情况来适用伊斯兰法,例如按照伊斯兰法的规定,穆斯林需要一天按时做5次礼拜,但是在西方国家的穆斯林由于工作时间的安排,并不能履行这个规定,因此按照"困难导致容易、禁令解于困境"的原则,他们可以回家后将5次礼拜放在一起来完成。这条法律格言对伊斯兰法的变通具有重要的现实意义,促使穆斯林完全融入现代社会。

总之,依据法律格言这个权威基础,对伊斯兰法内容进行改革,实现法律现代化将是可行的路径。

第二节　通过习惯法补充《奥斯曼民法典》

传统伊斯兰法学家不承认习惯法的效力,但实际上习惯法在伊斯兰法的发展中发挥了不可替代的作用。《奥斯曼民法典》编纂者在法律格言中确定了习惯法的效力,并在民法典各个章节中规定了习惯法。本节首先分析传统伊斯兰法为什么不承认习惯法的效力,接下来讨论民法典编纂委员会在民法典编纂中为什么要吸收习惯法,以及习惯法在民法典中具有哪些功能,最后本节将讨论习惯法对伊斯兰法发展的重要意义。

一、伊斯兰法中的习惯法

传统伊斯兰法理论排斥习惯法。但是实际上,习惯法贯穿伊斯兰法的发展过程。在伊斯兰教产生之前的阿拉伯半岛,当时流行贝都因习惯法,比如依据仲裁解决纠纷,活埋女婴以及比较随意的两性关系等。伊斯兰教诞生后,《古兰经》对阿拉伯半岛的某些习惯法进行吸收和借鉴。例如,古代阿拉伯社会的结婚习俗主要是由女方的父亲或其他男性至亲出售妇女,父亲获得丈夫的买价,取得卖方资格。《古兰经》对此加以吸收和改革,使妻子从出售的对象变为买卖契约中的一方,取得领取应得聘仪的权利。穆罕默德在世的时候,并不反对对习惯法的借鉴,穆罕默德去世后,很多圣训直接来源于麦地那的习惯。马力克学派重视麦地那人的生活实践。按照马力克学派的观点,穆罕默德及其众多弟子曾在麦地那生活10多年,留下了大量的圣训和习惯。这些习惯被马力克学派当作圣训的来源予以收集整理。四大哈里发时期,由于对外扩张和征服,被征服地区的法律适用是哈里发关注的问题。哈里发允许被征服地区的居民适用他们原来的习惯和习惯法。在这个时期,“早期的哈里发努力用他们自己记忆中的先知的主张执法,凡没有实例可循或在《古兰经》中没有明确规定的都按照已有的习惯法处理”[1]。

倭玛亚王朝时期,由于实行世俗化政策,统治者对传统伊斯兰法弃之不用,转而采用大量习惯法来解决社会中的纠纷。就整体而言,“倭玛亚王朝的公法领域是由政府发布的行政命令加以调控的,而私法的大部分内容则源于地方习惯和习惯法”[2]。倭玛亚王朝时期由于遵从各地习惯法,法律呈现出多样的形态,例如麦地那妇女和库法妇女的权利就不同,主要原因是,麦地那仍然是传统的农业社会,遵从阿拉伯的传统习惯。在麦地那,安排婚姻是家族男性成员的特权,女子不能单独订立婚约,必须由监护人聘嫁。但是库法是在军营基础上发展起来的城市,各种不同的种族集团在波斯影响占主导地位的背景下杂居并存,“从而产生了一种克服民族偏见的国际大家庭的气氛”[3]。因此对于库法人而言,组织严密的部落社会的准则完全是陌生的,妇女的地位并不十分卑微,特别是她们有权自己缔结婚约,无须监护人从中干预。

阿巴斯王朝是在反对倭玛亚王朝世俗化政策上建立起来的。帝国承诺按照伊斯兰法治理国家,因此伊斯兰法和法学派兴盛发展。各个法学派的观点之所以不同,是因为他们参照的是不同地方的习惯法,如哈乃斐法学主要参照的是库法的习惯法,马力克法学参照的是麦地那的习惯法。由于阿巴斯王朝受到波斯文化的影响,“许多行政仪节都是当时流行的萨珊风俗习惯的标准翻版,这些风俗习惯是通过波斯籍的官吏们和波斯著作传给阿巴斯人的”[4]。因此,阿巴斯王朝的政府体制深受波斯习惯法文化的影响,不但大臣和宫廷行刑官等重要官职是模仿波斯的行政惯例设立的,而且一些

---

〔1〕 [德]戈特沙尔克:《震撼世界的伊斯兰教》,阎瑞松译,陕西人民出版社1987年版,第54-55页。

〔2〕 高鸿钧:《伊斯兰法:传统与现代化》,清华大学出版社2004年版,第126页。

〔3〕 [英]诺·库尔森:《伊斯兰教法律史》,吴云贵译,中国社会科学出版社1986年版,第20页。

〔4〕 [埃及]艾哈迈德·爱敏:《阿拉伯—伊斯兰文化史》(第3册),向培科等译,商务印书馆1991年版,第92页。

宫廷的礼仪也都明显带有波斯宫廷惯例的印记。

阿巴斯王朝时期,哈乃斐法学家通过法律计谋来摆脱严苛法律面临的困境,发展出诸多习惯法规则,尤其是在民商事交易中设计了各种法律计谋,以规避"禁止利息"的规则。法律计谋主要有三种类型:一是借款人在向出借人借款时,将自己的某一物同时卖给出借人,然后再以高于原售价的价格买回,其中高于原售价的部分便作为向出借人支付的约定借款利息。二是在借款时,出借人将某物卖给借款人,借款人再以低于购入价的价格将该物卖给第三人,并由第三人以购入价将该物卖给出借人,出借人从中获得的利益便代表约定的借款利息。三是出借人在向借款人放款时,以高于市场价的价格将某物出售给借款人,借款人可在市场上以市场价出售该物,出借人获得的高于市场价的货款便代表双方商定的借款利息。上述技巧被称作"重复买卖",附加的货物买卖行为本身是为了出借人变相取得借款利息。出借人公开收取利息是违法的行为,所以只能采取这种形式上合法的技巧规避禁止收取利息的强行规定。根据严格的伊斯兰法,真主只禁止世人收取利息,而允许他们从事买卖交易,至于买卖的价格则可由当事人通过协议自行约定。实际上,这类法律计谋是为了规避某些严苛的宗教法规则而设计出来的,久而久之,它们也变成了合法的民商事习惯和习惯法,甚至一些法学家也逐渐默认了法律计谋的效力。[1]

奥斯曼帝国时期,帝国虽然将哈乃斐法学作为官方主流意识形态,但是由于帝国地域辽阔,被征服的地区仍沿用以前的习惯法。帝国存在被称为欧尔夫的习惯法。其中最著名的习惯法是,新上任的苏丹要处死他的弟兄们,以防止篡权夺位。帝国的苏丹下令将地方的习惯法以行政命令的方式颁布,例如穆罕默德二世(1451—1481 年在位时期)发布的"卡农",内容涉及职官、宫廷仪式、财税法和刑法等。后来,苏莱曼一世(1520—1566 年在

---

〔1〕 参见高鸿钧:《伊斯兰法:传统与现代化》,清华大学出版社 2004 年版,第 130 页。

位)在发布行政命令方面更为积极,以致在史书中被称为“立法者”。他颁布的卡农法涉及军事封地、非穆斯林的地位、土地法、战争法和刑法等。其中有关刑法的内容明确规定了对许多犯罪的刑罚,如对诱奸者处以宫刑,对纵火者、盗窃者和入室抢劫者处以绞刑,对伪造货币者处以断手之刑等。后来,人们将历代政府发布的卡农法汇编起来,形成了伊斯兰法之外的重要法律渊源,它们在奥斯曼帝国现代法律改革之前一直有效。[1]另外,奥斯曼帝国各地的穆夫提在向当事人提供法律咨询时,也常常参考当地的习惯和习惯法。

还有许多习惯和习惯法没有被纳入伊斯兰法中而独立存在。某些法学家承认它们具有补充性的作用,但是,并不承认它们具有法律的地位,它们只能分散地存在于各地,并在民间暗中发展。因而,古代流行的习惯和习惯法没有被记录和保存下来。例如北非地区虽然是伊斯兰教国家的领土,但是伊斯兰法在那里的影响并不大,当地的人们仍然适用地方习惯和习惯法。一个具体的例子是,根据伊斯兰法关于禁止放债取利的规定,出租土地者收取租金也构成收取利息的行为,因而该行为在禁止之列。但是那里的人们无视这项禁则,流行的做法是,土地租种者把土地收获物的4/5留作已有,另外1/5作为租金交给土地出租人。[2] 在印度次大陆,伊斯玛仪派的霍加派、布赫拉派和库齐米蒙派,在他们从印度教改奉伊斯兰教以后,仍然受印度教的遗嘱和非遗嘱继承法的约束,从而以直接违反沙里亚法律原则的形式,保留了以遗嘱方式处理全部财产的权力。在爪哇,虽然宗教法庭对处理家庭法事务拥有普遍的权限,但是遗产的继承仍然受制于母权制习惯法,不属于宗教法庭过问的事情。也门的一些阿拉伯部落从未放弃他们的传统习惯法,而按照习惯法,妇女根本没有财产所有权。无论是在边远省份,还是在

---

〔1〕 参见高鸿钧:《伊斯兰法:传统与现代化》,清华大学出版社2004年版,第104页。
〔2〕 参见高鸿钧:《伊斯兰法:传统与现代化》,清华大学出版社2004年版,第141页。

那些转变信仰较晚的诸民族中间,沙里亚法都未能代替现行习惯。[1]习惯法本身在伊斯兰法学理论里没有约束力。然而,在公认的法学理论(欧苏尔)结构的内部,欧尔夫(习惯)是作为一项具有补充价值的原则起作用的。因此,一项买卖契约,理想的方式应当是通过口头讨价还价成交。但是,大部分法学家却承认一种被称为"穆拉塔特"(提条件)的习惯的交易方式的有效性。按照这种方式,一方口头声明条件,另一方以某种动作表示接受。马力克本人曾经说过,"一笔交易的有效性就在于人们相信它是一笔交易"[2]。

由上可知,通过考察伊斯兰的历史发现,习惯法在伊斯兰法的发展历史中具有重要的地位。

二、《奥斯曼民法典》中习惯法的主要规定及其特点

和传统伊斯兰法理论相反,民法典编纂委员会承认习惯法的法律效力,并将其吸收到《奥斯曼民法典》中,具体而言,习惯法在该民法典的以下章节有所体现。

(一)《奥斯曼民法典》序言中的习惯法

《奥斯曼民法典》序言第36-45条确定了习惯法的法律效力。其中第36条为习惯法作为法官裁判的法律依据。该条规定,惯例为仲裁者,无论习惯是一般性的,还是特殊性的,均可被援引作为沙里亚法的有效依据。第39条确立了法律的可变性,该条规定,不能否认,法律条款随着时间的变化而变化。这一条对伊斯兰法的改革具有重大的意义。第44条明确了商事习惯亦具有法律效力,该条规定,商人之间认可的事项,如同彼此之间的约定。

可以看出,序言中规定的习惯法具有以下重要意义:(1)确立了习惯法

---

〔1〕参见[英]诺·库尔森:《伊斯兰教法律史》,吴云贵译,中国社会科学出版社1986年版,第112页。

〔2〕[英]诺·库尔森:《伊斯兰教法律史》,吴云贵译,中国社会科学出版社1986年版,第119页。

在伊斯兰法中的重要地位;(2)明确了习惯可以作为法官裁判的依据;(3)为传统法律的发展提供了正当性依据。正统伊斯兰法理论没有将习惯法作为伊斯兰法的渊源,民法典编纂委员会对习惯法的承认可谓对传统伊斯兰法的重大改革。

(二)《奥斯曼民法典》中习惯法的具体规定

《奥斯曼民法典》中规定了具体的习惯法,主要表现在以下几个方面。

1. 物权法中的习惯法

出售的标的物涉及主物和从物的区分。如何区分主物和从物?《奥斯曼民法典》第 230 条指出,虽然合同没有约定,但是如果在习惯上被视为从物,则应当遵从习惯法的规定。该条规定,所有被当地习惯视为出售物的内含物品,在买卖中虽未被明确提及,但都应当包括在内。例如,在买卖房屋时应当包括厨房和贮藏室,在出售橄榄园时应当包括橄榄树。因为厨房和贮藏室是房屋的内含物品或组成部分;而橄榄园之所以得此称谓,就是因其土地上种有橄榄树,不会有人将空旷之地说成橄榄园。《奥斯曼民法典》第 233 条规定了更为具体的情形。该条规定,既非出售物的内含物品,又非与之相连且固定的附着物品,或者不被认定为出售物的组成部分,或者不是人们依照习惯而进行买卖的物品,如果在买卖时未被特别提出,则不应当包括在买卖之内。至于因当地习惯而通常被买卖的物品如隶属于出售物,则在未被提及的情形下应当包括在买卖之内。例一:从某处移至另一处而置放的非固定物品,如分离的箱子、盒子、床铺、桌椅板凳等,除非被特别提及,否则均不包括在房屋的买卖之内。例二:对于分离的柠檬和鲜花花盆,以及可随处移动的小树(我们习惯上称为盆栽),在买卖花园时,如果未被特别提出,则不应当包括在花园的买卖之内。例三:除非在买卖时予以特别提及和声明,否则,土地买卖不包括庄稼在内;树木的买卖也不包括果实在内,但骑乘类牲畜的笼头和骆驼的穿鼻绳等类似物品,即便在买卖时未予以特别提及,习惯上也都应当包括在买卖之内。

2. 合同法中的习惯法

第一,买卖合同。在买卖合同法中,关于买卖合同中买受人支付价金的期限,《奥斯曼民法典》第 251 条规定,买受人应当即期支付,但是如果当地的习惯是延缓支付,则遵从当地的习惯。该条还规定,绝对性买卖即时成立。如果某地普遍存在的惯例对于绝对性买卖是以确定期限作为延期或者分期的期限,则应当把绝对性买卖延缓至此期限。例如:若当事人在未提及支付价金的期限是即期还是延期的情况下从市场上购买了某物品,则买受人应当即期支付价金,但若当地的惯例是把全部价金或者部分特定价金延缓至一个星期或者一个月之后支付,则出卖人应当遵守此地的惯例。

第二,运输合同。奥斯曼帝国当时还没有发达的运输行业,因此《奥斯曼民法典》规定了以牲畜为运输工具的情形。在牲畜运输货物的情形下,诸多规定遵从习惯,如《奥斯曼民法典》第 554 条规定,如果某一牲畜为载货而得以雇用,则相关的驮鞍、绳索、麻袋应当遵循当地惯例;第 555 条规定,如果在既未说明载负量也未通过指示予以明确的情况下某一牲畜得以雇用,则应当按照惯例来确定载负量。第 291 条对运输合同中的运费如何确定作了规定。该条规定,由动物载负的出售物,如柴草和木炭,运输至买受人住址的酬劳,应当按照当地的风俗习惯来决定。

第三,雇佣合同。雇用工人工作时间的确定亦遵从当地的习惯。《奥斯曼民法典》第 495 条规定,如果当事人按日工作量计算雇用了一名雇员,则雇员应当根据当地有关工作的惯例,从日出工作至晡时或者黄昏。第 574 条规定,对于受雇人的工作未约定的一切从属物而言,均应遵循当地的惯例。例如按照惯例,缝纫用的线由裁缝来负责。

第四,借用合同。在借用合同中,借用人对借用物的使用,要遵从习惯。《奥斯曼民法典》第 816 条对此作出了具体规定。该条规定,如果出借物是无任何条件限制的,即出借人并未对出借物的使用时间、使用地点、收益类型作出具体的限制,则借用人可以在任何时间和地点以自己任意的方式来使用出借物,但此出借物的使用必须受到习惯和惯例的限制。例一:如果当事人一方以所述方式在无条件限制的情况下借用了一头牲畜,则借用人可以在任何时间骑乘该牲畜前往任何地方,但如果前往某地的路程习惯上需要两个小时,则出借人不得骑乘该牲畜以一个小时的时间到达此地。例二:如果当事人一方在某旅馆借用了某一房间,则其既可以居住,也可以放置自己的行李物品,但不得违背惯例,比如在该房间从事铁匠的业务。

关于借用物返还的规定,须遵从当地的习惯。《奥斯曼民法典》第 829 条规定,如果借用物属于贵重物品,如珠宝,则必须将其返还给出借人本人。至于除此之外的物品,则应当将其送至习惯和惯例上交付的地点。同样,将物品给付于出借人的仆人,也将被视为返还和交付。例如:出借的牲畜,应当将其送还至出借人圈养牲畜的地方,并且应当将其交付于出借人的饲养员。

第五,赠与合同。如果没有明确指明受赠人,则按照当地的习俗解决。《奥斯曼民法典》第 876 条规定,在割礼或者婚礼仪式上收到的礼物,如果送礼人声明礼物是送给接受割礼的人,或新娘,或父母,则礼物应当归属于该特指的人;如果送礼人未提及礼物是送给谁的,而且无法通过询问来证实,则应当按照当地的习俗来处理。

第六,劳资合伙合同。关于劳资合伙合同中劳方能否把自己的财产和资方的财产混合的问题,亦需要尊重当地的习惯。《奥斯曼民法典》第 1415 条规定,在劳资合伙中,仅凭劳资合伙合同,劳方不得把劳资合伙的财产与自己的财产混合在一起,而且不能以劳资合伙的形式把该财产给予第三人;但如果某城镇的习惯是劳方把自己的财产与劳资合伙的财产混合在一起,则在无限劳资合伙中,劳方对此是以默示方式被许可的。

第七,合同履行中瑕疵交付的标准。《奥斯曼民法典》还规定了合同履行中交付瑕疵的认定主要以习惯作为标准,如果交付的货物存在瑕疵,则买受人成为选择权人。该民法典第 253 条规定,如果买受人发现购买的小麦和大麦等类似谷物中有土,若土的量在惯例上被认定是微不足道的,则该买卖有效,但若土的量被认定为很多,以至于被看作是一种瑕疵,则买受人应当为选择权人。

《奥斯曼民法典》第354条对可数的物品亦作出了类似的规定。该条规定,如果蛋和核桃等类似物品中部分显示出是坏的,若其数量在惯例上被认定是微不足道的,诸如一百个里面有两三个是坏的,则其应当被认定是可谅解的;如果坏的数量很多,例如百分之十,则买受人有权将其全数退回给出卖人并且向其索回相应的价金。

(三)《奥斯曼民法典》中习惯法的特点

以上梳理了《奥斯曼民法典》中习惯法的主要规定,我们可以归纳出它具有以下特点。首先,该民法典中的习惯法适用范围较为广泛,不仅在法典序言中有规定,而且在法典的具体内容中也有规定。可以说,民法典编纂委员会敢于绕开正统伊斯兰法理论,不仅规定了习惯法的具体情形,而且在法典中确立了习惯法的效力。其次,从习惯法的内容来看,其涉及物权、债权、合同等方面的规定。换言之,涉及人们商事交易方面的规范。最后,通过这些习惯法可以看出当时帝国处于传统的农业社会,而且帝国也有商会以及多种手工业和行会存在,行会建立了各种行业规则,这些规则作为习惯法被《奥斯曼民法典》认可。

三、习惯法对《奥斯曼民法典》的重大意义

民法典编纂委员会在《奥斯曼民法典》中设置习惯法,具有以下重大意义。

一是《奥斯曼民法典》承认习惯法作为正式法律渊源。如第36条规定,习惯法是法律,说明习惯法和成文法一样具有法律效力;第38条规定,习惯上被认为不可能的事情,事实上也被认定是不可能的;第43条规定,传统上所认定的事实,如同契约上所约定的。这些规定无一例外地承认了习惯

法的渊源和地位。传统伊斯兰法对习惯法的态度较为复杂，正统的伊斯兰法理论不承认习惯和习惯法的权威。[1] 法律是真主的法度，[2]传统法律的渊源是《古兰经》和圣训。[3] 但是后世的法学家认为，习惯法只要不与伊斯兰教义的强制性规则相抵触即可被接受。[4] 实际上，帝国历史上存在被称为乌尔夫(urf)的习惯法。[5] 习惯法在实践中不仅存在，而且在无形中补充了宗教法在某些方面的内容缺失。1453 年，土耳其人征服了拜占庭的君士坦丁堡，并将其改为帝国的首都伊斯坦布尔，那里曾是东罗马帝国的属地，我们很难想象受原东罗马帝国统治的居民会突然放弃已有的习惯，转而适用伊斯兰法，这不仅是因为伊斯兰法对他们而言是陌生的法律，而且主要是因为本地区流行的法律及习惯最适合当地的社会。

二是民法典编纂委员会遵从习惯法对传统伊斯兰法进行改革。法典编纂报告中指出，按照传统哈乃斐法学的观点，在买卖合同中，当事人享有查看选择权。查看选择权，是指当事人购买了尚未见到的物品，其在见到该物品时享有的选择权，即选择或接受该买卖合同，或撤销该买卖合同。检查权使不满意的买受人能够在检查商品时单方面撤销合同，在这种情况下，买受人无须给出撤销合同的理由。因此，按照传统哈乃斐法学的观点，某人若购买一套住宅，只要他查看了住宅的部分房间，他就行使了查看选择权，买卖合同即成立且有效。但是民法典编纂委员会认为，这条规定针对的是以前的住宅，因为以前的房子的每个房间都是统一的样式，购房者只要查看了住宅的部分房间，就相当于查看了所有房间。“在目前这个时代，流行的惯例

[1] 参见高鸿钧：《伊斯兰法：传统与现代化》，清华大学出版社 2004 年版，第 118 页。

[2] 参见吴云贵：《真主的法度——伊斯兰教法》，中国社会科学出版社 1994 年版。

[3] 按照伊斯兰法理论，伊斯兰法的主要渊源是《古兰经》、圣训、公议(权威法学家的一致意见)、类比(法律推断的一种方法)。具体论述参见高鸿钧：《伊斯兰法：传统与现代化》，清华大学出版社 2004 年版；马明贤：《伊斯兰法：传统与衍新》，商务印书馆 2011 年版。

[4] See Mathias Rohe, *Islamic Law in Past and Present*, Brill, 2015, p. 87.

[5] 除了乌尔夫(urf)，帝国还存在阿达(ʿāda)，意为习俗、传统。阿达需要认可才能作为习惯法乌尔夫，而乌尔夫是被认可了的习惯法。根据 Rohe 教授的观点，乌尔夫和阿达经常被混淆使用。See Mathias Rohe, *Islamic Law in Past and Present*, Brill, 2015, p. 90.

是每一所住宅在造型与质量上都存在差异和区别,所以在购买时查看住宅的每个房间具有很大的必要性。”[1]为此,民法典编纂委员会在《奥斯曼民法典》第326条中规定,在购买住宅和商铺以及类似不动产时,必须对每一间房屋进行查看。但同时,为了尊重传统哈乃斐法学的观点,《奥斯曼民法典》第326条后半句又规定,如果所有房屋均建造为同一种类型,则查看其中一间房屋即可。民法典编纂委员会再次强调,这一规定是为了让买受人掌握足够的信息,“这并非对沙里亚规则的改变,而是由于时代的变化、习惯法的影响,相应的法律规则也应发生变化”[2]。

三是通过诉诸习惯法,《奥斯曼民法典》将不同地区的习惯法纳入其调整范围。例如,民法典中规定了耕作合伙。[3] 耕作合伙,是指土地所有者提供土地,农民提供劳动力和耕种工具的耕作形式。但是根据民法典的规定,耕作合伙形式的形成基础是雇佣合同还是租赁合同,[4]取决于种子的提供者:如果土地所有者提供种子,那么农民被视为土地所有者雇用的劳动者,该耕作合伙的形成基础为雇佣合同;如果农民提供种子,则土地被认为是农民租赁的土地,该耕作合伙的形成基础是租赁合同。由于帝国疆域广阔,各地都形成了不同的习惯,有些地区是农民提供种子,有些地区是土地所有者提供种子,因此《奥斯曼民法典》没有直接规定由哪一方提供种子,而是诉诸于各地的习惯法。

---

[1] 《奥斯曼帝国民法典》,王永宝译,商务印书馆2018年版,第7页。

[2] *Report of the Commission Appointed to Draft the Mejelle*, 1 Arab L. Q. 367 (1986), p. 368.

[3] 具体参照《奥斯曼民法典》第1431-1440条。

[4] 《奥斯曼民法典》将雇佣合同和租赁合同混合在第二编租赁当中。该民法典第421条指出,租赁分为两种情形,一是物的租赁,二是雇佣。传统伊斯兰法将雇佣作为租赁的一种,把租赁分为实物租赁和劳务租赁两种(第421条),按照徐国栋教授的观点,《奥斯曼民法典》的这一规定受到了罗马法的影响,因为罗马法有“大租赁概念,涵盖租赁、雇佣、承揽、运送、医疗数种合同”的规定。参见徐国栋:《〈奥斯曼帝国民法典〉中的罗马法基因》,载中国社会科学网官网2019年6月14日,http://www.cssn.cn/gd/gd_rwxb/gd_ktsb_1681/zglshysdmxwl/201906/t20190614_4917646.shtml。

四、通过习惯法改革伊斯兰法——基于《奥斯曼民法典》第39条的规定

民法典编纂委员会通过在序言和具体内容中规定习惯法，扩展了《奥斯曼民法典》的适用范围。面对伊斯兰法现代化或进行伊斯兰法改革，该民法典中一条关于习惯法的规定给笔者重要启发。《奥斯曼民法典》第39条规定，不可否认，法律随着时间的变化而变化。这条习惯法格言在现在看来也发人深省。有学者甚至指出，通过这一条习惯法格言，可以实现对伊斯兰法的重大改革。[1] 这个条款是对伊斯兰法解释的重要突破，能使奥斯曼帝国法律迅速适应晚期帝国经济、社会发展的重要变化。民法典编纂委员会通过习惯法格言降低民法典对习惯法规定的比例，在这种情况下，习惯交易的类型可能会成倍增加，远离民法的理论干扰。[2]

伊斯兰法的一个主要特征在于它是宗教法，根据正统宗教和教法理论，伊斯兰法是穆斯林唯一的法律。伊斯兰法是“真主的命令”，而真主是全知和全能的，他的命令囊括所有法律事务。伊斯兰法能适应千变万化的社会生活，因此只能是法律来指导社会生活，而不能是相反的。这种理论造成了伊斯兰法发展的停滞不前。10世纪出现的创制之门关闭更导致伊斯兰法无力向前继续发展，后辈学者只能因袭前人学说，客观上造成了伊斯兰法不变性的特征。这种宗教法的不变性特征不仅发生在伊斯兰法领域，而且在印度法中也有所表现。梅因就曾提出，印度法的发展之所以停滞，是因为受到了宗教的限制。正是因为法律不能随着社会的变化而发展，才导致法律的停滞不前。但是在正统伊斯兰法理论之外，法律的发展呈现出另外一种面貌。笔者对伊斯兰法的历史考察后发现，在正统法律渊源之外，习惯法依

---

〔1〕 See Heba Abdel Halim Sewilam, *The Jurisprudential Problems of the Early Codification Movement in the Middle East: a Case Study of the Ottoman Mejelle and the* 1949 *Egyptian Civil Code*, University of California, Los Angeles, 2011, p. 171.

〔2〕 See Heba Abdel Halim Sewilam, *The Jurisprudential Problems of the Early Codification Movement in the Middle East: a Case Study of the Ottoman Mejelle and the* 1949 *Egyptian Civil Code*, University of California, Los Angeles, 2011, p. 171.

然发挥着重要作用，这实际上表明了法律随着社会的变化而发展的事实。

对此我们需要思考：正统伊斯兰法理论不承认习惯法的法律效力，但在社会实践中却大量运用习惯法，伊斯兰国家历朝历代政府也不排斥习惯法，这是为什么？按照高鸿钧教授的观点，根据正统宗教和教法理论，承认习惯和习惯法具有法律的权威，是对真主权威的挑战。因此，习惯和习惯法不可能取得法律渊源的地位，而只能以隐蔽和分散的方式存在。[1]这也从另外一个层面说明伊斯兰法理论和实践是有差距的。伊斯兰法理论具有唯理想性特征。夏赫指出，伊斯兰法承认宗教理想为其特征，认为自麦地那的哈里发（即"正统哈里发"）时代之后该特征每况愈下，由此默认当代条件的恶化。[2] 由此，正统伊斯兰法理论认为，既然无力改革神圣的法律规则，即使当代条件有所变化，也只能默认这种变化，换言之，理论上不承认习惯法的效力，实践中默认习惯法的存在和发展。

法律随着社会的变化所发展出的习惯法没有得到正统法学理论的认可，因而习惯和习惯法本身缺少独立的权威。它们只有通过接受伊斯兰法的改造，纳入宗教法体系之中，从而变成宗教法的组成内容，才能取得法律效力。那些没有被伊斯兰法吸收的习惯和习惯法虽然在实践中发挥着作用，但是不具有与伊斯兰法同等的权威，法院不能将它们作为法律加以适用。换言之，习惯和习惯法的有效性的基础是人们在实践中予以遵守的事实，而不是它们本身就具有的正式法律的地位。[3]

五、习惯法在法律发展中的地位之思考

习惯法在法律发展史中具有何种地位？历史法学家梅因考察了古代的法律发展史后指出，法律的发展经历了从习惯法到成文法再到法典化阶段

---

〔1〕 参见高鸿钧：《伊斯兰法：传统与现代化》，清华大学出版社 2004 年版，第 144 页。
〔2〕 参见高鸿钧：《伊斯兰法：传统与现代化》，清华大学出版社 2004 年版，第 427 页。
〔3〕 参见高鸿钧：《伊斯兰法：传统与现代化》，清华大学出版社 2004 年版，第 135 页。

的过程。按照他的观点,习惯法是法律发展的初级阶段,随着社会的发展,习惯法终将被成文法代替,最终法典是法律发展的最高阶段。换言之,习惯法最终因被法典取代而消失。梅因的考察代表了法律发展的一般规律。但是从现在看来,即使人类社会发展到法典化时代甚至数字化时代,习惯法依然存在并被广泛使用。例如,我国《民法典》规定了习惯法作为法律渊源的地位。究其原因,是法典法抑或实证法有其缺陷,其一旦被制定完成,就落后于社会现实的发展,而法典的频繁修改将破坏法律具有的稳定性这一特质。因此,法学家发展出多种法律解释方法,以缓和法典和社会之间的张力,同时吸收习惯法以增强法典的社会适应能力。不难发现,作为宗教法的伊斯兰法更需要依赖习惯法来调试自身和社会之间的关系。因此,习惯法并不能被法典法取代;相反,由于社会加速发展,法典化无法适应急速变化的社会现实,对于习惯法的依赖程度将越来越强。

第三节 通过优选法编纂符合时代的民法典

民法典编纂委员会在编纂《奥斯曼民法典》时,使用了传统伊斯兰法的法律技术对菲格亥法学进行改造,其中优选法是民法典编纂委员会频繁使用的一项法律技术。传统伊斯兰法学家经常使用优选法来缓和法律和社会之间的张力,但是《奥斯曼民法典》的编纂标志着法学家第一次将这种法律技术适用于国家立法层面。[1] 本节将讨论伊斯兰法中的优选法,尝试回答:民法典编纂委员会为什么要使用此种方法?使用的标准是什么?优选法对伊斯兰法的发展有何重要意义?

---

〔1〕 See Bugnacki, John, *The Garden of Forking Paths: Islamic Legal Transformations in the Ottoman Empire During the Nineteenth Century*, History Student Papers, 2014, p. 34.

一、伊斯兰法中的优选法

优选法是传统伊斯兰法律创制思想下发展出的一项法律技术。古典法学家对于优选法存在诸多争议。对于《古兰经》和圣训中没有规定的问题,优选法根据时代的需要以及对当事人最公正和最有利的原则加以解决,以避免出现因机械适用某些法律规则而产生的不合理的结果。[1]

(一)优选法的含义

优选法(istihsan)是阿拉伯文"伊斯提森"的意译。"优选"一词用于表示"装饰或改善或认为是好的东西"[2],也适用于表示一个人倾向于或偏爱的事物,即使该事物未被他人认可。[3] 优选法的意义在于在某种情况下可以背离严苛的伊斯兰法原则和规则,选择对当事人各方都有利的规则,进行变通处理。具体而言,法学家在创制法律、法官在审理案件和适用法律时,出于社会公共利益和为人们趋利避害的考虑,不拘泥于法律条文,而采取灵活变通的方法,以求得更公正的结论或判断。简言之,优选法就是在诸多不同法学意见和观点中选取最合适的观点。例如,伊斯兰国家的政府可以规定有利于人民和社会的、经训明文未涵盖的、与其原则和精神不悖的法律法规,以造福于社会。

优选法在理论和实践的适用中只占据从属地位,其无法对实在法产生较大影响。权衡公正和适当性的做法曾出现于早期法学家的公议中,在法律制度充分发展之后,优选法被限定在很窄的范围内,并没有取代重要的法律渊源《古兰经》和圣训所确认的原则,也没有取代早期权威法学家通过解释经典所得出的结论。优选法适用的基本条件如下:一是必须符合伊斯兰

〔1〕 参见高鸿钧:《伊斯兰法:传统与现代化》,清华大学出版社2004年版,第64页。

〔2〕 Mohd Hafiz Jamaludin and Ahmad Hidayat Buang, *Syariah Courts in Malaysia and the Development of Islamic Jurisprudence: The Study of Istihsan*, International Journal of Nusantara Islam 1, no. 1, 2014, p. 33.

〔3〕 See Nyazee I. A. K. *Islamic jurisprudence*, Kuala Lumpur: The Other Press, 2003, p. 231.

法的基本原则、精神和宗旨;二是不得与《古兰经》和圣训明文相悖;三是必须是为人类和社会趋利避害的;四是必须是理性的,即被理智健全的人们接受。

(二)关于优选法的争议

《古兰经》和圣训并没有对能否使用优选法作出明确规定。由于优选法的灵活性,一些法学家不鼓励过分依赖优选法,以免人们放弃伊斯兰法的规定,并将其作为法律规避的手段。因此,优选法在伊斯兰法学家中颇受争议。哈乃斐法学派、马力克法学派、罕百里法学派将优选法作为伊斯兰法的辅助法律渊源,而沙斐仪法学派则完全拒绝适用优选法。[1]

反对优选法的学者认为,使用优选法将违背伊斯兰法的原则,这将促使人们对伊斯兰法原则弃之不用,转而通过优选法来规避伊斯兰法。沙斐仪激烈反对优选法,他认为优选法是任意的宗教立法。在他看来,穆斯林必须遵守安拉和使者的命令,遵守《古兰经》和圣训的经文,如果出现任何意见分歧,必须参考《古兰经》和圣训予以解决。沙斐仪认为,优选法属于个人意见,代表法学家的个人倾向,这种做法与《古兰经》中的经文不符。如果每个法官和穆夫提都按照自己的意愿来裁判案件,则可以想象混乱会困扰着人们的生活。

针对沙斐仪的批评,哈乃斐法学家反驳道,优选法依据的并不是个人的喜好,它是类比的一种形式,其权威不亚于类比。[2]哈乃斐法学家则广泛使用优选法,按照其观点,优选法并不是一个独立的法律渊源,而是有伊斯兰教基础的类比。卡玛利指出,如果接受这一观点,则意味着优选法必须遵守适用于类比的相同规则。[3] 虽然哈乃斐法学派和沙斐仪法学派就优选法

---

〔1〕 See Mohammad Hashim Kamali, *Principles of Islamic Jurisprudence*, Cambridge: Islamic Texts Society, 1991, p. 217.

〔2〕 See Mohammad Hashim Kamali, *Principles of Islamic Jurisprudence*, Cambridge: Islamic Texts Society, 1991, p. 228.

〔3〕 See Mohammad Hashim Kamali, *Principles of Islamic Jurisprudence*, Cambridge: Islamic Texts Society, 1991, p. 230.

产生了争议,但从现在来看,优选法在伊斯兰法发展过程中产生了重大的作用。按照卡玛利的观点,优选法和类比的关系非常密切。类比是伊斯兰法的第四大法律渊源,如果遇到的案件在《古兰经》和圣训中找不到答案,法学家就按照类似案件类似处理的原则解决。实际上,类比是充分发挥人类理性中的类比推理来扩展法律的方法。类比必须严格按照传统的方法,而优选法既可以不遵守《古兰经》的明文规定,又可以超越经文的内涵。优选法通常以类比为基础,但是又不局限于类比。优选法更强调对人类理性思维的运用。因此其被认为是法律体系中理性主义倾向的代表。[1]

实际上,将优选法和类比联系起来的观点某种程度上不足以令人信服。解决此问题要追溯优选法的起源,艾布·哈尼法并未将优选法设想为类比的形式。大约半个世纪后,沙斐仪在撰写他的成名之作《温姆》(*Kitab al-Umm*)时也没有表明优选法和类比之间的关系。沙斐仪确立了四大法源,并将类比作为伊斯兰法中的最后一个法源。就此而言,他将人类法律推理的范围局限于类比。类比从本质上扩展了《古兰经》和圣训的逻辑,而优选法则旨在解决类比不规范的现象。当马力克法学派指出优选法的重要性时,优选法作为一种在类比之外的方法发展。优选法基本上和类比方法对立,当法学家通过类比方法解决案件可能导致不公正的结果时,优选法可以使法学家规避严格遵循类比的要求。

二、法典编纂委员会使用优选法编纂《奥斯曼民法典》

如上所述,虽然法学家对于能否使用优选法有争议,但是哈乃斐法学派赞成使用优选法。奥斯曼帝国遵循哈乃斐法学派的观点,《奥斯曼民法典》主要以哈乃斐法学派创始人艾布·哈尼法及其两位著名弟子艾布·优素福和穆罕默德·本·哈桑·舍依巴尼的法学观点为基础。按照民法典编纂委

---

[1] See Mohammad Hashim Kamali, *Principles of Islamic Jurisprudence*, Cambridge: Islamic Texts Society, 1991. 221.

员会的主张，如果哈乃斐法学派对某一个法律问题的观点没有任何分歧，则会采纳此观点；如果艾布・哈尼法和他的两位弟子都对某一问题持相同观点，除非是非常特殊的情况，否则不允许偏离该观点；如果艾布・哈尼法和他的两位弟子对某一个问题持不同观点，在这种情形下，应该首选艾布・哈尼法的观点；但是对某一问题，艾布・哈尼法的观点和两位弟子的观点不同，且两位弟子达成共识，如果分歧是由于时间、环境的差异造成的，则可以考虑采取弟子的观点。民法典编纂委员会在编纂《奥斯曼民法典》时不拘泥于哈乃斐法学派的创始人艾布・哈尼法的观点，而是诉诸于优选法。民法典编纂委员会主席艾哈迈德・杰夫代特帕夏认为，优选法意味着对伊斯兰法的适用需要一个选择的过程，而且应该选择最合适的观点加以应用。[1]

（一）法典编纂报告对优选法的讨论

民法典编纂委员会在法典编纂报告中详细讨论了优选法，其中对于合同所附条件的讨论非常细致入微。法典编纂报告指出，对于具有条件性质的买卖交易，穆智台希德（伊斯兰法创制者）的主张通常彼此各异。马力克法学派主张在有限时间内，罕百里法学派认为无时间限制，卖方可以就销售为自己提出某项特殊利益的要求。但是仅卖方有权这样做，而买方则不被允许，似乎有悖于理性见解和类比逻辑。至于与大伊玛目艾布・哈尼法同时代的伊本・艾比・莱俩和伊本・施布热麦及其追随者们，就此问题各持己见。伊本・艾比・莱俩认为，倘若某个条件，即任何条件，涉入买卖，则其就会导致该买卖和条件均无效；而在伊本・施布热麦看来，条件与买卖都完全合法。显然，伊本・艾比・莱俩的观点有悖于先知穆罕默德的圣训：穆斯林应遵守各自承诺的条款，而伊本・施布热麦的见解则完全符合这段圣训，但是买卖双方也许设定的条款是许可的或者不许可的、可行的或者不可行的。在伊斯兰法学家认为合情合理的事务中，维护和遵守条款应尽力而

---

〔1〕 See Çiğdem R, *Ahmed Cevdet Pasha* (1823-1895): *a Scholar and a Statesman*, Islam Hukuku Ara tırmaları Dergisi, Vol. 6, 2005, p. 89.

为,因为遵守条款是一项承认由于某种可接受的原因而造成限制和例外的规则,所以哈乃斐法学派采取了居中的方式,即将条款分为三类:许可的条款(亦称为合法的条款)、造成某种瑕疵的条款(亦称为可撤销的条款)和废止的条款(亦称为无效的条款)。进一步来说,既不属于销售合同必要部分,又不对其起到支撑作用,但却有利于当事双方之一的条款或者约定,是该合同带有瑕疵的原因,与此条款相关联的销售属于低劣的交易;而无益于合同当事任何一方的条款无效,与此条款相关联的销售是合法交易。因为买卖的意图和目的是物品与价金的交付与据有,即买方是销售物品的所有人,而卖方则应该成为价值价金的所有人,在双方交换的过程中无任何干扰和阻碍。与此条款相关的销售若有益于合同当事双方之一将导致纠纷,因为一方提出了有利于自己的条款,而另一方则想的是回避对方所提出的这一条款,在此情况下,销售好像并未完成,或者说意味着销售合同并不完整,但是由于传统和惯例是纠纷的化解者,所以人们在惯例上完全允许销售带有众所周知的条款。至于商贸交易,如上所述,从其根本上来讲则是处于例外状况之下,因为大多数行业的业主之间已经建立了一种在各行业中开展业务的特殊(惯例)模式。外来或陌生的惯例受到尊重,所以应该研究和讨论的只剩下一些在各种索取与给予交易中超出传统和惯例的条款,而对于这些交易,则没有必要寻根问底,而且在使当代交易模式便利化的过程中,也无须选择哈乃斐法学派之外的伊本·施布热麦的主张。因此,在《奥斯曼民法典》第一编第四章以及其他各章中,得到的结果是满足于提及哈乃斐法学派认为不导致销售合同无效的条款。尽管《奥斯曼民法典》的大部分条目都以哈乃斐法学派的学说为准,而且是依据当时执行的教法去解决问题,似乎没有必要再去讨论这些条款,但是有些哈乃斐法学派的权威法学家的见解和主张在法律上已经得到了认定,因为这些见解最适合当今的商业模式,更易于人们进行交易。[1]

由此可知,民法典编纂委员会对买卖附条件通过优选法作出了具体规定。其一,如果买卖的附条件是合同所要求的部分,则此买卖合法且条件有效。例如:若出卖人提出条件要求扣留所售出的出售物,直到收到应收价金时才向买受人交付该出售物,则此条件并不会有害于或影响该买卖交易,因为此类条件是合同的基本要求。其二,如果买卖的附条件是在加强合同,则此买卖合法且条件有效。例如:若出卖人提出条件要求买受人在其处抵押某物品,或者要求以价金为其担保,则该买卖合法且条件有效,甚至如果买受人未履行此条件,出卖人有权撤销此合同,因为该条件的设置是为了确保价金的交付,这正是合同的基本条件。其三,如果买卖所附条件是公认的,即是当地所维护的惯例,则此买卖合法且条件有效。例如:若当事人一方出售了一张毛皮,条件是将其制成面子;或者出售了一把锁头,条件是将其钉在门上;或者出售了一件衣服,条件是将其修补一下,在这些情况下,买卖合法有效并且出卖人必须满足这些条件。其四,如果买卖的附加条件无益于合同当事人任何一方,则此买卖合法,但所附条件无效。例如:动物的出售条件是买受人不得向第三方出售,或者将其赶到牧场上去,在此情况下,买卖合法,但条件无效。

(二)民法典编纂委员会适用优选法的案例

民法典编纂委员会在编纂《奥斯曼民法典》的过程中,针对一些法律问题展开激烈争论,尤其是当艾布·哈尼法和其弟子的法律意见不一致时,该采取何者的意见?为此,民法典编纂委员会通过优选法加以解决。

1. 标的物不确定的买卖

传统哈乃斐法学为了解决买卖合同中标的物不确定的问题,规定出售不存在的东西的买卖合同无效。《奥斯曼民法典》第 197 条和第 205 条对此

[1] 参见《奥斯曼帝国民法典》,王永宝译,商务印书馆 2018 年版,第 11 页。

予以确认。[1] 但是有些鲜花、蔬菜和水果在其部分果实已经显见,其他部分还未长出的情形下,如何认定这类买卖合同的效力呢? 艾布·哈尼法认为,这种情形下的交易亦无效。但是其弟子穆罕默德·本·哈桑·舍依巴尼认为,果实不可能同时长出,而人们只能按照惯例一次性交易,因此这种交易合法有效。民法典编纂委员会经过反复讨论后,决定采纳穆罕默德·本·哈桑·舍依巴尼的意见,并将他的意见规定在第207条:对于分别相继显露的物品,即并非在同一时间显露而是一个一个接连显露的物品,如水果、鲜花、叶子蔬菜等,如果其中部分已经显露,则对将要显露的相关部分,连同已经显露的部分一起进行交易的买卖是有效的。

2. 定作合同的撤销权

关于定作合同能否撤销的问题,艾布·哈尼法认为,定作合同订立后,定作人可以撤销合同。但其弟子艾布·优素福认为,若定作的成品符合定作合同订立时所约定的描述,则定作人不得撤销合同。民法典编纂委员会认为,"在这个时代,许多制造枪炮和船舶的工厂在进行大规模的生产,如果给予定作人撤销定作合同的权利,将会由此造成巨大的利益损失"[2]。因此,为了维护当代商业交易的利益,民法典编纂委员会选择了艾布·优素福的意见,在民法典第392条规定:如果定作合同成立,则当事人任何一方均不得撤销,但如果定作物不符合合同明确要求的特征,则定作人为选择权人。换言之,撤销权不是合同规定的当事人必须行使的权利,而是一种可选择的权利。

3. 论堆买卖的法律效力

艾布·哈尼法认为,以猛德[3]为计量单位论堆买粮食时,只有1猛德交易才是合法有效的。他的两位弟子艾布·优素福和穆罕默德·本·哈

---

〔1〕 第197条规定:出售物必须是存在的;第205条规定:不存在物品的买卖无效。

〔2〕 *Report of the Commission Appointed to Draft the Mejelle*, 1 Arab L. Q. 367 (1986), p. 372.

〔3〕 1猛德=18公升。

桑·舍依巴尼则主张,所有论堆的买卖都是合法有效的,所以论堆的粮食无论成熟与否,买受人都可以购买,通过猛德计算价金。民法典编纂委员会选择了两位弟子的主张,在第220条规定:在一次性交易的情形下,通过说明每件物品的单价和部分物品的价格,按照计数的物品买卖有效。例如:当事人一方出售了一堆小麦,或一船木材,或一群羊,或一块呢绒布,说明了每凯莱小麦,或每根木头,或每只羊,或每腕尺呢绒布的价格为多少钱,则该买卖有效。

4. 条件的期限

艾布·哈尼法认为条件的期限为3天,而艾布·优素福和穆罕默德·本·哈桑·舍依巴尼则主张该选择权的期限应以合同订立时双方约定的期限为准,鉴于两位弟子在此问题上的主张符合社会实际需要和交易双方的利益维护要求,因此民法典编纂委员会舍弃了艾布·哈尼法主张的3天期限的观点,而采纳了两位弟子的观点,在第300条规定:允许出卖人和买受人,或者其中任何一方,为可以在一定期限内撤销或者批准的买卖设置选择条件。

现金支付的期限方面,穆罕默德·本·哈桑·舍依巴尼主张,该选择期限为3天以上。虽然该主张是他一人之见,但是由于他的观点有利于维护人们的利益,因而被民法典编纂委员会采纳。《奥斯曼民法典》第313条规定,如果当事人双方进行了买卖,条件是"买受人在一定时间内支付价金,如若买受人未支付价金,则双方之间不存在买卖",但该买卖合同有效,此情形可称为支现选择权。

从以上规定可以发现,民法典编纂委员会通过使用优选法,没有完全采纳哈乃斐法学派的鼻祖艾布·哈尼法的观点,而是采用他的弟子们的观点,这种优选法的使用最终使伊斯兰法的多元特征化解为唯一、具体和明确的法律条文,并且使这些条文具有时代精神。

三、通过优选法能否重构传统伊斯兰法?

优选法作为传统伊斯兰法的法律技术为多元性伊斯兰法的适用作出了巨大贡献。民法典编纂委员会通过优选法能否重构传统伊斯兰法,进而实现法律现代化?笔者尝试指出优选法基于以下原因能够重构传统伊斯兰法,从而实现伊斯兰法现代化。

(一)优选法的标准是公共利益

传统伊斯兰法理论认为,优选法的标准有:(1)公共利益;(2)促进人们的交易;(3)适当时间利益;(4)习俗和传统。一言以蔽之,优选法的主要标准是公共利益。

据历史记载,优选法以公共利益为基础的例子是,哈里发欧麦尔曾经要求,不要对在饥荒年代偷盗的人处以断手刑罚。这个例子说明了哈里发欧麦尔依据优选法,暂时停止了在饥荒年代对严苛伊斯兰刑罚的适用。在另一个案件中,伊本·萨拉曼(Ibn Salamah)的邻居来到哈里发跟前,要求哈里发允许通过伊本·萨拉曼水渠的水流到自己的水渠。哈里发同意了该请求,理由是伊本·萨拉曼不会因此受到任何伤害,而延长水渠却能给他的邻居带来益处。[1]《奥斯曼民法典》第1264条规定,正如任何人均可受益于空气和阳光,任何人也同样均可受益于海洋和湖泊。第1265条规定,任何人都可以从未被所有的河流中取水来灌溉自己的土地,并且可以为了灌溉自己的土地和建造磨坊而开凿引水的沟渠和水道,但前提是不得给公众造成损害。因此,如果水溢出并且给生物造成了损害,或者使河水完全断流,或者使船只无法航行,则对其行为应当予以阻止。

为了说明优选法以公共利益为基础,现以受托人对保管合同中的货物受到损失的责任为例进行论述。按照传统伊斯兰法的规定,除非可归因于

---

〔1〕 See Mohammad Hashim Kamali, *Principles of Islamic Jurisprudence*, Cambridge: Islamic Texts Society, 1991, p. 218.

受托人个人的过失，否则受托人不对保管财产的损失负责。因此，裁缝、制鞋匠或工匠不应对保管的货物被盗或被火烧毁所造成的损失负责。但是，包括艾布·优素福和穆罕默德·本·哈桑·舍依巴尼在内的法学家已经放弃了这一规则，他们通过优选法规定受托人要对这类财产损失负责，除非所涉及的损失是由灾难或不可抗力造成的。这个优选法出于公共利益的考虑已被证明是合理的，使受托人在保护寄托人财产方面更加谨慎。另一个例子是，按照传统伊斯兰法的规定，必须采用要约和承诺的形式签订合同；当事人之间虽然没有口头的要约和承诺，但是实际以"要约与承诺"的方式销售的，买卖合同亦成立。

(二)优选法防止传统伊斯兰法在某些情形下导致的不合理结果

例如，关于公共浴室收费的问题，如果严格按照传统伊斯兰法的规定去处理，会导致不合理的结果。一般而言，伊斯兰法中严格的类比要求买卖合同的标的必须具体并且可以被量化。但是人们去公共浴室洗澡，由于每个人的用水量以及在浴室待的时间长短不一样，公共浴室如何收费？在这种情形下，法学家通过优选法指出，可以向浴室使用者收取固定费用，而无须浴室管理人和使用者之间就用水量或停留时间达成协议。

根据哈乃斐法学派的观点，耕地的沃格夫(慈善捐赠)转让包括耕地所有附加权利的转让，例如水权、通行权，即使这些附加的权利在转让沃格夫合同中未被明确提及。这条规定基于优选法作出的。按照伊斯兰合同法的规定，买卖对象必须是明确具体的，换言之，只要是买卖合同没有明确约定的内容，就不属于合同的内容。如果在买卖合同和转让沃格夫合同之间进行类比，两者的相似之处是都是转让所有权合同，而按照买卖合同的规定，附加的权利只有在双方明确约定的情形下才被包含在沃格夫财产中。但是，这样类比将得出不公平的结果：没有规定附加权利的耕地转让违背了耕地使用的基本目的。因此，为了避免类比带来的困境，法学家只能求助于优选法。

另外一个例子是，假设A从B和C处买了一套房子，以40,000英镑的价格分期付款。A第一次支付2000英镑给B，假设B会把C的那部分钱给C，但是给C之前，B弄丢了2000英镑，因而出现了谁应该承担损失的问题。如果使用类比的方法，B和C应该分担损失。因为B代表合伙关系收到了钱，此时他不仅仅代表他本人。换句话说，他们在分担损失中的地位与他们作为合伙人的地位相似。但是通过应用优选法分析，只有收到钱的B承担损失。对于C而言，尽管他是合伙人，但他没有义务从B那里获得该2000英镑的相应份额。这只是他的权利，他可以自由地放弃。因此，C的2000英镑部分将成为A欠双方的剩余价款（或债务）的一部分。在这个案件中，只有B遭受损失。该解决方案基于这样一个优选原则：没有义务的人也不必赔偿任何损失。

（三）优选法对传统伊斯兰法因时因地发展具有重要意义

优选法对传统伊斯兰法的发展具有重要意义。传统伊斯兰法具有多元特征，但是通过优选法可以因时因地发展伊斯兰法，使其符合当地社会的具体情形。传统伊斯兰法中，一种观点或许适合一个时代，但不适合另一个时代；或许适应一种环境，但不适应另一种环境；或许适用一种状况，但不适用另一种状况。我们以利用土地的方式为例分析不同学派的不同主张。譬如有人主张禁止合伙耕种，允许租种，依据的是一些圣训及对其他事物允许租用的普遍律例。有人持反对意见，认为允许合种是因为穆罕默德曾允许海白尔的犹太人合种麦地那的土地，并且双方共担风险。但是穆罕默德禁止租赁土地，因为赁方花费种子（物力）、财力和人力，却有得不到利益（歉收）的风险，而租方始终有分成的租金。但对于合伙耕种而言，无论收成多少，合伙人共担盈亏。有人主张允许合种和出租，条件是合种和出租不包含不合理条件，因为对此或彼绝对地禁止在他看来是不正确的。部分人主张，土地出租期间必须让地主在旱灾或荒年时根据作物歉收情况降低租金，因为圣训中提到穆罕默德命令荒年减租。有人主张既不允许合种，又不允许出租,必须让地主做出选择:要么用自己的工具亲自耕种,要么把土地借给别人无偿耕种。遵循的圣训是:谁有土地,当亲自耕种,或送给其教胞。可以看出,对于土地的利用方式,传统伊斯兰法由于观点多元,每个法学派优选后的结果也大不相同。伊斯兰法因此形成了因时、因地、因情况不同而变化的百家争鸣的发展局面。

伊斯兰法中,除法律另有规定外,口头证词是法定的证据形式。穆斯林法学家认同口头证词的法律效力,和书面证据以及其他证据相比,口头证词具有较高的法律效力。他们认为,在没有中间人的情况下直接向法官陈述证词是发现真相最可靠的方式。然而,通过摄影、录音等方法提供的证据的效力是否就一定低于口头证词?卡玛利指出,这个问题可以用优选法加以解决。通过优选法,法官将优先考虑这些新的且通常更可靠的举证方法,这意味着背离既定的证据规则,转而采用另一项规定。〔1〕

民法典编纂委员会适用优选法的标准是当时社会发展的需要,艾由布列举了民法典适用优选法的两条标准:人民的利益、促进人们的交易。〔2〕优选法是在适用法律时注重个人意见的方法,以避免因现行法律的僵化造成不公平的结果。因为在有些情况下,严格按照现行法律可能有害无益,而偏离僵化的法律规定可能是公正解决特定问题的唯一方法。贝迪尔(Bedir)指出《奥斯曼民法典》的起草者使用一条法律格言作为他们挑出特定意见(优选法)并将其作为法律规定的唯一理由:对于人民而言最简单,最适合当代需要。〔3〕

---

〔1〕 See Mohammad Hashim Kamali, *Principles of Islamic Jurisprudence*, Cambridge: Islamic Texts Society, 1991, p. 220.

〔2〕 See Samy Ayoub, *The Mecelle, Sharia, and the Ottoman State: Fashioning and Refashioning of Islamic Law in the Nineteenth and Twentieth Centuries*, Journal of the Ottoman and Turkish Studies Association, Vol. 2:1, 2015, p. 132.

〔3〕 See Samy Ayoub, *The Mecelle, Sharia, and the Ottoman State: Fashioning and Refashioning of Islamic Law in the Nineteenth and Twentieth Centuries*, Journal of the Ottoman and Turkish Studies Association, Vol. 2:1, 2015, p. 132.

伊斯兰法中的优选法相当于普通法中的衡平原则,二者都受到公平和良心原则的启发,并且当按照既定的法律导致不公正的结果出现时,都可以偏离实证法规则。按照正统伊斯兰法理论,优选法不能违背《古兰经》、圣训的明文规定。优选法是法律创制原则下的法律技术,在伊斯兰法适应不断变化的社会需求方面发挥了重要作用,为伊斯兰法提供了灵活运用的方式。优选法打破了以艾布·哈尼法的观点为权威的传统,秉持与时俱进的思想,在偏重权威的同时,兼顾人们的利益和时代的需求。《奥斯曼民法典》的优选法将推动伊斯兰法律和法学中更大的折中主义趋势,从而带来更多的法律创新。[1]

第四节　《奥斯曼民法典》的其他编纂方法

民法典编纂委员会为了实现法律现代化,在编纂《奥斯曼民法典》的过程中还采取了其他编纂方法:一是规避传统宗教法,即在民法典中并没有对传统宗教法进行规定,尤其舍弃了和宗教关系较为紧密的婚姻家庭继承法;二是引入帝国苏丹的敕令,将其作为民法典的内容;三是采取抽象规则和具体案例相结合的立法模式;四是将程序法纳入民法典。

一、《奥斯曼民法典》规避宗教法

伊斯兰法作为宗教法,主要以伊斯兰教教义为核心。伊斯兰法学家通过对教义的研究和解释发展出博大精深的伊斯兰法学。因此,传统伊斯兰法以宗教法为其主要特征。伊斯兰法作为宗教法主要有以下表现:一是作为伊斯兰法渊源的《古兰经》是一部宗教法典。按照伊斯兰教教义,《古兰

[1] See John Bugnacki, *The Garden of Forking Paths: Islamic Legal Transformations in the Ottoman Empire During the Nineteenth Century*, History Student Papers, Providence College, 2014, p. 34.

经》是真主通过穆罕默德降示给穆斯林的，其包含了真主的命令和戒律，因此具有神圣性。二是作为伊斯兰法第二大法源的圣训也是宗教法典。按照伊斯兰教教义，穆罕默德是真主的使者，具有神圣性，因此他的圣训亦对穆斯林具有很高的法律效力。三是权威法学家的著作具有宗教性。在伊斯兰法中，具有法律创制资格的法学家被视为穆罕默德的继承人，他们肩负解释和发展伊斯兰法的重任，其对伊斯兰法的建构以神圣的宗教法典为基础。因此，伊斯兰法的宗教性是其与世俗法典不同的显著特征，伊斯兰法中涉及大量的宗教性内容。

民法典编纂委员会对于传统伊斯兰法中有关宗教方面的内容进行了删减。一是没有规定婚姻家庭继承法的内容。之所以没有规定，是因为帝国当时存在诸多不同民族和不同宗教信仰的人，不同族群之间的婚姻家庭继承法差异很大。例如，和其他宗教团体相比，伊斯兰婚姻法就具有自身特色：其一，婚姻的结合需要"尼卡"。即男女双方在情愿的前提下需要举行宗教仪式"尼卡"，否则婚姻不产生效力。其二，一夫四妻制。即在特定的条件下一个男人可以娶 4 个妻子。其三，休妻制。即离婚主要以休妻为主，男子掌握较大的主动权。伊斯兰婚姻法的特殊规定不可能适用于其他民族。因此，《奥斯曼民法典》并没有规定婚姻家庭继承法的内容。实际上，帝国于 1917 年才颁布了家庭法，对帝国各民族的婚姻家庭继承法进行了整合。

二是对宗教仪式法的规避。传统伊斯兰法对宗教仪式加以各种细致地规定。传统伊斯兰法著作一般分为清洁篇、礼拜篇、朝觐篇、殡礼篇、天课篇等内容。以伊斯兰法著的清洁篇为例，可以一窥传统伊斯兰法。一般的法学著作都会以清洁篇为第一篇，因为履行宗教仪式的前提是要进行清洁。对于清洁需要用的水，传统伊斯兰法进行更为细致的划分：第一是净水。净水分为四种：(1)雨水、雪水、冰水；(2)海水；(3)泉水；(4)众学者决议的净水。第二是使用过的水，即大小净者洗肢体后流下的水。第三是与清洁物混合的水。只要被混合的水的水质不变，就是洁净的水，如水中有肥皂、红花、面粉等。第四是被污染的水。污染物使水的滋味、颜色、气味发生改变时，各学派一致主张这种水不是净水。第五是残水，包括：(1)人喝剩的水；(2)穆斯林能吃的动物喝剩的水；(3)驴、骡、飞禽走兽喝剩的水；(4)猫喝剩的水；(5)猪、狗喝剩的水。可以看出，传统伊斯兰法规定得如此细致，很多内容实际上并不是现代法调整的范畴，民法典编纂者对此予以舍弃。

三是对证人资格的规定。《奥斯曼民法典》第1686条规定，对不能言语的人和盲人的作证不予接受。这一条并没有规定非穆斯林不能作证，即并没有排除非穆斯林的作证资格，违背了传统伊斯兰法禁止非穆斯林对穆斯林作证的规定。因为作证具有强烈的宗教意涵，一般需要以真主的名义作证，对于非穆斯林并不适用。换言之，该民法典证词和证据一节并未涉及证人的宗教信仰，这是伊斯兰法学第一次承认证人的宗教身份不影响证词的有效性。虽然伊斯兰法学承认非穆斯林在法庭上的证词，但它始终抵制非穆斯林对穆斯林作证。《奥斯曼民法典》修改了传统伊斯兰法的规定，反映出欧洲国家经常抱怨其公民不能在沙里亚法院提起诉讼，因为他们在诉讼案件中的证词不被穆斯林接受。[1]

四是《奥斯曼民法典》承认书面证据。该民法典规定了以下类型的书面证据：第一是笔迹和印章。裁定不能只以笔迹和印章作为有效依据，但如果笔迹和印章不存在任何欺诈或者伪造疑点，则可以被认定为有效依据，即可以成为裁定的依据，并且无须以其他方式予以证明。第二是苏丹文告和君主的登记册。该民法典强调，苏丹文告和君主登记册中的记录，因其不受伪造的安全性而被视为有效的依据。第三是法院的记录。根据司法编中所述的方式，如果法院的记录不存在任何腐败现象和违规行为，则也应当被视为有效的依据。第四是沃格夫文书。裁定不能只以沃格夫文书作为有效依

---

〔1〕 See Samy Ayoub, *The Mecelle, Sharia, and the Ottoman State: Fashioning and Refashioning of Islamic Law in the Nineteenth and Twentieth Centuries*, Journal of the Ottoman and Turkish Studies Association, Vol. 2:1, 2015, p. 139.

据,但如果其被记录于可靠的法院登记册中,则其应当被视为有效的依据。传统伊斯兰法重视口头证据,一般情形下不承认书面证据的效力。《奥斯曼民法典》对书面证据效力的承认,实际上是对传统伊斯兰法的修改。

五是规避利息的规定。传统伊斯兰法禁止银行利息,为了规避这一严苛的法律规定,伊斯兰法学家发展出法律计谋。《奥斯曼民法典》并没有规定利息。该民法典第 1113 条规定,如果当事人一方向两人出售了某一财产,则其可以向这两人分别请求自己的份额,并且只要这两位买受人并非彼此的担保人,则其中任何一方当事人均不得向另一方请求其债权。实际上,由于晚期奥斯曼帝国陷入了金融危机,如果没有可接受和担保的利息,帝国无法获得西方国家的贷款。因此,为了实现经济的发展,帝国政府将贷款利息合法化。

二、《奥斯曼民法典》纳入帝国法令

民法典编纂委员会将帝国法令引入《奥斯曼民法典》,其主要表现如下:首先,对沃格夫财产和未成年人的财产予以特别保护。这是帝国法令所要求的。按照伊斯兰法的规定,被冻结所有权的财产的所有权人是真主,但是沃格夫财产由于现实中缺少所有权人,因此极易被侵占。在现实中,未成年人的财产也极易被侵占。因此《奥斯曼民法典》第 596 条规定,如果当事人一方在未经许可的情况下使用了所有权人的某一财产,则属于非法侵占行为,其对财产的收益无须支付费用,但如果使用的是沃格夫或者未成年人的财产,则其此时必须赔偿所有权人收益的损失,即在任何情况下都必须支付同等租金;如果财产是收益就绪物品,则其必须赔偿所有权人收益的损失,即如果使用的物品不能以所有权或者合同解释,则其必须支付同等租金。例一:如果在未订立租赁合同的情况下,当事人一方在一段时间内居住于他方的住宅,则其无须支付租金,但如果该住宅是沃格夫或者未成年人的财产,则其在任何情况下都必须支付同等租金,即无论居住是否能被解释为享有所有权或者由于合同的结果，其都必须按照居住的期限支付同等租金。例二：如果该财产是出租的住宅，在不存在享有所有权或者以合同结果作出解释的情况下，则其必须支付同等租金。

《奥斯曼民法典》第596条规定了非法侵占使用他人财产不会产生任何赔偿后果，但是这项规则的例外是非法侵占沃格夫的财产或者孤儿的财产。由于沃格夫财产和孤儿财产的监管人不是所有人，他们有可能忽视财产保护责任，此类财产可能会遭到非法侵占，而不会受到其所有人的抵制。基于这个原因，沃格夫的财产和孤儿的财产受到国家的特殊保护。

实际上，关于被非法侵占能否请求赔偿的问题，哈乃斐法学派和沙斐仪法学派存在分歧。沙斐仪法学派的观点是，与任何财产一样，使用权在被侵占的情况下需要得到赔偿。沙斐仪法学派认为，非法使用者有义务为房屋的使用支付赔偿金。早期的哈乃斐法学派限制了侵占补偿财产损失并拒绝承认对财产的使用给予任何赔偿。他们认为，对使用权不能像对买卖合同中的不动产那样进行评估。对他们而言，使用权的评估取决于两个缔约方之间的租赁协议。哈乃斐法学家解释租赁合同是一种形式（书面）合同。租赁合同的存在表现为书面协议的形式，如果没有这种形式，就不能推定合同存在。哈乃斐法学派进一步认为，一般的法律补偿规则需要在种类和数量上等同地补偿。由于使用权的价值未知，因此不能以实物种类形式进行补偿。[1]

民法典编纂委员会改变了早期坚持哈乃斐法学派观点的立场，遵照帝国法令，对沃格夫和孤儿的财产予以特别保护。有学者认为，民法典编纂委员会对这一条的修改使《奥斯曼民法典》陷入困境，导致奥斯曼时代擅自占地者的比例增加。海达尔指出，如果一个非法占有者占用了房子大约3

〔1〕 See Heba Abdel Halim Sewilam, *The Jurisprudential Problems of the Early Codification Movement in the Middle East: a Case Study of the Ottoman Mejelle and the* 1949 *Egyptian Civil Code*, University of California, 2011, p. 196.

年,那么根据《奥斯曼民法典》第 596 条,他不负责赔偿房屋的所有者,因为他们之间不是租赁关系。由于对民法典编纂委员会关于使用权赔偿的限制不满,海达尔指出沙斐仪法学派的观点适用于所有类型的使用权补偿。这将使《奥斯曼民法典》能够纠正哈乃斐法学派主张使用权赔偿限制所造成的不公正。[1] 实际上,民法典编纂委员会对沃格夫和未成年人财产的特别保护主要是基于当时帝国法令的要求,进而对传统哈乃斐法学进行改造。

另外,对沃格夫的财产和孤儿的财产的保护还体现在买卖合同和租赁合同中。一般而言,如果买卖合同存在重大失衡,但不存在欺诈行为的,受损失的一方当事人不得撤销买卖合同;然而,如果孤儿的财产买卖合同存在重大失衡,则相关买卖合同无效。并且,沃格夫的财产和国库的财产也应当以孤儿的财产论。对于无效租赁合同,无须因为使用租赁物而支付租金;但如果使用的是沃格夫的财产或者孤儿的财产,以及以孤儿论处的精神病人的财产,则必须支付同等租金。

其次,在某些侵权行为的归责中,民法典编纂委员会将帝国官方的法令作为侵权损害赔偿的前置条件。《奥斯曼民法典》第 927 条规定,未经官方许可,任何人不得在公共道路上摆摊设点从事买卖活动或者放置任何物品,否则,行为人必须承担由此造成的伤害或者损失的赔偿责任。如果当事人一方在公共道路上堆放了建筑工具或者石块,从而造成另一方的动物被绊倒并且毁损的,则行为人必须承担相应的损失赔偿责任。同样,如果当事人一方在公共道路上泼洒或倾倒了导致滑溜的物品,如油脂,从而造成动物滑倒并且毁损的,则行为人必须承担相应的损失赔偿责任。

根据《奥斯曼民法典》第 927 条的规定,没有经过帝国的法令和规定的许可,行为人在公共道路上放置物品致人损害的,行为人要承担赔偿责任。

---

〔1〕 See Heba Abdel Halim Sewilam, *The Jurisprudential Problems of the Early Codification Movement in the Middle East: a Case Study of the Ottoman Mejelle and the* 1949 *Egyptian Civil Code*, University of California, 2011, p. 197.

换言之,如果当事人经过帝国的法令或规定的许可而在公共道路上放置物品,则对于造成的他人损害不承担侵权赔偿责任。由此可见,《奥斯曼民法典》第 927 条的将帝国政府法令作为某些侵权赔偿的前置条件,实际上是对传统伊斯兰法的某种修改,在某种程度上承认了帝国法令的法律渊源地位。

最后,对于不动产的征收,其主要依据是帝国苏丹的法令。《奥斯曼民法典》第 1216 条规定,必要时,可依据苏丹的法令,以相应价值征收任何人的财产并且将其作为公共道路的一部分,但在价金尚未支付时,不得剥夺所有人的所有权。这一条说明,为了公共利益可以征收私人的土地,但是必须要得到苏丹的命令,即没有苏丹的命令,不得征收私人的土地。

三、抽象规则和具体案例结合

传统伊斯兰民法没有编纂的先例,民法典编纂委员会并没有采用《法国民法典》三编制的模式,而是按照传统菲格亥法学的体系将《奥斯曼民法典》编排为 16 编。《奥斯曼民法典》第一编之前的序言,包括 1 条伊斯兰法的含义和 99 条法律格言,类似于现代民法典的总则部分。由此可见,《奥斯曼民法典》采取了"提取公因式"的方法,将法律格言作为法律规则的抽象原则放在具体规则之前。因此,在编排模式上,该民法典既具有传统伊斯兰法学著作的特色,又具有对传统伊斯兰法的创新。

民法典是对市民社会生活的高度抽象,无论是《法国民法典》还是后来的《德国民法典》都是抽象规则的集合。不同于西方民法典,民法典编纂委员会对《奥斯曼民法典》的编纂采取的是抽象规则加具体案例的立法模式。笔者以合同、物权以及侵权方面的规定加以说明。

在合同法方面,《奥斯曼民法典》第 514 条规定了租赁导致选择权产生的瑕疵。该条指出,瑕疵是指造成所期望的收益完全丧失或者遭到破坏的某种原因。其后列举了 3 个例子对该内容加以说明。例一:由于房屋坍塌或水磨断水致使其完全失去了所期望的收益。例二:由于屋顶跌落或房屋某处塌陷给居住造成了危害,或者由于牲畜的背部受伤导致其无法载运物品等,这些瑕疵对租赁来说均为享有选择权的理由。至于未使收益遭到破坏的瑕疵,例如房间的部分石膏脱落,但并未导致寒气和雨水进入室内,以及牲畜的鬃毛和尾巴断裂,但并未破坏其载运物品的收益等,均非租赁享有选择权的理由。

根据保管合同的规定,如果在订立寄托合同时约定的条件是可执行且有益的,则将被视为有效,否则无效。其后以举例的方式说明该条规定。例一:如果以保管于保管人的住宅内为条件将某财产进行了寄托,但由于发生火灾而必须将其转至安全之地时,则该条件将被视为无效;如果该寄托物在此情况下被转至另一地方,且不是由于某种不当行为或者疏忽懈怠而灭失的,则保管人不应当承担损失赔偿责任。例二:如果寄托人向保管人做出指示,要求由保管人自己来保管寄托物,并且禁止后者将寄托物交付于后者的妻子,或儿女,或仆人,或某个通常保管其自己财产的人,但保管人在迫不得已的情况下将寄托物交付给了寄托人禁止交付的人,则此禁止将被视为无效;如果保管人在此情况下将寄托物交付给了此人,而且不是由于某种不当行为或者疏忽懈怠造成寄托物灭失的,则保管人不应当承担损失赔偿责任;但如果保管人并非被迫交付寄托物,则其必须承担损失赔偿责任。例三:如果寄托人要求将寄托物保管于保管人所有住宅的某个房间,而保管人却将其保管于另一房间,并且该房间就安全性能而言与所要求的房间相同,则所约定的条件将被视为无效,在这种情况下,如果寄托物灭失,则保管人同样不应当承担损失赔偿责任。但是,如果两个房间存在差异,如一个房间是由石块砌成的,而另一个房间则是由木材筑成的,则所约定的条件将被视为是有效的,因为该条件具有一定的安全效应。因此,保管人必须在约定的房间内保管寄托物。如果保管人放置寄托物的房间的安全性能比约定房间的安全性能低并且使寄托物遭到灭失的,则保管人将被视为保证人。

在物权法方面,物权法将所有物的合伙定义为某物品在一人以上的两人或数人之间共同所有，即某物品由于某种所有权的原因而专属于一人以上的两人或数人，例如购买、接受赠与、接受遗嘱、继承遗产或者混合财产等原因。财产的混合，是指各部分财产以不可区分的形式自动或被动地相互混合在一起。其后以列举的方式说明了混合的情形。例一：两人购买了（或者另一方向两人赠与了，或者两人接受了另一方遗嘱的，或者两人继承了）某一财产，则该财产属于这两人共同所有，这两人是该财产份额的共同所有人，并且每一方当事人都是另一方当事人的合伙人。例二：如果两人将各自的贮藏物混合在了一起，或者两人的贮藏物由于容器破裂而自动混合在了一起，从而成为混合的贮藏物，则该混合物是这两人共同所有的财产。

在侵权法方面，侵权法规定了间接毁损的规则：如果当事人一方间接毁损了另一方的财产或者导致另一方的财产贬值，即如果当事人一方的行为是导致另一方财产毁损或者价值降低的原因，则此人将被认定为赔偿相应损失的责任人。其后列举三种情形解释这条规则。例一：如果当事人一方抓住了另一方的衣服，而衣服上的某物品在双方拉扯的状态下掉落在地上或者被毁损，则抓握人将被认定为赔偿相应损失的责任人。例二：如果当事人一方在无正当理由的情况下切断了流向另一方的田地或者花园的水，致使其中的庄稼和种植物枯萎并且造成毁损的，或者如果当事人一方让水过多地溢出至另一方的田地或者花园，从而淹没庄稼或种植物并且造成了庄稼或种植物的毁损的，则堵塞人或者放水人将被认定为赔偿相应损失的责任人。例三：如果当事人一方打开了属于另一方所有的畜圈的门，致使其中的动物逃跑或者丢失的，或者如果当事人一方打开了属于另一方所有的鸟笼的门，导致笼中的鸟飞走的，则打开门的人将被认定为赔偿相应损失的责任人。

这种“抽象规则+具体案例”的立法模式遍及整部《奥斯曼民法典》。可以看出，《奥斯曼民法典》先规定一条法律规则，其后对这条规则通过举例的方式加以说明。在现代法学家看来，此举较为烦琐。但是实际上，这种在规则后面增加案例的立法模式对当时的帝国社会而言是适合的。帝国世俗法院的法官在裁判案件时,案例作为对具体规则的解释和说明,指引法官正确裁判案件。换言之,我们很难想象帝国的世俗法官很快就掌握抽象的法律规则并熟练运用。抽象规则后的具体案例不仅对法官裁判案件具有指引,而且对当事人也具有较好的普法意义。正如拿破仑要求《法国民法典》的内容妇孺皆懂,我们也可以看出《奥斯曼民法典》编纂委员会也有这种动机。

四、实体法和程序法共存

在现代民法理论视角下,程序法和实体法截然分离。实体法是涉及当事人权利义务的法律,程序法是保障这些实体的权利义务实现的法律。由此,现代法理论一般将民法和民事诉讼法分开立法。但是《奥斯曼民法典》编纂委员会将民法实体法和程序法放在了一起。这种立法模式保留了传统伊斯兰法著作的特色,但是也具有重大的突破。

《奥斯曼民法典》第 14 编规定了诉讼,第 15 编规定了证据与责成宣誓,第 16 编规定了司法。以上 3 编主要是程序方面的规定。该民法典程序方面的规定突破了传统伊斯兰法的规定。按照传统伊斯兰法的规定,卡迪作为法官享有对案件的审判权。韦伯指出,传统伊斯兰法是卡迪司法,沙里亚法院的卡迪与英美法系以及大陆法系的法官相比,具有更大的自由裁量权。韦伯认为,由于沙里亚法院没有层级组织以及上诉制度,卡迪的裁判较少受到外部机制的约束,因此具有非理性色彩。虽然卡迪的裁判较少受到外部机制的约束,但是卡迪受到宗教力量的约束。按照伊斯兰教教义,作为卡迪,他必须信仰虔诚、秉公执法,否则将在后世受到重大惩罚。艾布·哈尼法曾经拒绝出任卡迪,因为他深深担忧自己受到统治者的左右而无法公正裁判。一般而言,传统卡迪遇到疑难案件时,会通过法律创制(伊智提哈德)的方式来裁判案件。

《奥斯曼民法典》限制了卡迪享有较为充分的通过伊智提哈德进行裁判

的权利。《奥斯曼民法典》第 1801 条规定,司法受限于时间、地点,以及部分特殊事项的例外情况。例一:任命期限为一年的法官,只能在该年度内裁判,并且不得在该年度来临之前或届满之后裁判。例二:某司法辖区的法官,可以在该司法辖区内的任何地方裁判,但不得在其他司法辖区内裁判,而且被委任在特定法院进行裁判的法官,只能在该法院裁判,不得在其他法院裁判。例三:如果颁布的苏丹敕令要求法官不得受理某涉及公共利益事项的诉讼,则法官无权审理和裁判此诉讼,或者某一法院的法官被授权审理某些特定事项,则其只能审理和裁判得到授权的事项,不得审理和裁判除此之外的任何事项。例四:关于某一事项,如果颁布的苏丹敕令要求法官执行某创制法学家更利于人民、更符合时代利益的见解,则法官不得执行与此创制法学家相悖的其他创制法学家的见解;如果执行了,则其裁判不生效。

由此看出,根据《奥斯曼民法典》的规定,法官必须按照该民法典的规则进行裁判,这也意味着传统的卡迪司法在帝国的世俗法院受到进一步的限制。法官的裁判从卡迪司法的非理性逐渐向以《奥斯曼民法典》为审判依据的形式理性方向发展。这也是该民法典规定程序法的原因,即只有对传统程序法进行重构,才能实现《奥斯曼民法典》规定的具体权利和义务。

第四章

《奥斯曼民法典》的特色制度

民法典编纂委员会通过对传统伊斯兰法的重构，编纂出伊斯兰世界第一部民法典。这部民法典具有哪些特色制度？这些制度与现代民法制度有哪些相同之处或不同之处？我们在本章对《奥斯曼民法典》中最重要的物权、债权和侵权制度进行探讨，[1]一窥传统的伊斯兰民法制度。

第一节 伊斯兰特色的物权制度

《奥斯曼民法典》中的物权制度表现出浓厚的伊斯兰特色，尤其和债权制度相比，物权制度受到宗教和习俗的影响较大。该民法典中的物权制度表现出以下特色。

一、物的特殊规定

《奥斯曼民法典》对物的规定非常特殊。一方面，不同于现代欧陆法，《奥斯曼民法典》扩大了物的范围，例如将用益权作为物；另一方面，受伊斯兰教的影响，该民法典又限缩了物的范围。具体表现如下。

（一）物的外延扩展：将用益权作为物

传统伊斯兰法认为，万物的所有者是安拉。但在现实层面，伊斯兰法规定了诸多所有权。伊斯兰法不仅将传统意义上的物作为所有权的物，还将用益权作为所有权的物。其法理意义不在于强调物或用益权，而在于强调支配它们的法律权利或规则。换言之，伊斯兰法没有严格地将财产客体定义为有形事物，用益权构成物的单独的类别。从某种意义上说，用益权被视为一件东西。[2] 借贷合同被认为是无偿转让用益权的合同，租赁合同被认

[1] 需要说明的是，《奥斯曼民法典》并没有按照物权、债权、侵权等体例编排。本章从现代的视角对其特色内容从物权、债权、侵权方面加以讨论，方便读者的理解。

[2] See Joseph Schacht, *An Introduction to Islamic Law*, Oxford University Press, 1982, p. 134.

为是有偿转让用益权的合同。因此,伊斯兰法学家认为,所有权是属于某物本身或其用益权的法律利益,赋予其受益人根据其所拥有的财产从中获利或获得补偿的权利。按照这个观点,所有权适用于事物本身或其用益权。如果将所有权适用于事物本身,则所有权是完全绝对的权利,是对事物的占有、使用、收益、处分的权利;如果将其按照用益权定义,则排除了他人财产中存在的不动产权益,即各种地役权,例如通行权。

换言之,传统伊斯兰法将用益权视为独立的财产。《奥斯曼民法典》完全接受了此观点。该民法典第 125 条规定,所有物是指人类所拥有的物品,该物品既可以为实物,也可以为利益。这一点和现代民法的规定不同。现代民法将所有权和用益权分开讨论,所有权作为自物权,比作为他物权的用益权具有更广泛的权能。

(二)物的内涵限缩:排除"宗教之物"

《奥斯曼民法典》在某些情形下对物的定义要比现代民法典狭窄,具体体现在以下几个方面:

第一,《奥斯曼民法典》增加物的要素限制物的范围。传统伊斯兰法要求物必须要具备三个要素:(1)具有一定的价值;(2)是允许的利益;(3)占有。因此,伊斯兰法排除任何不具有价值的物,以及人类无法把控的物,即排除了诸如不适合占有的空气、阳光等物。该民法典第 127 条规定,具有价值的财产通常有两种,其一是指法律上允许从中获益并享受的物品;其二是指所获得的财产。例如,海里的鱼不被视为具有价值的财产,但通过捕捞获得后,其就成为了具有一定价值的财产。除了以上三个要素之外,哈乃斐法学家增加了物的第四个要素,[1]即能够持续保留。《奥斯曼民法典》采纳了哈乃斐法学派的观点,在第 126 条规定物具有能够持续保留的要素。按照这条规定,物是指人类本性所倾向且可储存至需求时间的包括动产和不动产

---

〔1〕 See Majid Khadduri & Herbert J. Liebesny, *Law in the Middle East*, Vol. I. Origin and development of Islamic law, Middle East Institute, 1955, p. 179.

在内的物品。由于服务不能保留,因此将服务排除在此定义之外。对此,沙斐仪法学派和罕百里法学派有不同的观点,他们坚持认为服务也可以作为物,因为服务能够体现出货币的价值。《奥斯曼民法典》以哈乃斐法学派的观点为依据,通过增加第四个要素,严格限缩了民法上物的范围。

根据传统伊斯兰法的规定,酒、猪肉、自死物等因《古兰经》的禁止而不能成为法律上的物,因为其完全不属于合法交易的东西,不能是财产的对象,对其买卖是无效的,例如一个自由的人或者没有被严格按照伊斯兰教义被屠杀的动物以及鲜血。[1] 但是《奥斯曼民法典》对此并没有直接加以规定,这说明该民法典在规定物的时候对于伊斯兰法禁忌的物采取回避的态度。

第二,通过列举式规定不可流通物来限制物的范围。对于物,伊斯兰法按照特殊的规则加以分类。符合法律交易的物被称为可流转物,但是与之相反的物,不是简单的不可流转物,而是分为以下几个类别:(1)完全不属于合法交易的东西。此类事物不能是财产的客体,并且对其买卖是无效的,例如一个自由人,或者没有按照伊斯兰教义被屠宰的动物以及鲜血。(2)实际上没有所有权的物。例如:①不受个人控制的事物或公共财产,前者如空气和水,后者如大河和公共道路。对于这些物,每个人都有权使用它们。②沃格夫。其被认为是安拉的财产。③诸如"空中飞鸟"等不为人知的东西,以及未被人实际占有的物,例如逃亡的奴隶。(3)没有单独所有权的事物。即①不存在或尚未独立存在的事物,如玉米中的面粉或乳房中的牛奶。②事物的构成部分,例如屋顶的横梁,但由于房子的顶层可以是单独的财产,因此不能一概而论;独立存在但是由于和别的物附合而属于另一物的物,例如,房屋的钥匙;除非另有相反规定,否则遵循从物随主物的原则的物。(4)有部分所有权的奴隶,例如被解放的奴隶。(5)在处分上受限制的物,包括

[1] See Joseph Schacht, *An Introduction to Islamic Law*, Oxford University Press, 1982, p. 134.

①圣物,如出售麦加的土,应受谴责;②酒、猪等被禁止的物品;③其他没有市场价值的东西,如出售的是有缺陷的商品。(6)没有实际享有的物,例如丢失、被侵占或被没收的物体。

第三,通过规避沃格夫地产来限制物的范围。传统伊斯兰法将不动产分为多种类型,其中最重要的类型是:享有绝对所有权的财产、国有土地、共同土地、荒地、沃格夫土地。[1]《奥斯曼民法典》没有按照传统伊斯兰法的规定,而是将不动产分为四类:享有绝对所有权的财产、国有土地、自留地、荒地。由此可以看出,该民法典没有规定沃格夫土地这一类型。实际上沃格夫土地在奥斯曼帝国广为存在。沃格夫土地被认为是安拉的财产。[2]安拉的财产,是指其所有人因宗教的目的永久地将财产的所有权冻结,并规定了特定的用途的财产。因此,此类财产不得买卖、赠与或被继承,其所有权不可剥夺。夏赫指出,在实践中,伊斯兰法土地使用权的条件常常与理论不同,并随地点和时间的不同而变化。[3] 该民法典没有对沃格夫土地这类重要的物进行规定主要是为了规避宗教法,为了适应不同宗教的人群。实际上,在制定《奥斯曼民法典》之前,帝国于1858年制定了土地法,此后沃格夫土地主要由土地法调整。

《奥斯曼民法典》通过限制物的范围和种类,力求符合伊斯兰法的传统,但是该民法典没有系统地对物进行分类。夏赫指出,伊斯兰法并未系统地提出物的分类,而是与几笔交易相联系地逐一讨论了其类别。[4]实际上,对物无法进行系统地分类,主要是因为在伊斯兰法中,相同的物在不同的法律关系中具有不同的法律效力。判断法律交易的无效和有效时,通常无法事先确定其效力,因为法律交易合同的效力会根据交易的性质的不同

---

[1] See Majid Khadduri & Herbert J. Liebesny, *Law in the Middle East*, Vol. I. Origin and development of Islamic law, Middle East Institute, 1955, p. 181.

[2] See Joseph Schacht, *An Introduction to Islamic Law*, Oxford University Press, 1982, p. 134.

[3] See Joseph Schacht, *An Introduction to Islamic Law*, Oxford University Press, 1982, p. 142.

[4] See Joseph Schacht, *An Introduction to Islamic Law*, Oxford University Press, 1982, p. 135.

而有所不同,进而导致法律交易的性质具有不确定性。某些物不能作为买卖、捐赠的对象,但可以被继承或遗赠,例如女奴未出生的孩子。因此,《奥斯曼民法典》对物无法像现代法典那样系统分类并确定准确的范围。

二、宽泛的所有权

《奥斯曼民法典》关于所有权的规定,比现代民法典规定得更宽泛,主要表现在以下方面。

(一)所有权的范围宽泛

《奥斯曼民法典》规定了比现代法更为宽泛的所有权:(1)个人的所有权无限纵向延伸。该民法典第 1194 条规定,绝对所有权不受限制地延伸到财产上方的空域和其下方的土地。任何人所有一块土地时,其也所有该土地的上、下部分,即一块土地的所有人能够通过建造自己所希望的建筑物来处分之,而且不仅可以把所建造的建筑物提高至任意高度,还可以挖掘这块土地并且建造贮藏室,甚至可以挖掘任意深度的井,以及进行除此之外的其他财产处分行为。(2)所有权还包括父权和夫权。所有权和占有的范围较为广泛。所有权不仅包括了用益权和在婚姻中的性交权,[1]还可以表示婚姻中丈夫或家庭中父亲的权威。

(二)所有权的取得方式宽泛

《奥斯曼民法典》关于所有权的取得方式规定得较为宽泛,主要有以下表现。

1.《奥斯曼民法典》的规定类似大陆法系所有权的取得方式

传统伊斯兰法所有权的取得有以下方式:(1)通过先占无主的财产取得所有权。这种情形下要看占有人的意图:如果有人搭网捕鸟,他就有取得鸟的所有权的意图;但是,如果他架起网来是为了晾干,那么任何人都可以从

---

[1] See Joseph Schacht, *An Introduction to Islamic Law*, Oxford University Press, 1982, p. 136.

他的网中拿走鸟。(2)土地所有人对于生长在土地上的树木取得所有权,河边的人对于水的冲积物取得所有权。这一规定这和罗马法的规定完全一致。(3)地矿的原始取得和宝藏的原始取得。这二者原始取得有一定的区别。地下的矿物属于土地所有者,只有土地是荒地没有所有者时,该矿物才属于发现者。宝藏属于发现宝藏的人,但是按照伊斯兰法的规定,在伊斯兰教诞生之前可以适用这条规则,因为源于伊斯兰时代的宝藏并非没有所有者,它们只是暂时失去了所有者,因此,发现者不会取得该宝藏的所有权。[1] 夏赫指出,宝藏的发现者不会取得所有权,其仅有权在财产没有任何所有人的情况下,对发现的物体进行慈善捐赠。(4)耕种荒地取得所有权。对于荒地,如果当事人一方经官方许可对某一片荒地进行了开垦和耕种,则其可以成为该土地的所有人;如果苏丹或者其代表仅以收益而非所有为条件许可当事人一方开垦土地,则当事人可以按照被许可的方式处分该土地,但其不被视为该土地的所有人。占有的土地用围栏标记,占有人有义务在3年内进行耕种,如果他在3年内不耕种,则其将失去占有。根据普遍的意见,在特殊情况下不需要苏丹的许可证,例如挖井和在荒地上种树。由此看出,除了荒地,个人可以通过劳动取得荒地的所有权,其他类型的土地所有权取得方式由法律规定。

《奥斯曼民法典》借鉴了哈乃斐法学派的观点,在第1248条规定了三种所有权的取得方式:第一,所有物从一方所有人转移至另一方所有人,例如买卖和赠与;第二,一方继承了另一方的所有物,例如遗产的继承;第三,获得无主的准许物。第三种方式要么是当事人实际取得了准许物,要么只是法律意义上的所有,例如为收集雨水而设置器皿或者为捕猎而布网。第三种方式实际上是通过先占取得物的所有权,按照伊斯兰法的规定,先占的条件是:(1)占有;(2)占有人有取得该物所有权的意思;(3)占有的物品必须

[1] See Joseph Schacht, *An Introduction to Islamic Law*, Oxford University Press, 1982, p. 137.

是无主的;(4)占有不会对他人或公众造成损害。

除了以上三种取得所有权的方式外,《奥斯曼民法典》还规定了因财产的混同而取得所有权的情形。根据该民法典的规定,财产的混同分为以下两类:一类是通过法律行为导致的混同,例如通过买卖、赠与、遗嘱、继承遗产等行为导致的混同。此类混同主要表现为:例一,两人共同购买、继承某一财产,或者对某一财产共同接受赠与,则该财产属于两人共同所有;例二,如果两人将各自的贮藏物混合在一起,或者两人的贮藏物由于容器破裂而自动混合在一起,从而成为混合的贮藏物,则该混合物是两人共同所有的财产。另一类因自然事实导致的混同。此类混同主要表现为:例一,如果位于山上的花园由于山体塌方而跌落在了其下面的花园上,导致下面的花园受损,则土地价值较大的所有人必须赔偿土地价值较小的所有人的损失,并且将成为价值较小土地的所有人。例二,如果一颗价值 50 库鲁什的珍珠从当事人一方手中跌落,并且被一只价值 5 库鲁什的母鸡吞下,则这颗珍珠的所有人应当向母鸡的所有人支付 5 库鲁什并且取得这只母鸡的所有权。

2. 特殊的所有权取得规则:侵占取得所有权

《奥斯曼民法典》关于所有权的取得方式的规定和罗马法以及现代法的规定几乎一致,但是该民法典还规定了较为特殊的侵占取得所有权。在现代法中,侵占人通过侵占行为不会取得被侵占物的所有权。伊斯兰法对于所有权的取得的规定,不是从财产的角度来考虑的,而是从侵占和处分的角度来考虑的。伊斯兰法律强调确定所涉责任的种类和范围。因此,所有人通常可以选择索赔或要求对方进行简单的赔偿,以减少其损失。伊斯兰法对于相同物种的混同存在不同的观点,即如果发生这种情况而没有侵占者的行为,则会创建与两个份额成比例的共同所有权。被侵占的物如果主要用途发生变化,那么规范会在被侵占的客体中创建。[1] 如果侵占人无法返

---

〔1〕 See Joseph Schacht, *An Introduction to Islamic Law*, Oxford University Press, 1982, p. 137.

还原物,则其可以通过支付对价取得该物的所有权,并且该侵占人从侵占之时就获得了该物的所有权;但侵占人获得被侵占物的所有权后,该物的原所有人仍可以在某些情况下主张其所有权,即出现被侵占的物再次返还的情形。被侵占物的所有人有两种选择:一是要求侵权人赔偿原物的损失,二是要求侵占人返还原物。如果被侵占的物的价值增加,所有人享受增值部分的价值;如果被侵占的物的价值减少,则侵占人需承担赔偿责任。

行为人通过交付和占有不一定取得物的所有权,因为伊斯兰法缺乏充分的所有权转让意图的规定。在不占有的情况下创造所有权的各种情形中最重要的是遗产继承。有时,合同本身也被认为具有授予物权的权利,对此伊斯兰法没有明确进行区分。[1]

三、占有的特殊规则:通过证据程序解决占有争议

传统伊斯兰法学家非常重视占有。占有具有非常重要的实践意义。对于存在争议的不动产,主张权利人必须通过证据证明占有权,并且法院不得仅以当事人双方的彼此确认作出裁定,即在原告诉讼时,法院不能仅以被告追认其是占有人而作出裁定。《奥斯曼民法典》对占有争议的解决按照以下方式处理:

(一)一般原则:非占有人的证据优先

《奥斯曼民法典》规定了解决占有争议的一般原则,如果对占有产生争议,非占有人的证据被优先考虑。因为占有是享有所有权的外在标志,除非有相反证据证明占有人并非所有人。《奥斯曼民法典》的法律格言也对此予以承认。该民法典第 4 条规定,确定状态不因疑惑而消失。第 5 条指出,事物原则上维持其原始状态。因此,一般情况下,法律认定占有人即所有人。第 10 条是对这一原则的细致性规定,即在过去某一时间已得到证明的事

---

[1] See Joseph Schacht, *An Introduction to Islamic Law*, Oxford University Press, 1982, p. 138.

项,应依其持续性给予裁判,除非有相反证据证明。因此,如果某物品在过去某时间被证明是某人所有的财产,则应当裁定该所有权的存续性,除非有证据证明某人并非所有人。第 1757 条规定,在对未说明时间的绝对所有权的诉讼中,非占有人的证据是优先的。例如,若当事人一方就另一方所占有的住宅提起了诉讼说:"它是我的所有物,而此人是在无任何权利的情况下占有了它,我现在请求将之交付于我。"而占有人说:"这所住宅是我的所有物,并且我是以某一权利所有的。"则非占有人的证据是优先的,并且应当予以受理。对于因可重复原因而受限的所有权的诉讼,并且其中未标明时间的,如关于购买物的所有权的诉讼,由于其当以绝对所有权的诉讼而论,所以非占有人的证据也优先于占有人的证据。如果当事人双方声称自己是通过不同的人获取的所有权,则非占有人的证据具有优先性。例如,若当事人一方就另一方占有的店铺提起了诉讼说:"该店铺是我的所有物。我是向宰德购买的,并且由于这种原因,它成为了我的所有物。此人是在无任何权利的情况下占有了它。"而占有人说,"该店铺是我向伯克尔购买的"或"它是我从我父亲那里继承的,并且我是以这种原因所有它的",则非占有人的证据优先。

(二)几种例外情形

但同时,伊斯兰法也保护占有人的利益,以免造成不公正的裁判。一是对于原因不能重复的有限所有权的诉讼,如关于产出物的所有权的诉讼,占有人的证据优先。例如,若非占有人和占有人对于某一马驹的所有权产生了纠纷,每一方都声称该马驹是自己的财产,并且是由其所有的母马所产,则占有人的证据优先。二是对于标明时间的所有权的诉讼,获得所有权的时间在先的一方的证据优先。例如,若当事人一方就另一方占有的某块土地提起了诉讼说,"该土地是我在此时间 1 年前向某人购买的",而占有人说,"该土地是我在此时间 5 年前从我父亲那里继承",则占有人的证据优先。同样,如果诉讼当事人双方均声称彼此是向不同的人购买了该诉讼标的物,并且都各自说明了其出卖人使其获得所有权的时间,则获得所有权的时间在先的一方的证据应当优先于另一方。三是出售的证据优先于赠与、抵押和租赁的证据,并且租赁的证据优先于抵押的证据。例如,当事人一方对另一方提起了诉讼说,“我曾经把某财产出售给了你,你得将其价金交付于我”,而被告说,“你是当时是向我赠与该财产并将之交付于我的”,则出售的证据应当优先。

对于占有的争议,亦可以通过宣誓解决。如果诉讼当事人任何一方都未证实自己是占有人,则应当以其提出的请求责成每一方就另一方不是财产的占有人进行宣誓。若双方均拒绝宣誓,则应当认定双方共同占有该财产。如果当事人一方拒绝了宣誓,而另一方进行了宣誓,则宣誓的一方将被认定为该财产的独立占有人,拒绝宣誓的一方将被认定为非占有人。如果当事人双方均进行了宣誓,则不应当对任何一方作出是占有人的裁定,而是应当将作为诉讼标的物的财产进行查封,直至事实真相出现。

夏赫指出,因占有发生争议,如果占有权本身有争议,则以因果关系方式决定所有权,因为“穿衣服的人胜过握袖的人”。证据法的特殊规则导致占有人处于不利地位。如果占有人和主张权利的人都出示相同类型的所有权证明,则在某些条件下会优先考虑“主张权利的人”的证据,因为他是索赔人,需承担举证责任,即他的证据得到了事先的要求。[1]

就此,如果非占有人的证据不足以证明其所主张的权利,法律还是保护占有人的利益。对于占有人利益的保护,在罗马法中,大法官通过颁布占有令状保护占有人的利益。因为占有是所有权的基础,凡某人占有某物,一般即可推定其为该物的所有人或者其他合法的权利人。在伊斯兰法中,首先,通过法律格言保护占有人的权利;其次,对于占有之争中的举证困境,伊斯兰法赋予了非占有人证据优先的效力,从而摆脱了占有争议中的举证困境。

---

〔1〕 See Joseph Schacht, *An Introduction to Islamic Law*, Oxford University Press, 1982, p. 139.

四、优先购买权的法定主义和对世效力

优先购买权,是指特定人依据法律规定或约定而享有的在出卖人将标的出卖给第三人时,以同等条件优先于他人而购买的权利。由于种种原因,共有关系在社会中的大量存在确有合理且必要之处,法律不能视而不见。故为解决此问题,法律设立了共有人优先购买权制度,即在某一共有人欲出售其份额于第三人时,其他共有人具有在同等条件下优先购买该份额的权利。伊斯兰法允许共有人行使优先购买权,旨在避免不必要的纠纷。沙斐仪说,如果不允许共有人行使优先购买权,则会发生不必要的纠纷,因为纠纷往往发生在分割给予共有人优先购买权的不动产的时候。《奥斯曼民法典》规定的优先购买权具有两大特色:一是法定主义,二是对世效力。

(一)优先购买权的法定主义

民法理论按照优先购买权产生的原因不同,将优先购买权划分为法定优先购买权和意定优先购买权。所谓法定优先购买权,是指由法律明文规定,仅特定法律关系中的特定人就出卖人出卖的标的物享有先买权。意定优先购买权是当事人合意的产物。《奥斯曼民法典》仅规定了法定优先购买权,排除了意定优先购买权。该民法典对法定优先购买权体的规定主要包括以下几点:

一是构成要件:(1)先买物必须是具有绝对所有权的不动产。因此,对于船舶以及其他所有动产、沃格夫土地和官地而言,均不适用优先购买权。(2)先买物的媒介必须具有绝对的所有权。如果某一具有绝对所有权的不动产出售,则与之相邻的沃格夫土地的管理人或者处分人不应被视为优先购买权人。(3)优先购买权只能通过有效的绝卖合同来确定。

《奥斯曼民法典》同时规定了不属于优先购买权的情形:(1)位于沃格夫土地和官地之上的树木和建筑物,当以不适用优先购买权的动产而论。(2)如果一块具有绝对所有权的土地连同位于其上的树木和建筑物一起出

售,则对于附着于该土地的树木和建筑物应适用优先购买权。如果只是单独出售位于该土地之上的树木和建筑物,则不适用优先购买权。(3)在无任何补偿的情况下所有权属于另一方的不动产,不适用优先购买权。例如,不以补偿为条件,继承、遗赠而使另一方当事人所有不动产的,不适用优先购买权。(4)交换物必须是数额明确的财产,因此,以非财产为交换物而所有的不动产,不适用优先购买权。例如,以浴室租金为交换物而所有的住宅,不适用优先购买权,因为该住宅的交换物并非财产,而是权益的租金。同样,以婚约聘金为交换物而所有的不动产,也不适用优先购买权。(5)分割的不动产,不适用优先购买权。

二是优先购买权人。优先购买权归属规则如下:第一顺位是同一出售物的共同所有人,第二顺位是出售物的权益共同享有人,第三顺位是毗邻的邻居。当处于第一顺位的人请求优先购买权时,其他顺位的人将不再享有优先购买权;当处于第二顺位的人请求优先购买权时,处于第三顺位的人将不再享有优先购买权。

三是行使方式。对于优先购买权而言,三项请求是必须的:即时的请求,确认与见证的请求以及诉讼与所有的请求。具体而言,优先购买权按照以下方式行使:(1)优先购买权人提出请求。优先购买权人在合同订立场所听到相关买卖合同订立时,应当立即说出任何可证明其请求优先购买权的话语。(2)优先购买权人确认请求。优先购买权人在提出即时的请求之后,应当确认请求,并且在不动产出售的现场在两人的见证下说“我确认某人的确已经购买了该不动产”,或者对买受人面前说“我听说你已经购买了该不动产”,或者若该不动产是由出卖人占有,优先购买权人应在其面前说“我听到你已将该不动产出售给了某人,而我享有以所售的价格优先购买该不动产的权利,并且我已经提出了优先购买权的请求,现在我再次请求该权利,请两位见证人见证”。(3)优先购买权人提出诉讼请求。在确认和见证请求之后,优先购买权人必须在法官出席的情况下提出所有的请求和提起诉讼。

四是消灭情形:(1)如果优先购买权人以证明回避的状况而未即时提出请求,如优先购买权人在合同订立场所知道买卖合同时并未提出优先购买权的请求,或者忙于其他事务,或者谈论其他议题,或者在未提出优先购买权的请求之前就起身离开了该场所,则其优先购买权消灭。(2)如果优先购买权人在某期限内,哪怕是以邮寄书信的方式,可以提出确认与见证请求的,但却予以延缓,则其优先购买权消灭。(3)如果优先购买权人在提出确认和见证请求后1个月内,在无任何合法理由(如身处他国)的情况下,延缓了诉讼的请求,则其优先购买权消灭。(4)如果优先购买权人根据所解释的方式在提出即时与确认的请求提出之后,在所有先买物之前出售了先买物的媒介,则其优先购买权消灭。

(二)优先购买权的对世效力

优先购买权的法律效力对优先购买权的行使及第三人的保护具有重要意义。立法、学说和实务对此一向有不同见解。物权性效力说认为,优先购买权具有物权的对世效力,其行使可以对抗任何人,即使出卖人已将标的物让给他人且办理完毕权利转移手续,该行为对优先购买权人仍不产生效力,优先购买权人仍可主张出卖人和第三人之间的行为无效,并请求第三人将标的物移转给自己。债权性效力说则主张,优先购买权仅具有债的效力,其行使结果不过是优先购买权人和出卖人成立了买卖关系,不应因此影响出卖人与第三人之间已订立的买卖合同的效力。《奥斯曼民法典》对于优先购买权的法律效力没有采取债权性效力说,而是倾向于将优先购买权作为对世权的物权加以规定:

(1)优先购买权人通过与买受人达成协议或者依据法官作出的裁定以先买物的交付成为所有人。(2)通过行使优先购买权所有不动产相当于首次购买。因此,通过首次购买而确定的法律效力,如查看选择权和瑕疵选择权,也同样适用于行使优先购买权而获得的不动产。(3)如果优先购买权人提出即时和确认的请求之后，在通过与买受人达成协议或者依据法官作出的裁定以先买物的交付成为所有人之前死亡，则优先购买权将不会转移至其继承人。(4)如果在优先购买权人根据所解释的方式所有先买物之前，另一与先买物毗邻享有绝对所有权的不动产出售，则该优先购买权人不被视为该第二不动产的优先购买权人。(5)优先购买权不可分割。因此，优先购买权人无权获取先买物的某一部分而放弃其余部分。(6)优先购买权人不得将各自的份额相互赠与，如果其中任何一人为之，则其优先购买权消灭。(7)如果优先购买权人之一在法官裁定之前消灭了自己的权利，则其他优先购买权人可以获取作为先买物的整个不动产；如果优先购买权人之一是在法官裁定之后消灭了自己的权利，则其他优先购买权人无权获取此人的权利。

《奥斯曼民法典》中的优先购买权，类似于罗马法中不动产共有人对不动产的处分。实际上，该民法典中优先购买权人的权利比罗马法以及现代民法中优先购买权人的权利更广泛。该民法典之所以规定优先购买权的法定主义，主要基于简化法律关系、稳定社会秩序、便于物尽其用的原因，同时兼有保护社会弱者的考虑。另外，该民法典规定优先购买权的对世效力的原因是，伊斯兰法旨在防止人们之间发生纠纷，赋予优先购买权人绝对的权利，能够保护共有关系人的利益。

第二节　宗教禁令下的债权制度

《奥斯曼民法典》用很大篇幅规定了债法的内容。不同于其他法系的债法制度，该民法典的债法制度受到伊斯兰教的宗教禁令和伦理道德的影响较大。本书尝试对该民法典债法中的特色制度进行描述，从而使我们更深入地了解伊斯兰债法制度。

一、合同标的物的确定性

传统伊斯兰法禁止人们从事投机性的活动,因此任何不确定的合同都被禁止。传统伊斯兰法规定,合同的标的必须满足以下四个属性要求:一是标的物必须能够交付;二是标的物必须明确,并应由合同当事人充分了解;三是标的物必须存在;四是标的物必须是法律允许的物。《奥斯曼民法典》对于合同中标的物的规定完全遵循传统伊斯兰法的规定。

一是标的物必须能够交付。传统伊斯兰法规定,合同中交易的物必须是确定存在并且能够交付的,交易客观上不能交付的东西的,该交易无效。伊本·麦赛吴德说,你们不要卖河中的鱼,因为它是一种诈术。例如买卖海底打捞的东西时,潜海打捞为生者对顾主说,"我这次潜水打捞的东西以若干价格卖给你,或买卖牲畜肚中的羔,或买卖习惯上不归巢的飞禽"。哈乃斐法学派主张,除蜜蜂外,所有能归巢的飞禽都可以交易,因为可以抓获它,能确定交付。《奥斯曼民法典》第198条规定,出售物必须能够交付。第209条规定,买卖不能交付的物品的,买卖无效。例如,买卖一条在海上已沉没而又无法打捞的船只,或者买卖不能被捕获和交付的失控动物等的,此类买卖均无效。

二是标的物必须明确,并应由合同当事人充分了解。《奥斯曼民法典》规定,出售物必须为买受人所了解。关于客体必须明确的要求,该民法典中作了具体规定,分为以下几种情形:

(1)买卖合同中的价金必须确定。第238条规定,价金必须是已知的。(2)租赁合同中的租赁物必须确定。第449条规定,租赁物必须得到指定。因此,未经确定或者区分,两间商铺之一的租赁行为无效。第450条规定,租金必须确定。第451条规定,收益必须确定,且其在租赁合同中必须以避免争议的方式得到明确。(3)担保合同中的被担保人必须确定。第630条规定,如果担保标的是某个人,则要求该被担保人必须是明确的。但也有例外情形,如担保标的是某财产时,则不要求被担保人必须是明确的。因此,如果当事人一方说“我对于某人就某人的债务是担保人”,尽管债务的数额不明确,但该担保有效。(4)债务转移中转移的标的物必须明确。第688条规定,对于任何担保有效的债务,其转移也同样有效,但该债务必须是明确的。因此,任何未知债务的转移合同均无效。(5)借用合同中的出借物必须明确。第811条规定,出借物必须是明确的。如果当事人一方在没有明确和提供选择的情况下出借了两头牲畜之一,则其出借行为无效,因此,出借人必须明确所要出借的牲畜;但如果出借人让借用人选择说“你任选两者之一来作为出借物”,则该出借合同有效。(6)赠与合同中的赠与物必须明确。第858条规定,赠与物必须是明确的、指定的。因此,如果赠与人以不确定的方式说“我把我财产中的物品赠与了”,或者说“我把这两匹马之一赠与了”,则该赠与合同无效。如果当事人一方对另一方说“你可以从这两匹马中选择你想要的一匹马”,并且受赠人在赠与现场指定了其中的一匹马,则该赠与合同有效,但其在离开赠与现场之后的指定无效。(7)诉讼和解中诉讼标的必须明确。第1547条规定,如果和解代金和和解标的物是需要进行受领和交付的,则其必须是明确的,否则“明确”并非要件。例如,若当事人一方就另一方占有的住宅提起了请求某权利的诉讼,而后者又就前者占有的花园提起了请求某权利的诉讼,并且双方在未明确指定各自诉讼标的物的情况下以共同放弃各自的诉讼达成了和解,则该和解有效。同样,若当事人一方就另一方占有的住宅提起了请求某权利的诉讼,并且后者为了让前者放弃诉讼而以明确的代金与其达成了和解,则该和解有效。但是,如果双方和解的条件是原告向被告给付某代金,而被告将其权利交付于原告,则该和解无效。

三是标的物必须存在。伊斯兰法规定标的物必须存在,但是对于未来交付标的物的或者制造某种产品的特殊合同如何处理呢?《奥斯曼民法典》第207条规定,对于相继显露的物品,即并非在同一时间一起显露而是接连显露的物品，如水果、鲜花、叶子、蔬菜等，如果其中部分已经显露，则对将要显露的相关部分，连同已经显露的部分一起进行交易的买卖是有效的。这个观点采纳了哈乃斐法学家穆罕默德·本·哈桑·舍依巴尼的观点。民法典编纂报告指出，出售蔬菜、水果的合同在其部分果实已经显现，而其他部分还未显现的情况下，合法有效，因为其果实不可能同时显现，而是陆续显示并且逐渐减少的。所以在对所有其已显露的和未显现的果实进行销售时，人们惯例上一次性进行交易。因此，法学家穆罕默德·本·哈桑·舍依巴尼根据优选法认为这种销售合法有效，并且主张应该把此类中已存在的物品作为根本，把不存在的物品视为其附属。伊玛目法祖里、舍目素勒·艾因迈·艾勒、哈利瓦尼和艾布·白克尔·本·法祖里依据穆罕默德·本·哈桑·舍依巴尼的观点作出了法塔瓦(法律问题决疑和具体规定)，这是由于无法使人们摆脱其习以为常的惯例，而且尽可能使其合法地进行交易，要比使其交易归属于非法无效更具优先性，所以在此问题上，穆罕默德·本·哈桑·舍依巴尼的见解得到了优先适用，并且被纳入《奥斯曼民法典》的第207条。[1]

标的物必须存在并不意味着标的物必须要在现场。伊斯兰法允许出售不在现场的商品，但必须对对方说明商品的质量。如果商品质量与说明相符，则交易有效；若不相符，则买受人有权决定成交或不成交。在这种情况下，买卖双方都有否决权。伊本·欧玛传述："我给穆民的长官奥斯曼出售某山谷中的东西，他给了我他在海白尔的那份财产。"艾布胡勒传述，圣训说："谁未见货交易，见货后有自由权。"即未见货交易的买受人见货后有撤销合同的权利。但是，伊斯兰法禁止订立以未到期的未来遗产为标的的合同，因为继承权仅在遗嘱人死亡后才有效。

四是标的物必须是法律允许的物。传统伊斯兰法规定，伊斯兰法不允

〔1〕《奥斯曼帝国民法典》，王永宝译，商务印书馆2018年版，第11页。

许的物不能作为买卖的标的。但是《奥斯曼民法典》对此没有列举式的规定。对于伊斯兰法禁止的酒和其他物,该民法典采取回避的态度。

为什么传统伊斯兰法要规定合同标的物的确定性?因为标的物不确定的合同往往带有赌博的色彩。古代阿拉伯人热衷于各种赌博,后来《古兰经》禁止了这种行为。带有赌博性质的交易也被伊斯兰法所禁止。伊斯兰教诞生之前的时代出现的带有赌博性质的交易有以下几种:(1)投石交易,即人们出售土地难以确定面积时,他们便通过投掷石块来确定面积,石块落在哪里,哪里便是计算被出售的土地的面积的界线,或者出售不确定的货物时,他们便投掷石块,石块落到哪件货物上,哪件货物便是出售的货物。(2)潜水打捞交易,即人们通过潜水打捞做交易,买主与潜水员协议,让潜水员下水打捞,无论捞到东西与否,买主均给他付款,潜水员把打捞的东西交给买主,即使所捞的东西的价值超过所付款的若干倍。(3)出售家畜的胎羔或奶,即出售家畜未产的胎羔,或出售家畜乳房中未挤的奶。(4)手摸交易,即买主摸卖方的布匹或货物,不知其好坏,一摸就成交,不管双方情愿与否。(5)投掷的交易,即交易双方互投自己的货物,一掷便算成交,不管双方满意与否。(6)以黄换青的交易,即以陈麦换青麦。(7)以青换黄的交易,即以青枣换干枣。(8)出售未熟的果实。(9)出售活羊身上未剪的毛。(10)出售奶中未提炼出的奶油。(11)出售牲畜未出生的胎仔。

以上类似于现代法上的射幸合同被伊斯兰法所禁止,其主要原因如下:一是如上所说,这些交易具有极大的不确定性,因此予以禁止;二是因为不确定的物、不存在的物是无法估价、无法交易的,一旦允许交易,会增加人们发生纠纷的概率,因此法律禁止对这些物进行交易。实际上,伊斯兰法的目的不仅是解决纠纷,还包括通过法律引导人们规范交易,减少因交易而发生的纠纷。这和现代法律有一定区别。这是伊斯兰法对合同的交易规定得如此细致的原因。夏赫指出,禁止射幸合同的情况只有两个例外:一是出于对外战争的目的,支持对赛马获胜者的奖励;二是对伊斯兰法律知识比赛中获胜者的奖励。[1]

二、债法相关理论的缺失

伊斯兰法没有发展出债和合同的相关理论,伊斯兰法学家在制定伊斯兰教法规则时所采用的方法总体上是归纳法。他们研究了提交给他们的问题或作为实际问题提出的假设问题,并根据这些构造的一般原则进行研究。因此,尽管可以从他们的著作中对一般理论进行抽象和分类,但他们并没有从一般理论的角度探讨债法和合同。

(一)债发生的原因:法律处分

伊斯兰法没有抽象出债发生的原因理论,但是伊斯兰法学家以"法律处分"为标题讨论了债的来源。他们认为处分包括引起义务和法律后果的行为,包括行动上的财产处分和口头上的财产处分。《奥斯曼民法典》第1007条规定,严重性胁迫对口头上的财产处分有效,同样也对行动上的财产处分有效。至于轻微性胁迫,则只对口头上的财产处分有效,对行动上的财产处分无效。因此,如果当事人一方对另一方说"你去毁损某人的财产,否则,我就杀了你(或者我就打断你的肢体)",而且后者毁损了此人的财产,则该胁迫将被认定是有效的,并且只由胁迫人承担损失赔偿责任。如果当事人一方对另一方说"你去毁损某人的财产,否则,我就打你(或者我就监禁你)",并且后者毁损了此人的财产,则该胁迫将被视为无效,并且只由毁损人承担损失赔偿责任,因为这种情况通常是可以忍受的。

实际上,罗马法学家也没有得出关于债发生的原因的一般理论。罗马法中,债发生的原因可以分为合法行为与违法行为,前者包括契约和准契约,后者包括私犯和准私犯。到了后世,学者才将债发生的原因归为契约、侵权、无因管理、不当得利、缔约过失等。

---

[1] See Joseph Schacht, *An Introduction to Islamic Law*, Oxford University Press, 1982, p. 147.

(二)"缺失"的不当得利制度

《奥斯曼民法典》虽然没有规定有些现代法律制度,但实际上在条文中有类似的具体体现,例如不当得利。传统伊斯兰法规定,在没有许可或托管的情况下买卖他人的财产是非法的,因此可以得出结论:任何人不得在没有合法理由的情况下取得他人的财产。这一原则源于《古兰经》中不要非法占有对方财产的规定。《奥斯曼民法典》第97条重申了这一原则:无合法理由,任何人均不得获取他人的财产。在此基础上,法学家制定了以下原则:无论是出于纠错的目的,或者出于禁止的目的,还是出于未履行的目的,支付给收款人的无偿款项应归还给付款人。他们同时制定了价值原则,即赔偿必须与要求赔偿的行为或事物相称,适用于先前的合同不存在、已到期、已失效,以及因财产的合并和混同而获得收益的情况。

这一规定是现代民法中的不当得利制度。现代民法中的不当得利指的是没有根据或法律规定而取得利益,对他人造成了损失。尽管伊斯兰法学家承认取得利益的人在上述诸如此类非法所得的情况下存在义务,但并未像现代法学家那样发展出基于不当得利的一般义务原则。[1] 伊斯兰法的一项普遍原则是,基于《古兰经》中的许多段落,禁止不当得利或"在没有给价值的情况下获得货币利益",并且接受该利益的人必须将其赠予穷人。伊斯兰法亦禁止以更高的价格转售已购买的物品,这和现代交易制度相冲突。

实际上,罗马法也没有发展出不当得利的概念。[2] 《十二表法》第7表第10条规定,如果实落在邻人的土地上,果树的所有人有权将其取回。最初由于生产力低下,这一准则的适用范围非常狭窄,人们一般只是尊重所有权和信守经过庄严仪式缔结的契约,并无正式诉权来保护受损失的一方。后

---

〔1〕 See Majid Khadduri & Herbert J. Liebesny, *Law in the Middle East*, Vol. I. Origin and development of Islamic law, Middle East Institute, 1955, p. 188.

〔2〕 参见周枏:《罗马法原论》(下册),商务印书馆1994年版,第829页。

来大法官允许丢失东西的人提起“请求返还诉”,以索回原物。共和国末叶,随着商品经济的发展,民事关系的日渐增多和复杂,对于有些既无合法契约关系,又非因私犯而产生的义务,如果不加处理,则显违公平原则。因此,该准则又发展为“任何人不得损人利己”的原则,扩大了适用的范围,不局限于收回金钱和特定物,且行为人可索回所支出的费用。公平原则终于战胜了严格的市民法。但法律仅针对实践中出现的每个损人利己的情形规定了具体的诉权,以资保护。到优帝一世编纂法典时,虽又作了补充规定,但仍没有形成统一的制度,适用同一的诉权。

由此可以看出,伊斯兰法和罗马法都没有发展出不当得利的一般理论,但是对此又作出了具体的规定。在伊斯兰法中,不当得利和风险都出于道德理由而被禁止,这一禁令遍及整个伊斯兰法律。[1]

三、合同自由受到限制

伊斯兰法不承认合同自由,合同自由与合法交易的道德控制不协调。[2]《奥斯曼民法典》中的合同自由受到一定的限制,但是其并非严格限制当事人的意思自由。实际上,我们会发现《奥斯曼民法典》的很多内容和现代民法典完全相同。其主要有以下表现:首先,《奥斯曼民法典》规定了合同的两要素,即要约和承诺。伊斯兰法规定,只要双方表示同意即可以签订合同,而无须采用任何特定形式。因此,没有关于特殊措辞或其他形式的条件。合同的签订注重当事人的内心意思,而非外在的形式。《奥斯曼民法典》第 3 条规定,在合同中,思虑应针对意图和含义,而非字面和形式。但是有两种契约是例外,一是婚姻合同,必须要有证人在场证明,二是捐出沃格夫,必须要当事人在现场声明同意捐赠。[3]沉默通常不被视为承诺,除非在

---

〔1〕 See Joseph Schacht, *An Introduction to Islamic Law*, Oxford University Press, 1982, p. 144.

〔2〕 See Joseph Schacht, *An Introduction to Islamic Law*, Oxford University Press, 1982, p. 144.

〔3〕 See Majid Khadduri & Herbert J. Liebesny, *Law in the Middle East*, Vol. I. Origin and development of Islamic law, Middle East Institute, 1955, p. 192.

承诺人被要求明确表明其立场的情况下，他的沉默被视为他必须声明的默示表达。约定的沉默体现了"没有人对保持沉默的人作出任何表述，而保持沉默就等于在必要时发表声明"的原则。该民法典第 67 条规定，言辞不归结于沉默者，但必要时沉默等于声明。即不能说"沉默者说过这样的话"，但必要时沉默将会被视为一种必须予以言辞的追认和声明。

其次，《奥斯曼民法典》规定合意为合同的生效要件。合同生效的条件是：(1)缔约方的同意；(2)当事人的法律权限；(3)主题；(4)考虑；(5)在某些情况下的特殊形式。合意是缔约双方订立合同的必要条件，意味着要约与承诺达成一致。要约和承诺可以通过口头言语、书面形式或行为表示来作出。如果要约和承诺是通过代理人发出的，则合同被视为已在承诺的地点和时间成立。《奥斯曼民法典》注重当事人的意思表示，而不仅仅是看外在的形式，这和古代罗马法不同。古代罗马法注重外在形式，而忽略当事人的内心意思。

但是和现代民法典相比，《奥斯曼民法典》在一定程度上限制了当事人的意思自由。其主要表现在以下方面：

第一，合同双方如果出现合意的瑕疵，合同就直接无效。《奥斯曼民法典》具体规定了以下几种合意瑕疵的情形：(1)无知或错误涉及合同标的物的性质或其基本属性，则构成合意的障碍，属于合同无效的原因。(2)一方欺骗性的虚假陈述影响另一方承诺订立合同，构成合意的障碍。如果虚假陈述是通过某种行为来完成的，例如有人将旧衣服染色并声称是新衣服，那么大多数法学家都认为这是合意的障碍。如果虚假陈述仅是口头上的陈述，则除非双方之间的义务存在不适当的失调，否则它不会被视为使合同无效的原因。(3)根据哈乃斐法学和沙斐仪法学的观点，合同的失衡是指扣减商品的 1/20、动物的 1/10、不动产的 1/5 的数量。只有在合同失衡并伴有欺诈的情况下才构成合同无效。在涉及沃格夫财产、孤儿的财产和公共财政的财产时，没有上述失衡比例也可以解除合同。但是，马力克法学派和罕百里法学派认为,如果比例过大且受害人没有经验,则存在使买卖合同无效的原因。实际上,这一观点同后来的《德国民法典》第 138 条、瑞士民法典第 21 条的规定相同。(4)行使胁迫的人必须能够实施威胁,遭受胁迫的人必须受到足够的惊吓,并且必须因恐惧而签订合同。四大法学派的法学家在确定胁迫中的恐惧标准时都采用"主观"理论。该理论认为,根据人们的情况的不同,行使胁迫的方式和手段以及所寻求的行动都有所不同。因此,胁迫不仅可能是身体上的,还可能是口头上的。

以上规定了合同无效的原因,具体而言,主要包括以下几个方面:一是认识错误,二是欺诈,三是胁迫,四是重大失衡(显失公平)。另外,对于涉及公共的财产和弱势群体的财产,《奥斯曼民法典》给予了特殊保护,即只需达到显失公平的程度,不需要当事人欺诈,就能确定合同的无效。当然,按照现代民法理论,在认识错误、欺诈、胁迫、显失公平的情形下,合同当事人享有撤销权。由此可见,该民法典规定的意思自治的程度低。

第二,买卖合同规定了可以交易的标的物,包括动产和不动产。伊斯兰法禁止使用的东西不能作为买卖合同的标的,例如酒、猪肉、自死的动物。《奥斯曼民法典》第 210 条规定,人们之间不被认定为财产的任何物品不能作为交易的标的物。例如,若当事人一方出售尸体或者自由人,以及将其作为财产进行购买,则卖与买的行为均无效。通过从非经济角度定义经济概念,该民法典在买卖合同的范围中排除了许多东西,限制了买卖合同的标的,并使自己远远落后于当时的经济要求。[1] 事实上,不以任何物质形式存在的东西,如电力,不能成为买卖合同的标的,显然阻碍了许多交易。

可以看出,《奥斯曼民法典》所体现的合同规则与欧洲大陆法系和英美普通法系普遍接受的合同自由原则不同。其合同规则清楚地表明该民法典的规则主要建立在道德原则而不是经济需求之上。该民法典不接受西方的

---

[1] See Majid Khadduri & Herbert J. Liebesny, *Law in the Middle East*, Vol. I. Origin and development of Islamic law, Middle East Institute, 1955, p. 301.

合同自由原则,而是设定了狭隘的限制,以保护个人行使其通过合同获得的权利。[1]

四、三种独具特色的债权制度

《奥斯曼民法典》中有些制度具有鲜明的特色,本书选取三种债法制度加以说明。

(一)破产债务人作为禁治产人

《奥斯曼民法典》规定了类似于英美法系的禁治产人制度。按照伊斯兰法的规定,人的权利能力始于出生,而其行为能力必须要和年龄以及精神状态等有关。欠缺某一要素的人被称为禁治产人。禁治产人相当于我们所说的限制行为能力人。

1. 无是非辨别能力的未成年人

这类未成年人没有资格订立任何种类的合同,但可以签订有利于自己的合同,例如接受礼物的合同;但他无权订立完全不利于自己的合同,例如赠与他人物品的合同。如果无法判断合同(如买卖合同)对未成年人有利还是不利,则可以在获得监护人事先许可的情况下订立合同。伊斯兰法学家尚未就未成年人何时成年达成一致意见,但大多数法学家以孩子进入青春期作为判断其成年的标准。《奥斯曼民法典》第 986 条规定,对于男性而言,成年的起点为年满 12 周岁;而对于女性而言,成年的开端为年满 9 周岁;两者成年的最迟起点均为年满 15 周岁。如果男性年满 12 周岁时尚未达到成年的标准,则将其称为"少男",而如果女性年满 9 周岁时尚未达到成年的标准,则将其称为"少女";并且两者直到其实际到达成年的标准为止。但是当未成年人成年时,则不应当急于将其财产给付之,而是应当对其耐心细致地进行考验和磨砺,如果能够证明其心智成熟,则此时才应当将其财产交付

[1] See Majid Khadduri & Herbert J. Liebesny, *Law in the Middle East*, Vol. I. Origin and development of Islamic law, Middle East Institute, 1955, p. 299.

之。另外,如果未成年人已成年,但其心智尚未成熟,则在未证实其心智已成熟的情况下,不应当将其财产给付之,并且应当如同之前一样禁止其处分财产。

2. 精神病人和痴呆人士

精神病人通常分为两种类型:第一种是持久性精神病人,是指在任何时候均出现心智障碍的人;第二种是间歇性精神病人,是指有时出现心智障碍而有时又恢复正常意识的人。痴呆人士,是指当事人的情感紊乱,从而出现理解能力低下、语言含糊不清、行为处事存在缺陷等症状的人。

3. 挥霍浪费者

挥霍浪费者是指将其财产花费在不适当的地方且在其支出中加以挥霍,以至于由于浪费而丧失和毁损其财产,而且在获取和给付中一直处于疏忽大意状态的人;由于痴呆和缺失心智而不知晓经商之道和享受方式的人们,也被视为挥霍浪费者。《奥斯曼民法典》规定,对挥霍浪费者的认定必须经过宣告程序。艾布·哈尼法反对将自由人宣布为挥霍浪费者,因为"自由是对灵魂的控制,对灵魂的关注远大于对财产的关注"。该民法典规定自由人亦可成为挥霍浪费者。《奥斯曼民法典》第961条规定,当法官宣告挥霍浪费者和债务人为禁治产人时,必须向人们说明其原因,并且在公开场合予以见证和宣布。由于当事人被法官宣告为禁治产人时并不要求本人在场,所以在当事人缺席的情况下,将其宣告为禁治产人也同样具有法律效力,但必须将禁治产的裁定信息告知该禁治产人,并且在相关人员收到对其适用禁治产的信息之前不应将其视为禁治产人,因此其所订立的合同和作出的决定在此时间内将被视为有效。第984条规定,如果在未成年人成年时,将其财产给付后又证实其为挥霍浪费者,则应当由法官将其设定为禁治产人。

4. 病危的人

对于病危的人,没有统一的定义。大多数人将其定义为一种无助的即将死亡的人,并且认为其可能会损害其继承人和债权人的利益。《奥斯曼民法典》第 393 条规定,如果当事人一方在病危期间向其继承人之一出售了自己的财产,则该买卖的法律效力取决于其他继承人是否批准;因此,若其他继承人在病人死亡之后给予了批准,则该买卖生效,否则,该买卖不产生任何法律效力。

5. 破产债务人

艾布·哈尼法认为不应该将债务人宣布为禁治产人,而大多数法学家坚持认为,法官可以应债权人的要求对破产的债务人作出行动禁令。[1]《奥斯曼民法典》接受了大多数法学家的观点,规定债务人也应当由法官通过债权人提起的诉讼请求来禁止其处分自己的财产。如果法官发现债务人在有能力的情况下拖延履行其债务,或者债权人请求以出售债务人的财产来实现其债权,则法官应当将债务人的财产宣告为禁治产。如果债务人拒绝出售其财产和履行其债务,则法官应当出售债务人的财产并且履行债务人的债务,且法官应以最易于债务人的方式进行后者的债务履行。首先以货币履行之;若其不足,则应以货物履行之;若其仍然不足,则应以不动产履行之。将债务人作为禁治产人的作用是防止债务人进行不利于其债权人的交易。破产的债务人是指处于资债相等或资不抵债状况下的债务人。如果债权人担心该债务人的财产会因贸易而受损,或者担心该债务人将其财产藏匿,或者担心该债务人将其财产置于他人名下,则其可以向法院提起诉讼并且要求将该债务人的财产设定为禁治产,从而禁止该债务人处分自己的财产或追认他人的债权,而法院则应当宣告该债务人为禁治产人,而且应当即时出售该债务人的财产并且将所得价金分配给债权人。但是,法官应当在该债务人的服装中选出一两件留给该债务人;若该债务人拥有昂贵的服装并且可以以其他服装满足其状况,则应当出售其昂贵的服装并且为其购

---

〔1〕 See Majid Khadduri & Herbert J. Liebesny, *Law in the Middle East*, Vol. I. Origin and development of Islamic law, Middle East Institute, 1955, p. 197.

买适合其状况的便宜服装,同时将余额交付于债权人。同样,若该债务人拥有一所住宅并且可以以其他住宅满足其状况,则法官应当出售该住宅并且以所得价金为其购买适合其状况的住宅,而且应当将余额交付给债权人。

关于将破产债务人作为禁治产人,王永宝教授指出以下几点:第一,债权人只能通过法院将债务人设定为禁治产人,而法院只能依据债权人的起诉来对债务人处分其财产加以限制。第二,破产人不局限于实际破产人,包括非实际破产人,如某人声称自己已破产,但实际上却很富有,其目的在于逃避自己所承担的债务,所以其理应被包含在此范围之内。第三,法官及其代理人在出售债务人的财产时应考虑市场规律,例如,法官及其代理人不得以反季节出售的方式出售其财产,而应使其财产价值最大化,以便更好地维护债务人与债权人的利益。第四,若债务人的资产与其所欠债务相等,则债权人可实现其所有债权;若债务人资不抵债并且债权人为多人时,则应将出售其财产后所获的价金按照债务比例在债权人之间进行分配;至于有些债务为即期的,而其他为延期的,则应先在即期债权人之间分配,至于延期的债权,则在到期时再进行追偿;至于优先偿付的债务,例如,未偿付的价金和对应抵押的债务等,这种优先权是法律基于特殊政策性考虑而赋予某些特种债权或其他权利的一种特殊效力,以保障该项权利能够较之普通债权而优先实现。优先权并非单独存在的一类权利,而仅是对某些权利的法律效力的加强,其性质仍未完全脱离其所强化的权利本身的性质。被法律赋予优先受偿效力的特种债权虽具有物权的某些效力特点,但其与抵押权、质权等典型担保物权在立法目的、特性、成立要件、基本规则等方面有重大差别,不宜相提并论。鉴于优先权既不同于普通债权,也与典型担保物权的特性不完全相同,因此可以作为准担保物权。第五,在出售债务人的财产时应该考虑保障其能够维持生活的基本条件,如衣物和住房等。[1] 由上可以看

[1] 《奥斯曼帝国民法典》,王永宝译,商务印书馆2018年版,第211页。

出,《奥斯曼民法典》将破产债务人作为禁治产人是一个特色制度。

(二)六种合同选择权

《奥斯曼民法典》规定了合同双方的撤销权,但是设置了撤销权的条件,即为合同当事人在一定期限内撤销或者批准买卖而设置选择条件。我们以买卖合同为例分别讨论。

1. 条件选择权

在买卖合同中享有条件选择权的任何一方,在该选择权的特定期限内,均有权选择撤销或批准买卖合同。如果条件选择权的有效期限已过,而该权利的所有人并未撤销或者批准所订立的买卖合同,则该买卖就必须完成。

条件选择权有以下特点:(1)合同中所设置的条件选择权不得继承。如果具有选择权的出卖人在该权利的有效期内死亡,则买受人可以享有该出售物;如果该权利的所有人是买受人,则在其死亡之后,其继承人继承出售物,但不继承选择权。(2)如果条件选择权是出卖人和买受人双方共同设置的,则任何一方在选择权有效期内撤销,都将致使所订立的合同得以撤销;如果任何一方批准,则只有批准方的选择权消灭,而另一方则保留其选择权直至有效期结束。

2. 描述选择权

如果当事人以令人心驰神往的描述出售了某一财产,而后显示出售物并非所述,则买受人可选择撤销该买卖,亦可选择保留此物。例如,如果当事人买了一头被描述为能够产奶的牛,而后显示所买之牛不能产奶,则买受人将成为选择权人。如果当事人在夜晚买了一颗被描述为红宝石的宝石,而后显示其为黄色的,则买受人可以选择保留所购宝石或撤销该买卖。

3. 支现选择权

如果双方进行买卖,条件是“买受人在一定时间内支付价金,而如若买受人未支付价金,则双方之间不存在买卖”,则该买卖合同有效,此情形被称为支现选择。支现选择权要求:如果买受人在约定期限内未支付价金,则具有支现选择权的买卖被视为可撤销的买卖；如果享有价金选择权的买受人死于该选择权的有效期内，则该买卖无效。

4. 选定选择权

选定选择权指出卖人从等值物品中对两种或多种物品的不同价金分别进行说明，条件是买受人可以以出卖人为其说明的价金任意获取其中的物品，或者出卖人给予买受人其想要的任何物品，则该买卖也同样有效。选定选择权要求选择权必须确定有效期限，而且享有选定选择权的一方必须在确定的期限届满之前选定所要获取的物品。买方可以规定从多个客体中选择的权利，并且在缔约双方同意的情况下，可以授予一方或双方或第三方一般的撤回权、选择权，但不得超过 3 天（根据当时的意见）。[1]

5. 查看选择权

如果当事人购买了某件尚未见到的物品，则其在见到该物品时享有选择权，即买受人见到该物品时，其可选择接受或撤销该买卖。查看选择权要求：(1)对于当事人依照样品买卖的物品，当事人只查看其样品即可。(2)如果买受人在一次交易下购买了不同物品，则其必须对每个所购物品分别进行查看。(3)如果买受人在一次交易下购买了不同物品，并且只查看了其中的部分物品，而对其余物品并未进行查看，则当其查看了其余物品时，其可以选择获取或拒绝全部所购物品，而非只获取之前所查看的物品并获取或拒绝其余物品。(4)任何人以购买的意图看了所售物品一段时间之后，在知道该物品的确是其曾经见过的物品的情况下进行了购买，则其不享有查看选择权，但如果其发现该物品的状况相比自己原来见过的已经发生了变化，则其在此情形下享有查看选择权。

6. 瑕疵选择权

绝对买卖要求出售物必须是无瑕疵的，即在既未约定瑕疵免责，也未说

---

[1] See Joseph Schacht, *An Introduction to Islamic Law*, Oxford University Press, 1982, p. 153.

明是否完好无损或具有瑕疵的情况下，要求出售物必须是完好无损的、无任何瑕疵的。在买卖合同订立后、出售物受领前，如果出售物的瑕疵是在出卖人占有时新生的，则当以原有瑕疵为由退回出售物而论。如果出售物是在买受人占有时新生了瑕疵，而后出现了原有的瑕疵，则买受人不可以以原有瑕疵为由退回所购物品，只能向出卖人请求价金的损失。例如：若当事人购买了一块布料，而后按照披风的式样对这块布料进行裁剪时发现其中存在原有的瑕疵，但由于其对这块布料的裁剪造成了新生的瑕疵，所以其不得将之退回出卖人，而只是可以向出卖人请求价金的降低。当事人不享有瑕疵选择权的情形包括：(1)如果出卖人在出售时声明出售物品存在某瑕疵，并且买受人在知道此瑕疵的情况下接受了该出售物，则该买受人将不会因为该物品存在所述瑕疵而享有选择权。(2)如果出卖人出售某财产的条件是其对于该财产出现的所有瑕疵都是免责的，则买受人不享有任何瑕疵选择权。(3)如果买受人购买了某财产并且接受了其中的所有瑕疵，则其在此之后对于出售物存在瑕疵而提出的诉讼不应被受理。

《奥斯曼民法典》规定的选择权不仅体现在买卖合同的规定中，在租赁合同等其他合同的规定中也有体现。从六种选择权的情形来看，该民法典限制了当事人的任意撤销权，而是用列举的方式规定了可以撤销合同的情形。正如夏赫所言，伊斯兰法的目的是规定具体而重要的行为准则，而不是为竞争利益的交易活动确定标准的规则。因此，法学家首先考虑的是合同的规定是否符合宗教伦理，其次才考虑实际交易的效率。

(三)“大租赁”制度

《奥斯曼民法典》把租赁分为实物租赁和劳务租赁两种，前者实际上是租赁合同，后者实际上是雇佣合同。换言之，《奥斯曼民法典》不分雇佣和租赁，而是规定了大租赁的概念。租赁根据标的物的不同分为两种。第一种是实物租赁。这种租赁又可分为三类：(1)不动产租赁，如租赁房屋和土地；(2)商品租赁，如租赁衣服和器具；(3)牲畜租赁。第二种是涉及劳务的租赁,如雇用服务和劳力、雇用专业技术人员。

这种将租赁和雇佣混为一谈的做法实际上和罗马法的规定几乎一致,罗马法也规定了大租赁制度。《奥斯曼民法典》在大租赁的概念下,将现代民法中的雇佣合同作为租赁合同来处理,因此才有了租赁合同的解除,即现代法中雇佣合同的解除。该民法典规定了租赁合同解除的三种情形:(1)若某厨师受雇承担某婚宴的菜肴烹饪任务,则雇佣合同由于新婚夫妇一方死亡而随即被撤销。(2)当事人一方因牙痛与牙医协商以50库鲁什拔除痛牙,但在拔牙之前,患者的牙痛症状自动消失,则该租赁合同也随即被撤销。(3)随着婴幼儿的死亡,相关的哺乳雇佣合同也随即被撤销,但不以乳母承雇人的死亡而被取消。这也意味着当租赁的目的不能达到的时候,当事人可以撤销租赁合同。由此可以看出,租赁和雇佣完全是混合在一起的。

《奥斯曼民法典》中的"大租赁"制度和罗马法中的大租赁制度规定得一致,因此徐国栋教授认为该民法典借鉴了罗马法制度或者说具有罗马法基因。我们暂且不讨论这个观点。问题是,罗马人为何要把这三种合同统合在一起?罗马法学家对此有不同的观点:第一种观点认为,三者因客体上或承租人义务上的共同因素统合在一起;第二种观点认为,三者的统一仅仅是程序上和术语上的统一。徐国栋教授指出,日本人把罗马人的大租赁翻译为"赁贷借"体现了他们对统合理由的理解。"赁"在这里是有偿的意思,"贷借"在这里是暂时使用的意思。"赁贷借"的整体意思是有偿使用他人的资源,区别于无偿使用他人的资源,如借用、委任。此等资源表现为有体物租赁、劳务雇佣或特定的工作承揽。可以说,这样的统合理由是自洽的,反映了部分罗马法学家对于理论的偏爱。罗马法中的大租赁是罗马法的过分提取公因式思维的反映。[1]

---

〔1〕 参见徐国栋:《论〈奥斯曼帝国民法典〉中的罗马法基因——兼论罗马法通过伊斯兰法传入中国的可能性》,载《法律科学》2020年第6期。

第三节 相对原始的侵权制度

《奥斯曼民法典》规定的侵权法相对于现代侵权法而言，比较原始。例如，侵权行为的归责原则还停留在客观责任阶段。本节通过讨论《奥斯曼民法典》侵权制度，来探索伊斯兰侵权法的特殊规定。

一、侵权行为的客观责任

在伊斯兰社会的初期，对于个人的侵害行为只是通过受害人或其血亲的复仇来实现个人矫正主义，复仇的方式由一开始的同态、对等的复仇到按照习惯法进行复仇。由于这种复仇制度不利于社会的安定和发展，于是逐渐产生了一种用损害赔偿代替私人间的血亲复仇的方式，即由当事人双方协商确定损害赔偿金。这种最初的损害赔偿和现代的损害赔偿是两种不同的理念，它并不是为了弥补受害人的损失，而是一种在侵害人和受害人之间达成的放弃复仇和给付报酬的协议。

后来，伊斯兰侵权行为法采取的归责原则是原因责任原则即客观责任原则，即只要存在因加害行为产生的损害事实，行为人就要承担侵权责任，而不问行为人主观上是否有过错。根据这种归责原则，侵权行为只有两个要件，即损害事实和因果关系，行为人实施了加害行为即构成侵权。

《奥斯曼民法典》中的客观归责主要表现在以下方面：(1)如果一方当事人故意或无意间毁损了由其占有或者由其受托人占有的另一方的财产，则其必须承担相应的损失赔偿责任。(2)如果一方当事人滑倒并且跌落在了另一方的财产上，从而导致该财产毁损，则其必须承担损失赔偿责任。(3)如果一方当事人拽拉另一方的衣服并且撕裂，则其必须承担此衣服全部价值的损失赔偿责任。而如果一方当事人抓住另一方的衣服，由于该衣服的所有人的行为使此衣服被撕裂,则该当事人必须承担此衣服一半价值的损失赔偿责任。(4)如果一方当事人坐在了另一方的衣摆上,衣服所有人在起立时不知自己的衣摆被另一方坐压着,从而致使其衣服被撕裂,则该坐在衣摆上的人必须承担此衣服一半价值的损失赔偿责任。(5)对于禁治产人,尽管其口头处分无效,如买卖,但其必须承担因其行为造成的损失和危害赔偿责任。(6)如果一方当事人造成了另一方财产的贬值,则其必须承担该贬值的损失赔偿责任。

以上《奥斯曼民法典》规定的情形,不存在当事人疏忽或者过失的问题。损害结果是直接造成的,并且没有确定的权利可以作为行为的正当性依据,因此损害赔偿是必然的。

二、侵权行为的成立:行使权利超出限制

《奥斯曼民法典》指出,任何人均可任意处分个人的财产,但如果他人的权利与之关联,则禁止所有人以独立的方式对其财产进行处分。只要不对他人造成重大损害,任何人对于个人财产的处分均不得受到阻碍。穆斯林法学家没有制定关于滥用权利的学说,贯穿于义务法的是将活动限制在未定义但易于理解的范围内的概念,如果超出这些范围,则会产生责任:

(一)行使权利造成重大损害,则承担赔偿责任

例一,对于毗邻铁匠铺或者磨坊的某一住宅,由于铁的击打或磨的转动对该住宅的建筑物将造成一定影响,或者由于附近新设置的炉灶或压榨机产生烟雾或难闻气味,将造成宅院的所有人因受害而无法居住于其间,这些情况均为重大损害,因而必须通过任何可采取的方式予以阻止和清除。例二,如果一方当事人所有的一块土地毗邻另一方当事人的住宅,前者在其所有的土地上开凿了一条水渠用于将水引至自己的磨坊,致使后者所有的住宅墙产生了弱化,或者一方当事人将其邻居的墙基处作为扔掷垃圾的垃圾场,从而给该墙基造成了损害,则该墙基的所有人可以责成其清除该损害。

例三,如果一方当事人在另一方的住宅附近新建了一处打谷场,致使住宅的所有人由于受害于该打谷场的尘埃而无法居住于其间,则后者可以责成前者清除此损害。例四,如果一方当事人在另一方的打谷场附近新建了一座高层建筑物,从而使该打谷场通风受阻,则后者可以责成前者清除之,因为该建筑物的建造是造成重大损害的原因。例五,如果一方当事人在布料市场新建了一间灶房,而该灶房的烟雾和尘埃沉积于邻居的布料上并且对其造成损害,则后者可以责成前者清除损害。例六,如果一方当事人的住宅污水管道破裂,从而导致污水流入邻居的住宅,则其被视为重大损害,因而依据该邻居的诉讼,当事人一方必须维修该污水管道。

（二）行使权利是为了不正当目的,则需承担责任

如果一方当事人的牲畜惊逃于另一方的无意行为并且因此丢失,则后者不应当对前者承担损失赔偿责任;如果后者故意惊吓了前者的牲畜,则其必须对前者承担损失赔偿责任。同样,如果牲畜惊逃于猎人旨在打猎而射击的枪声,从而跌倒并且毁损或者某一肢体断裂,则该猎人不应当承担损失赔偿责任;至于如果该猎人是故意开枪惊吓牲畜的,则其必须承担损失赔偿责任。枪击本身并不违法,但其目的使其成为非法行为。它成为滥用权利、超越正确行使权利的范围的行为,因此使射击者对间接损害负责。引入主观因素是因为它将权利的正常行使行为转变为滥用行为,从而使其成为非法行为。穆斯林法学家承认,只有当行为不是在适当行使权利的范围内行使时才存在责任。[1] 穆斯林法学家指出,根据两条规则总结民事责任理论:(1)该行为是责任的原因;(2)如果该行为是合法的,则该行为人不承担任何责任。[2]

由此可以看出,当一个人行使一项法律赋予他的权利时,原则上他免于

---

〔1〕 See F. M. Goadby, *The Moslem Law of Civil Delict as Illustrated by the Mejelle*, 21 J. Comp. Legis. & Int'l L. 3d ser. 62, 1939, p. 67.

〔2〕 See F. M. Goadby, *The Moslem Law of Civil Delict as Illustrated by the Mejelle*, 21 J. Comp. Legis. & Int'l L. 3d ser. 62, 1939, p. 67.

承担可能由此产生的对他人的一切责任。《奥斯曼民法典》第 91 条规定了这条原则,即法律许可与担保互不兼容。例如:若一方当事人在其所有物内挖了一口井,而后另一方的某一动物跌入其中并且死亡,则挖井人不对后者承担任何损失赔偿责任。在罗马法中,同样的原则被表达为“ damnum sine iniuria”,即无侵权行为之损害,指无不法行为,也未违反法定义务,而给他人造成了损害。此时,受害人无权对引起损害的人提起诉讼。因此,一项权利的行使本身并不涉及损害赔偿责任,但是它可能会对他人造成严重伤害。关于是否禁止滥用权利可能引起赔偿责任的问题,穆斯林法学家没有达成一致意见。艾布·哈尼法和沙斐仪否定了这个问题,并假设权利是绝对的,权利的行使没有限制。马力克、艾布·优素福和后来的哈乃斐法学家认为,如果该权利会造成严重伤害,则应禁止行使该权利。《奥斯曼民法典》第 1197 条采用了这种解释,该条规定,只要不对他人造成重大损害,任何人对于个人财产的处分均不得受到阻碍。[1]

这也意味着此方法注重结果,而不是行使权利的人的意图。如果结果充满严重危险,则无论该行使权利的人的意图如何,均禁止其行使权利。易卜拉欣·姆菲萨·拉赫米是公元 14 世纪的马力克派法学家,他的观点和《奥斯曼民法典》的观点相反。他没有遵循客观主义原则,而是遵循了主观主义原则,注重行使权利的人的意图。易卜拉欣·姆菲萨·拉赫米认为,如果仅出于对他人的伤害而实施了本身是合法的行为,则在法律上是禁止的。相反,如果意图是达到合法的结果而不造成伤害,则可以对权利进行损害性的行使。[2] 因此,关于权利的行使,实际上受到一定限制,如果权利的行使对他人造成损害,行为人就要承担相应的损害赔偿责任。《奥斯曼民法典》并没有遵从艾布·哈尼法的观点,而是采纳了其弟子艾布·优素福的观

---

〔1〕 See Majid Khadduri & Herbert J. Liebesny, *Law in the Middle East*, Vol. I. Origin and development of Islamic law, Middle East Institute, 1955, p. 186.

〔2〕 See Majid Khadduri & Herbert J. Liebesny, *Law in the Middle East*, Vol. I. Origin and development of Islamic law, Middle East Institute, 1955, p. 187.

点,即超出权利的限制,将可能构成侵权。

三、伊斯兰法中的不法行为责任

欧洲意义上的过错概念可以在穆斯林法学家提出的一些解决方案中得到追溯,但将伊斯兰法中的不法行为责任视为过错是不正确的。行为人的责任主要不是因为他应该避免造成损害,而是因为他通过法律不允许的行为造成损害。在一定范围内,一个人的行为尽管对他人有害,但其却不承担责任,这是法律的规定。在该范围之外,损害产生责任,无论该行为实施者的精神状态如何。总的来说,这是伊斯兰法接受不法行为责任的原因。

因此,对于合法行为造成的损害,行为人不承担责任。无论是同态复仇和血亲赔偿,还是涉及财产损害,《奥斯曼民法典》对待的原则都是相同的。用合法手段杀害他人的人不应被死者的亲属进行报复。同理,合法情形下对财产造成的损害不会引起赔偿责任。对于合法行为造成的损害,行为人不承担任何责任。

然而,法学家发现难以确定哪些损害行为是合法的。为了解决这个问题,他们认为,权利的持有者必须使其行使行为对其他人来说与其目的一致,当其行使行为不再对持有人有利时,该行使行为就不再是合法的,并且权利的持有者对其行使行为所造成的损害负有责任。人们倾向于将事实纳入理论的框架中。我们已经认识到,即使已经对他人造成损害,也必须采取某些行为,并且必须在行为的紧迫性和由此产生的损害之间保持一定比例。

如何确定不法行为责任?伊斯兰法学家没有提及用疏忽或过错理论来追溯允许行为的界限,但毫无疑问,当他们被要求决定某个行为是不是一个合法的行为时,这个想法隐含在他们的脑海中:A 在高速公路上倒油,B 的动物滑倒并受伤,A 必须弥补损失。如果当事人一方在公共道路上堆放了建筑工具或者石块,从而造成另一方的动物被绊倒并且毁损,则行为人必须承担相应的损失赔偿责任。同样,如果当事人一方在公共道路上泼洒或倾倒了导致滑溜的物品,如油脂,从而造成某动物滑倒并且毁损,则行为人必须承担相应的损失赔偿责任。为什么这种情形下需要承担责任?因为该行为人未经官方许可在公共道路上放了一些东西。从铁匠铺飞出的火花溅在了公路上的行人的衣服上并且将其引燃,则该铁匠应当对此行人承担损失赔偿责任。为什么需要铁匠承担责任?因为他本来可以避免这些行为。

这个问题在间接毁损的赔偿中表现得尤其明显。《奥斯曼民法典》规定行为人承担间接毁损责任的前提是其须存在不当行为。间接毁损,是指通常对于某物做出的行为会导致另一物的毁损。例一:如果当事人一方割断了吊灯的绳索,即该行为是该吊灯跌落在地而破碎的原因,则在此情形下,割断该绳索的人将被认定为毁损该绳索的直接行为人,并且被认定为造成吊灯破碎的间接行为人。例二:如果当事人一方割裂了装有奶油的皮袋,从而导致该奶油毁损,则割裂皮袋将被认定为直接行为,也是造成奶油毁损的间接原因。但是确定间接损害赔偿责任的确切条件尚不清楚。《奥斯曼民法典》第 92 条规定,即使直接行为人是无意的,但其仍为保证人。第 93 条规定,间接行为人只以故意承担损失赔偿责任。第 93 条与第 92 条似乎规定间接损害赔偿责任的确定与否取决于行为人心理因素的主观状态。

根据以上所述,对于应当承担损失赔偿责任的间接毁损要求必须存在不当行为,即间接行为人对于伤害所负有的责任来源于其以非正当理由造成了此伤害的行为。例如,若一方当事人未经官方许可而在公共道路上挖掘了一口井,当另一方的牲畜落入该井中并且受到毁损时,则该挖井人必须承担相应损失的赔偿责任。至于如果一方当事人的牲畜落入了另一方在其本人的土地上挖掘的井中,则后者不应当对前者承担损失赔偿责任。由此看出,间接毁损承担责任的条件是必须存在不当行为。

因此,作为赔偿责任理由,《奥斯曼民法典》提出了以侵权行为的非法性质作为责任承担的基础。[1]

四、侵占的特别规定

伊斯兰法学家没有就侵占的定义达成共识。哈乃斐法学派对侵占的定义是，行为人对合法所有者的占有压制，而行为人对未经授权的和公开的财产的占有，以及对具有价值的、可移动的财产的占有是无效的。该定义排除了侵占不动产的行为。这与艾布·哈尼法的学生穆罕默德·本·哈桑·舍依沙巴尼和该学派的其他法学家的观点相反。《奥斯曼民法典》遵循艾布·哈尼法弟子的意见，规定了侵占不动产的情形。该民法典规定，如果侵占物是不动产，则侵占人必须以未变更和减少的情形将之归还于其所有人；如果该不动产由于侵占人的操作和行为而贬值，则侵占人必须承担相应价值的损失赔偿责任。例如，如果当事人毁损了其所侵占的住宅的某一部分，或者该住宅的某一部分由于其居住的原因而坍塌，从而造成该住宅贬值，则其必须承担相应价值的损失赔偿责任。

如果侵占物是土地，而且侵占人已经在其上建造了建筑物或者种植了树木，则应当责令侵占人将之清除。如果清除有害于土地，则受侵人可以支付应拆定着物的价值并且保留该土地。但是，如果建筑物或者树木的价值大于土地的价值，而且该建筑物或者树木是依据所声称的合法理由建造或者种植的，则该建筑物或者树木的所有人可以支付该土地的价值并且将其据为己有。例如，若当事人继承了其父遗留的土地，并且以超过该土地价值的费用在其上建造了某建筑物，而后出现了对该土地主张权利的第三人，则建造人应当支付该土地的价值并将之保留给自己。

因此，《奥斯曼民法典》保护土地所有者，而忽略了建筑物或者树木的所有者的损失。只有当建筑物或者树木的价值大于土地的价值并且建造或者

---

〔1〕 See F. M. Goadby, *The Moslem Law of Civil Delict as Illustrated by the Mejelle*, 21 J. Comp. Legis. & Int'l L. 3d ser. 62, 1939, p. 68.

种植的人认为他有合法权利时,才会有例外。在这种情况下,建筑物或者树木的所有者可以通过支付该土地的价格来获得土地。

侵占财产的人必须返还财产。若该财产因违法行为或其他原因而消耗、损毁或丢失,则侵占人必须返还同种类的财产(如果是可替代物),或者支付其在被侵占时的价值(如果是不可替代物)。《奥斯曼民法典》第890条规定,如果侵占物原物尚在,则必须将实物在侵占之地归还并且交付于其所有人。如果侵占物的所有人与侵占人偶遇于另一城镇,并且侵占物随同于后者,则其所有人既可以在此城镇向侵占人索回侵占物,也可以要求侵占人将侵占物归还于侵占之地,并且因运输和归还侵占物而产生的费用,应当由侵占人承担。

根据哈乃斐法学派和马力克法学派的观点,在确定财产的价值时,必须考虑侵占发生的时间和地点;根据罕百里法学派的观点,被侵占财产的价值应该是被侵占财产被损坏时的价值。而沙斐仪法学派指出,被侵占财产的价值应根据侵占之日起至损毁之时止这段时间内该财产的最大价值来计算。[1]《奥斯曼民法典》第891条规定,如果侵占人消耗了侵占物,则其必须承担损失赔偿责任,如果由于其不当行为或非不当行为而造成侵占物毁损或灭失,则其同样必须承担损失赔偿责任。因此,如果毁损或灭失的侵占物属于等值物品,则侵占人必须按照侵占的时间和地点赔偿其价值;如果毁损或灭失的侵占物属于相近物品,则侵占人应当以相近物品给付之。由此看出,《奥斯曼民法典》采纳了哈乃斐法学派的观点。

此外,由于侵占财产而产生的任何价值增加,必须连同财产一起返还给所有者,对于在侵占财产期间造成的任何损失,侵占人必须赔偿。《奥斯曼民法典》第900条规定,如果侵占物的价格及其价值在被侵占后降低,则其所有人不得拒绝接受之,并且应当以侵占物在被侵占时的价值提出请求,但如果侵占

---

〔1〕 See Majid Khadduri & Herbert J. Liebesny, *Law in the Middle East*, Vol. I. Origin and development of Islamic law, Middle East Institute, 1955, p. 189.

物出现贬值是侵占人的使用而造成的,则侵占人必须承担损失赔偿责任。例一:如果某动物在被侵占后变得瘦弱,并且侵占人在此状态下将其归还给了其所有人,则侵占人必须赔偿该动物因此而减少的价值。例二:如果被侵占的布料遭到了撕裂,从而降低了其价值,如果贬值轻微,即贬值的程度尚未达到侵占物原价值的四分之一,则侵占人应当赔偿受损的这部分价值;如果贬值严重,即贬值的程度等同于或者超过了侵占物原价值的四分之一,则受侵人享有选择权,若其愿意,则其既可以让侵占人承担相当的损失赔偿责任,也可以将侵占物留给侵占人并且向后者索取侵占物全额价值。

《奥斯曼民法典》第903条规定了侵占财产的升值或孳息的收取,即侵占物的添附物应当归属于其所有人,如果侵占人消耗了侵占物的添附物,则其必须承担相应的损失赔偿责任。例一:如果侵占人在侵占动物期间消耗了由其产出的乳汁或幼崽,或者侵占人在侵占果园期间消耗了由其产出的水果,则该侵占人必须承担相应的损失赔偿责任,因为这些添附物是归属于受侵人的财产。例二:如果当事人侵占了连带蜜蜂的蜂箱,受侵人索回蜂箱时,其有权获取在蜂箱被侵占时产出的蜂蜜。

因侵占而造成的损失或利润的赔偿是法学家之间一个有争议的问题。沙斐仪认为,侵占人在所有情况下均应承担因侵占造成的损失;而艾布·哈尼法认为,仅在某些特殊情况下侵占人应承担因侵占造成的损失。马力克认为,该人侵占了该财产并从中获利,就要承担损失赔偿责任。[1]

如果侵占人改变了侵占物,这种情形如何处理?《奥斯曼民法典》分别规定:(1)如果侵占人通过其财产以添附某物品的方式改变了侵占物的部分性质,则受侵人为选择权人,若其愿意,则其既可以支付该添附物的价值,并且向侵占人索还被侵占的实物,也可让侵占人承担侵占物价值的损失赔偿责任。例如,若侵占物是一块布料,而且侵占人已经对其进行了染色,则受

---

〔1〕 See Majid Khadduri & Herbert J. Liebesny, *Law in the Middle East*, Vol. I. Origin and development of Islamic law, Middle East Institute, 1955, p. 190.

侵人既可以让侵占人承担这块布料价值的损失赔偿责任,也可以支付染色的费用(如染料费和工时费),并且索还这块布料。(2)如果侵占人改变了侵占物,从而导致其名称变更,则其必须承担相应的损失赔偿责任并且自己保留侵占的财产。例一:如果侵占物是小麦,侵占人已经将其磨成了面粉,则其必须赔偿同等价值的小麦并且将面粉作为自己的财产予以保留。例二:如果一方当事人侵占了另一方的小麦,并且已经将其播种在了自家的田地里,则其必须赔偿同等价值的小麦并且将收成作为自己的财产予以保留。另外,如果侵占物的价格及其价值在被侵占后降低,则其所有人不得拒绝接受之,并且应当以侵占物在被侵占时的价值提出请求;但如果侵占物出现贬值是侵占人的使用而造成的,则侵占人必须承担损失赔偿责任。

五、侵权法的其他特别规定

一是没有不法行为责任的理论。《奥斯曼民法典》没有关于不法行为责任的一般性陈述,但是在其格言中实际上体现出了不法行为的基本理论。如第 90 条规定,如果直接行为人和间接行为人同时存在,则裁定应当针对直接行为人。例如,若一方当事人在公共道路上挖了一口井,其后,另一方把第三方的一头动物投进了这口井中,则投掷该动物的人应当承担损失赔偿责任,而挖井人则不承担任何责任。第 92 条规定,即使直接行为人是无意的,但其仍为保证人。第 93 条规定,间接行为人只以故意承担损失赔偿责任。第 91 条规定,法律许可与担保互不兼容。例如,若一方当事人在其所有物内挖了一口井,而后另一方的某一动物跌入其中并且死亡,则挖井人不对后者承担任何损失赔偿责任。

二是动物侵权。《奥斯曼民法典》规定了动物侵权。对于动物自己造成的任何伤害,其所有人不承担损失赔偿责任;但如果某一动物消耗了他人的财产,并且其所有人看见了却未予以阻止,则其所有人应当承担损失赔偿责任,而且对于具有侵害性的动物,如抵斗的公牛和咬人的狗,若同一地方或者村庄的某居民已预先向其所有人发出警告说“看管好你的动物”,但其所有人并未看管之,则其所有人必须承担由其造成的任何损害赔偿责任。

《奥斯曼民法典》针对动物活动所引起的侵权提出解决方案,通常的观点是,正常使用动物不会产生责任,但如果某人的行为与正常使用情形不符并且造成损害,则他须承担责任。其一,骑乘在动物身上的通行人不对该动物在公共道路上造成的不可避免的侵害和损失承担责任。例如,若牲畜的蹄子溅起的灰尘或泥土落在了他人的衣服上,或者其以后蹄踢或以尾巴击打了他人或物品并且造成了损害,则骑乘人不承担损害赔偿责任。但是,对于可以避免由动物的碰撞和其蹄子或头部的击打而造成侵害和损失的情形,骑乘人须承担损失赔偿责任。

其二,任何人均不得将其牲畜停留或拴系在公共道路上。因此,如果当事人将其牲畜停留或者拴系在公共道路上,无论该牲畜以前蹄还是后蹄伤害了人,该当事人必须承担损害赔偿责任;至于在特别为牲畜划拨的地方,如牲畜交易市场和出租牲畜的停留场所,则是除外的。

三是财产损坏的赔偿责任。在伊斯兰法中,任何侵害他人财产的行为都会使侵权者承担责任,该原则主要适用于破坏财产的领域,后来法学家逐渐扩大适用范围,将人身伤害也包括在内,最终,出现了以一般法律原则为基础并涵盖大多数非法行为的全面赔偿责任理论。《奥斯曼民法典》第416条规定,赔偿损失是指如果被损坏的财产属于相近物品,侵权人应当给付相近物品,而如果属于等值物品,则侵权人应当给付等值物品。侵权人承担的这种责任被称为“损坏赔偿责任”,以区别于合同责任。这种区分类似于现代法律中违法行为(由侵权行为引起)与违约责任之间的区分。损坏赔偿责任必须满足以下条件:

(1)该行为必须是有害的。行为包括身体上的行为、言语。伤害仅指物质伤害,一般不包括精神伤害。但是,据说艾布·哈尼法的同伴认为,在人身攻击或伤口引起疼痛的情况下,肇事者应根据受害者所遭受的痛苦按比例支付赔偿金,由法官对此进行评估。[1]

(2)毁损必须是非法的,即没有合法权利或制裁。除了在前面有关权利滥用的讨论中简要提到的特殊情况外,由许可的行为或权利所造成的伤害不需要赔偿。

(3)毁损必须是侵权的直接或间接结果。直接毁损,是指本人对物造成的毁损,并且此行为的发出者为直接行为人。间接毁损,是指对某物发出的行为导致的另一物的毁损,并且此行为的发出者为间接行为人。《奥斯曼民法典》第888条举例如下,例一:如果当事人割断了吊灯的绳索,即该行为是该吊灯跌落在地而破碎的原因,则在此情形下,割断该绳索的人将被认定为毁损该绳索的直接行为人,并且被认定为造成吊灯破碎的间接行为人。例二:如果当事人割裂了装有奶油的皮袋,从而导致该奶油毁损,则割裂皮袋将被认定为直接行为,也是造成奶油毁损的间接原因。

(4)导致间接破坏的非法行为必须以故意进行,这也适用于对动物或无生命物体造成的毁损。法学家使用"故意"来涵盖疏忽或粗心。在直接毁损行为中,行为人的意图不是条件。这在法律规则中得到了体现:造成伤害的直接行为即使行为人不是故意的,其也应承担责任。《奥斯曼民法典》第92条规定,即使直接行为人是无意的,但其仍为保证人。但是,伤害的间接行为人不承担责任,除非他有意采取了行动。第93条规定,间接行为人只以故意承担损失赔偿责任。

此外,伊斯兰侵权法还有一些特别的规定,例如,如果医生在进行割包皮手术时,非故意使男孩致残,则其应付全额赔偿金,但这种伤残如果导致

[1] See Majid Khadduri & Herbert J. Liebesny, *Law in the Middle East*, Vol. I. Origin and development of Islamic law, Middle East Institute, 1955, p. 190.

男孩死亡,则其只需付一半赔偿金,因为死亡的一半原因归于割除包皮手术本身(这种手术本身就可能导致男孩死亡),一半原因归于伤残,医生只需对这后一半原因承担赔偿责任。进行割除包皮手术在所有情况下都属于嘉许性行为(根据沙斐仪法学派和罕百里法学派的观点甚至是强制性行为),这种行为本身并不引起赔偿责任。〔1〕 夏赫指出,伊斯兰侵权法的另一个规则是,某人拥有的墙体如存在倒塌之险,在他人提出拆墙要求之后,墙的所有人出售了该墙体,随后该墙体倒塌并将某人砸死,则该墙体的卖主和买主都无责任,理由是前者在墙体倒塌之时已不是墙的所有人,并且后者没有被要求将该墙体拆除。〔2〕《奥斯曼民法典》亦作出了类似的规定:如果一方当事人的墙壁倒塌并且给另一方造成了损害,则墙壁的所有人不应当承担损失赔偿责任;但如果墙壁之前就出现了倾斜于倒塌的状态,有人也曾经预警过其所有人"你得拆除你家的危墙,因为它可能会倒塌",并且可拆除此墙壁的时间已经逝去,则其所有人必须承担因此而造成的损失赔偿责任。但条件是预警人应当属于有权发出预警和告诫的人,即如果墙壁将倒塌于邻居的住宅上,则发出警告的人必须是该住宅的居住人之一,外人的预警和告诫无任何效果;如果墙壁将倒塌于私有道路上,则发出警告的人必须是有权通行此道路的人;如果墙壁将倒塌于公共道路上,则任何人均享有预警权。

---

〔1〕 参见高鸿钧:《伊斯兰法:传统与现代化》,清华大学出版社 2004 年版,第 432 页。
〔2〕 参见高鸿钧:《伊斯兰法:传统与现代化》,清华大学出版社 2004 年版,第 432 页。

第五章

《奥斯曼民法典》评价之争

《奥斯曼民法典》作为伊斯兰世界的第一部民法典，自问世以来引起了学术界的关注和评价，引发了诸多学术争议。本章选取最具代表性的几个争议观点进行分析，以期更深入地了解《奥斯曼民法典》的特色。《奥斯曼民法典》涉及的这些争议对于我们理解当今伊斯兰世界的一些问题不无裨益。

第一节 宗教与世俗之间的《奥斯曼民法典》

《奥斯曼民法典》作为一部伊斯兰民法典，人们对它的评价不一。有人认为它是一部宗教法典，有人认为它是一部世俗法典。本书对《奥斯曼民法典》是宗教法典还是世俗法典的争议进行分析，并提出笔者自己的观点和评价。

一、《奥斯曼民法典》的宗教性特征

民法典编纂委员会认为《奥斯曼民法典》代表了传统的伊斯兰法，换言之，它是一部宗教法典。主要理由如下：

一是《奥斯曼民法典》严格按照伊斯兰法哈乃斐法学家的著作编纂。民法典编纂委员会认为传统伊斯兰法博大精深，是"无岸的海洋"，因此需要法学家精挑细选找出符合时代的菲格亥法律规则加以制定。其次，《奥斯曼民法典》并没有参考其他法律渊源，民法典编纂委员会指出，传统伊斯兰法足以适应任何社会变化。因为欧洲法不能作为帝国的法律渊源以及法官裁判案件的依据，因此民法典编纂委员会只能借助于传统伊斯兰法资源。换言之，《奥斯曼民法典》的内容全部摘自哈乃斐法学家的经典著作，而哈乃斐法学家的经典著作都严格遵循《古兰经》和圣训的规定。该民法典的内容立基于宗教法律渊源，从而体现出它的宗教性特征。

二是《奥斯曼民法典》编纂完成后经过宗教乌里玛的严格审查。《奥斯

曼民法典》编纂完成后颁布前,民法典编纂委员会将其提交给帝国的伊斯兰长老审查。伊斯兰长老审查后写道:"一切赞颂全归安拉! 愿安拉赐福他所挑选的仆人平安! 清贫的仆人——优素福 · 艾希尔确认,寄给我的这部重大法典来自伊斯坦布尔,以便我着手勘校……我对此版本给予了更为认真仔细地校勘,但也许由于印刷会发生错误,因而对于博学之人,并不隐匿。安拉至知!"[1]伊斯兰长老审查后认为该民法典没有和伊斯兰法的原则发生冲突,因此予以批准。通过宗教乌里玛对该民法典进行审查,赋予该民法典深厚的宗教意涵。

三是《奥斯曼民法典》开篇就规定了伊斯兰法的定义。《奥斯曼民法典》第 1 条指出,伊斯兰法调整两方面的规范,一是涉及后世的事务,即有关敬拜安拉的礼仪和规则;二是涉及今世的事务,主要分为民事法律、商事法律和刑事法律。然后,《奥斯曼民法典》论述了法律产生的逻辑:首先,是真主的意欲。真主意欲世界延续至他所限定的时间,其规则因人类的延续而存在。其次,为了人类延续,需要男女的结合,以期繁衍生息。再次,人们为了延续生存,必须要进行合作,并通过劳作来满足基本需求。最后,每个人在合作或生存过程中必然和其他人产生联系以及利益之争。因此,为了在人类之间维持正义和秩序,避免失衡和紊乱,必须要制定法律加以调整。《奥斯曼民法典》开宗明义指出伊斯兰法的定义,明确指出伊斯兰法的神圣渊源是真主的命令和戒律。

四是民法典编纂委员会的宗教虔诚表明法典的宗教性特征。民法典编纂委员会在《奥斯曼民法典》开篇注明:"奉至仁至慈的安拉之名,一切赞颂全归安拉! 愿安拉赐福先知穆罕默德及其家属和弟子们吉庆平安!"而且民法典编纂委员会完成每一编后都要注明"奉至仁至慈的安拉之名",以表示对安拉的无比尊重。从民法典编纂委员会的这些用语中可以看出《奥斯曼

[1] 《奥斯曼帝国民法典》,王永宝译,商务印书馆 2018 年版,第 427 页。

民法典》的宗教性特征。

五是《奥斯曼民法典》的有些规定表现出宗教性特征。例如，第 1751 条规定，在民事诉讼中，如果法官责成诉讼当事人一方履行宣誓，而此人在无任何正当理由的情况下以明示或者默示方式拒绝了宣誓，则法官应当依据其拒绝宣誓作出判决，并且如果此人在裁定作出后想要履行宣誓，则不应当予以理会，而是应当维持法官的原判决。而宣誓必须以安拉的名义宣誓。第 1743 条规定，如果意欲责成诉讼当事人一方履行宣誓，则应当要求其以安拉的名义宣誓说"指安拉起誓或凭安拉发誓"，并且只说一次即可，无须重复。当事人履行的宗教仪式的宣誓将作为法官的裁判依据。这种规定在世俗法中并不存在。

二、《奥斯曼民法典》的世俗性特征

大部分学者认为《奥斯曼民法典》是一部世俗法典。夏赫就持这种观点。他指出，《奥斯曼民法典》是在欧洲思想的影响下进行的尝试，严格来说，它不是一部伊斯兰教的法典，而是一部世俗的法典。严格的伊斯兰法律本质上不适合编纂，因为它只有在某一权威的学派内被以传统方式教授时才具有权威性。

按照夏赫的观点，首先，传统伊斯兰法不适合编纂。传统伊斯兰法是法学家法，传统伊斯兰法四大法学派的著作都具有法律效力，伊斯兰法必须在某一学派被教授时才具有权威性。其次，法典编纂对于伊斯兰法传统较为陌生。换言之，法典编纂打破了法学家所属的法学派发展伊斯兰法的传统，从某种程度上来说，其终结了伊斯兰法的既定发展传统，因此其不具有正当性。法典编纂是西方法律的产物，并不是伊斯兰法的传统。就此，《奥斯曼民法典》是一部世俗法典。

伊德里姆也指出，大部分学者重视《奥斯曼民法典》的宗教性和伊斯兰特征，但是忽视了《奥斯曼民法典》的世俗性特征。他指出《奥斯曼民法典》

是世俗法典,其理由笔者归纳如下:

一是《奥斯曼民法典》的编纂目的决定了它是一部世俗法典。伊德里姆指出,编纂《奥斯曼民法典》的目的是实现帝国法律的统一。只有世俗的法典才能整合帝国不同信仰的族群。因此,从编纂目的来看,该民法典是一部世俗法典。

二是《奥斯曼民法典》对涉及宗教内容的规定全部规避。主要表现在以下几个方面:第一,《奥斯曼民法典》没有规定婚姻家庭继承法。一般而言,婚姻家庭继承法是民法典的重要组成部分,世界诸多国家的民法典都会对此予以规定,《奥斯曼民法典》这部分内容的缺失让很多学者甚至认为它不是严格意义上的民法典。第二,对于证人的规定。按照传统伊斯兰法,非穆斯林不能对穆斯林作证,因为作证需要履行一套宗教仪式,口述宗教经文。《奥斯曼民法典》第1685条规定,对于民事权利,作证的人数是两名男子或一名男子和两名女子。第1686条规定,言语障碍的人和盲人的作证不予接受。这就把传统伊斯兰法规定的非穆斯林不能对穆斯林作证的规定废除了,意味着宗教法让位于世俗法。

三是《奥斯曼民法典》借鉴了大量《法国民法典》的规定。法国大革命对帝国产生了重要影响,在法典编纂领域,《奥斯曼民法典》也受到《法国民法典》编纂的影响。[1] 由于帝国强烈需要编纂民法典,没有什么比考虑采纳1804年《法国民法典》更为正常的了。[2] 伊德里姆进一步指出,《法国民法典》在《奥斯曼民法典》编纂过程中得到了研究,并对《奥斯曼民法典》的主要原则和特定条款产生了重大影响。

第一,《法国民法典》的契约自由思想对《奥斯曼民法典》产生了影响。例如,《奥斯曼民法典》第153条和第154条分别定义了价格和价值。第153

〔1〕 See Ahmet Cemil Yildirim, *Ottoman Mecelle as a Secular Uniform Law Instrument*, International Journal of Turcologia / Vol:X No:19, p. 20.

〔2〕 See Ahmet Cemil Yildirim, *Ottoman Mecelle as a Secular Uniform Law Instrument*, International Journal of Turcologia / Vol:X No:19, p. 21.

条规定,约定的价金,是指合同双方当事人在买卖时相互同意而确认和指定的价格,无论其是否符合出售物的实际价值。《奥斯曼民法典》的规定符合市场自由主义观念。

第二,就《奥斯曼民法典》的内容而言,其借鉴了大量《法国民法典》的内容:(1)《奥斯曼民法典》第 2 条借鉴了《法国民法典》第 1158 条的规定。《奥斯曼民法典》第 2 条规定,一切事务,皆因意图,即由某一事项产生的法律效力,应当按照其行为意图来定。《法国民法典》第 1158 条规定,对于承认两种含义的条款应采用最符合合同目的的含义。(2)《奥斯曼民法典》第 3 条直接翻译了《法国民法典》第 1156 条的规定。《奥斯曼民法典》第 3 条规定,在合同中,思虑应针对意图和含义,而非字面和形式。《法国民法典》第 1156 条规定,合同中必须寻求缔约方的共同意图,而不是注意条款的字面含义。(3)《奥斯曼民法典》第 43 条借鉴了《法国民法典》第 1160 条的规定。《奥斯曼民法典》第 43 条规定,传统上所认定的事项,如同契约中所认定的事项。这一条也受到《法国民法典》第 1160 条的启发,该条规定,合同中的条款应在合同中予以补充,即使它们不在那里表达。(4)《奥斯曼民法典》第 356 条规定的合同损害受到《法国民法典》第 1118 条的启发。

第三,《奥斯曼民法典》第 39 条足以说明其世俗性特征。第 39 条规定,不可否认的是,法律条款因时代的变化而变化。这一规定意味着该民法典并非旨在表达宗教规则,因为宗教规则应该是绝对的、永远不变的。

三、以政教关系范式为视角:《奥斯曼民法典》的世俗性

以上讨论了学术界关于《奥斯曼民法典》是宗教法典还是世俗法典的争议。学术界对此持有不同的观点,论者拿出的主要论据是该民法典的内容,即从内容方面讨论《奥斯曼民法典》是宗教法典还是世俗法典。笔者认为,要讨论这个问题,最重要的是界定宗教法和世俗法的概念,如果把这二者的概念界定清晰,《奥斯曼民法典》的属性就不难理解。

(一)宗教法和世俗法之区分

《牛津法律大辞典》认为宗教法是由于宗教信仰,与个人相联系的法律体系的通称,包括佛教法、印度教法、伊斯兰教法和犹太教法等。〔1〕 这种界定显然是建立在个人本位基础之上的。美国史学家威尔·杜兰认为,宗教法是教会统治的法律,由古老的宗教习惯、圣经文句、教父们的见解、教会会议的谕令以及教皇的意见等积累而成,其内涵远较当代任何世俗法广泛,"是中世纪心智活动方面最主要的成就之一"。〔2〕 世俗法意味着由世俗政府制定的,不以宗教信仰为标准的而适用于全体国民的法律。换言之,世俗法适用于一国任何宗教团体和族群。

宗教法和世俗法具有相同之处:二者都体现出一种规范,都是为了形成有利于社会正常运作的各种秩序。但是宗教法和世俗法亦有不同之处:

一是二者适用的范围不同。宗教法适用于宗教信仰共同体,例如伊斯兰法适用于穆斯林,佛教法适用于佛教徒,因此宗教法具有属人法的特征,它超越了国界。世俗法是世俗国家制定的不以宗教身份的认同来调整的规范,因此世俗法可以适用于一国内的不同信仰的族群。

二是二者调整的时限不同。按照宗教法的特征,宗教法不仅调整今世,还调整后世。例如,伊斯兰沙里亚法涉及人们的来世,在今世干歹的人,其后世会得到相应的惩罚。而世俗法并不规制未来世界。因此就调整范围而言,显然宗教法要大于世俗法。

三是二者的强制力不同。与世俗法相比,宗教法具有巨大的柔和性。这种柔和性源自宗教法的道德与法律的同一性,在柔性的道德和刚性的法律混合在同一个规范体系之中的情况下,当刚性的法律规范在处理社会矛盾、社会冲突上有点力不从心时,柔性的道德就显示出了它的巨大能量,不

〔1〕 [英]戴维·M.沃克主编:《牛津法律大辞典》,北京社会与科技发展研究所译,光明日报出版社1988年版,第763页。

〔2〕 [美]威尔·杜兰:《世界文明史:信仰的时代》(第4卷),幼狮文化公司译,东方出版社1998年版,第590-591页。

仅能够配合法律规范解决问题,有时还可以克服法律规范的缺陷,弥补法律规范的刚性所造成的不足。因此宗教法不仅对教徒具有外在强制力,而且对他们的内心也具有强大的规制作用,世俗法仅对人的外在行为具有强制力。这也是世俗法的一个弱点,法律被遵守,但不被信仰。

四是与世俗法相比,宗教法有两个弱点。一是具有模糊性,它对信徒的权利义务的规定、对犯罪惩罚的规定都不如世俗法典那么明确。甚至在其戒律中还夹杂了许多神话、传说、先知教诲和道德说教等。二是具有强烈的排他性,对异端的排斥较为严重。而世俗法律具有一体遵循的效力平等对待每一个人。

以上简要讨论了宗教法和世俗法的区别,如果按照以上区分标准,笔者认为《奥斯曼民法典》的世俗性更强。其主要表现在:第一,《奥斯曼民法典》只适用于奥斯曼帝国,其在其他伊斯兰国家没有法律效力,尤其对从帝国分裂出去的埃及并不适用。第二,《奥斯曼民法典》调整现世的规则,不调整来世的生活。第三,《奥斯曼民法典》不仅调整穆斯林的行为,还调整帝国的基督教徒、犹太教徒等其他族群的行为。

(二)判断宗教法和世俗法的新标准:以政教关系为切入点

通过以上标准界定《奥斯曼民法典》作为世俗法典,还没有触及宗教法和世俗法的本质关系。为此,我们需要找一个更为本质的标准,探讨宗教法和世俗法的区别。本书尝试以政治与宗教二者的关系作为分析的切入点。我国比较法学家高鸿钧教授认为,在政教关系上,人类社会曾经出现四种主要的类型,即中世纪西方的“政教分治型”,古代伊斯兰教国家的“政教合治型”,古代中国的“政尊教卑型”,以及古代印度的“政卑教尊型”。在第一种类型中,法律被宗教势力和政治权威掌控;在第二种类型中,立法权和释法权由宗教势力掌控,但执法权和司法权由政治权威掌控;在第三种类型中,立法权、执法权和司法权由政治权威垄断;在第四种类型中,立法权和释法权由婆罗门掌握,执法权和司法权由政治权威和宗教势力共享。[1]

以上四种关系中,第一种类型和第三种类型与世俗法更为接近,第二种类型和第四种类型的政教关系实质上与宗教法更为接近。我们借用这个范式来分析《奥斯曼民法典》的诞生背景即奥斯曼帝国的政治和宗教的关系。

古代伊斯兰国家采取的是政教合一模式。穆罕默德在麦地那时期建立的乌玛作为伊斯兰国家的雏形,本身就是一个政治、宗教、军事合一的共同体。穆罕默德时代,宗教权威和政治权威是合一的,穆罕默德既是传达真主信息的使者,又是穆斯林社团的政治领袖。但在他去世之后,这两种权威便分离了。[2] 穆罕默德逝世后,哈里发作为穆罕默德的继承人,继续领导穆斯林治理伊斯兰国家。哈里发享有非常广泛的权力,在阿巴斯王朝时期,哈里发自称"真主在大地上的影子"。但是历代哈里发并没有传达启示的权力,也没有创造法律的权力。因为伊斯兰法的立法者是真主,哈里发颁布的并非法律,而是被称为行政命令的文件。如果说古代伊斯兰国家是政教合一性的,那么古代伊斯兰教国家制定的法律也具有宗教法的特征。这不同于古代印度。在古代印度,宗教超越了政治,限制了法律的发展,可以说宗教法的特征非常明显。但是在古代伊斯兰国家,并不像古代印度那样,宗教压倒了政治,也不像古代中国那样,政治压倒了宗教。古代伊斯兰教国家将政治和宗教进行了高度的统一,政治主权者也是宗教领袖。

奥斯曼帝国时期,哈里发被称为苏丹。实际上苏丹和哈里发的职能并无差别。帝国的苏丹具有与古代伊斯兰国家哈里发享有的类似的权力,但是帝国还存在宗教学者乌里玛阶层。乌里玛阶层的最高首领伊斯兰长老解释并监督帝国伊斯兰法的适用,如果苏丹颁布的法令违背伊斯兰法,理论上伊斯兰长老有权制止。因此,以伊斯兰长老为代表的乌里玛阶层和以苏丹为代表的政治团体分享了帝国的权力。帝国的司法权、法律解释权归于享

---

〔1〕 参见高鸿钧、李红海主编:《新编外国法制史》(上册),清华大学出版社 2015 年版,第 57 页。

〔2〕 参见王宇洁:《教法学家的统治:历史渊源及其现实困境》,载《世界宗教研究》2002 年第 3 期。

有创制资格的宗教乌里玛阶层。这一时期内,乌里玛阶层并不归属于国家的政治权力的架构中。因此,乌里玛阶层享有较大的权力,甚至可以限制帝国苏丹的权力。在这种体制下,帝国的法律表现出更强烈的宗教性特征。

转折点出现在晚期帝国的改革中。晚期奥斯曼帝国改革的主要措施是将乌里玛阶层的司法权力收回,建立司法部。乌里玛阶层对法律的解释权和监督权被大大削弱。这也意味着帝国的苏丹将法律解释权以及与之有关的立法权牢牢掌控,从而实现了帝国的政治压倒宗教的局面。因此这一时期的宗教和政治的关系主要表现为政治高于宗教,宗教有时被作为政治统治的合法手段。

我们理解了这段时期的政教关系后再来看《奥斯曼民法典》。实际上,《奥斯曼民法典》是在政治主权的帝国以帝国的名义颁布的法律,是世俗法律最重要的标志。换言之,我们判断一部法典是宗教法还是世俗法,不仅仅要从它的内容分析和评判,最为本质的判断方法是从它诞生的社会政教关系入手,如果它是一个在政治压倒宗教的社会诞生的法典,且它是以政府的名义颁布的,那么它必然是一部世俗法。民法典编纂委员会为了使《奥斯曼民法典》具有正当性,就请示了帝国的伊斯兰长老进行审查。为了凸显该民法典的正当性,不至于遭到穆斯林的抵制,他们在该民法典的首页以及尾页写满了对安拉的崇拜和敬意。实际上,这一切并不是《奥斯曼民法典》作为宗教法典的表现,而是它作为一部世俗法典,为了应对一部分保守穆斯林和乌里玛阶层的反对而做出的权宜之计。

四、《奥斯曼民法典》是土耳其法律世俗化的转折点

《奥斯曼民法典》作为一部世俗法典,对于从奥斯曼帝国到现代土耳其法律世俗化的发展具有重要的意义,是土耳其民法世俗化的里程碑。如果我们考察土耳其法律世俗化的历史,有这样几个阶段。

第一阶段是通过卡农法补充传统伊斯兰法。奥斯曼帝国历史上适用的

是伊斯兰法，后来传统伊斯兰法逐渐不适应变化中的帝国社会，于是在1451年穆罕默德二世在位时颁布了卡农立法，通过苏丹的法令补充传统伊斯兰法，这是土耳其伊斯兰法世俗化的开始。

第二阶段始于坦志麦特改革时期。帝国为了应对西方的挑战和内部的改革需求，颁布了《花厅御诏》和《改革法令》，在此基础上大规模借鉴了外国法典，尤其是法国法，从而实现了法律的世俗化。在这个阶段，《奥斯曼民法典》的编纂因拒绝接受《法国民法典》，而是以传统伊斯兰法为资源实现民法的现代化受到学界的重视。其编纂是帝国伊斯兰法世俗化的重要转折点。

第三阶段是1926年土耳其民法典的编纂。1923年，奥斯曼帝国解体，土耳其建国。1926年，土耳其移植瑞士民法典标志着土耳其民法世俗化达到了高潮，在这个阶段土耳其民法才实现了完全的世俗化。

我们考察西方法律传统，其也实现了从宗教法向世俗法的转变。伯尔曼考察到，西方世俗法律的形成与宗教亦有密切的关系，西方世俗法律的基本制度、概念和价值都有其11世纪、12世纪的宗教渊源，起源于教皇改革。按照伯尔曼的观点，古代罗马法对西方法律传统没有产生实质性的影响，主要原因在于，一是随着西罗马帝国的灭亡，古代罗马法也逐渐消失殆尽；二是古代罗马法并未体系化；三是古代罗马法学家关注具体案件，缺乏分析和综合的能力。相反，伯尔曼认为，11世纪、12世纪教皇革命后的罗马法学家就开始具有抽象的能力，他们能够做到以下几个方面：一是将古代罗马法和希腊哲学予以结合，发展出比古代罗马法更为抽象、更为系统的法律体系；二是将分析和综合的方法运用于罗马法；三是对一般法律概念进行界定和抽象；四是将古代罗马法的研究和西欧现实相结合，解决西欧的实际情况。通过11世纪、12世纪对罗马法的改造，复兴后的罗马法已经构成了西方法律传统。换言之，教皇革命促使西方法律传统从宗教法走向世俗法。从另一个角度来看，西方近代的法律即使不再包含宗教神学的内容，但是从宗教神学中衍生的概念、制度仍然被保留下来。一些最初的司法程序是依据宗教观念制定的,“没有对炼狱的恐惧,西方的法律传统就不会形成”。直到19世纪,美国人仍普遍认为法律是基于“十诫”和圣经制定的。就西方世俗法律体系的产生过程而言,其产生是从模仿教会法律开始的,其是在对抗教会法律的过程中逐步形成的。比如西方法律体系从建立之初就强调法律适用的普遍性,这就是对教会法律的模仿。因为教会法律可以依据统一的宗教仪式、宗教文书、宗教组织等,在不同区域形成统一、普遍的教会法规。而在世俗法的修纂过程中,很多参与者就是教会的僧侣和神学家,这为世俗法打上了深刻的宗教烙印。

由此看来,西方法律传统也经历了从宗教法向世俗法的转变,这种转变是世俗法对宗教法的模仿。换言之,西方世俗法来自宗教法,这和伊斯兰法的发展具有相似之处。《奥斯曼民法典》亦是来自传统的伊斯兰法,但最终向世俗法的方向发展。我们可以这样评价《奥斯曼民法典》:虽然它是一部世俗法典,但还是打上了宗教烙印。

第二节 《奥斯曼民法典》是否包含了罗马法的规则?

有学者认为法典编纂者借鉴了罗马法的规则,徐国栋教授认为《奥斯曼民法典》至少有罗马法的基因。也有学者认为《奥斯曼民法典》没有借鉴罗马法规则,而是对传统伊斯兰法进行了整合。这个问题实质上涉及传统伊斯兰法和罗马法的关系,本书在分析这些争论后,从比较法的还原方法尝试回答伊斯兰法和罗马法的关系。

一、《奥斯曼民法典》包含罗马法规则

徐国栋教授提出了这个观点。他指出,《奥斯曼民法典》借鉴了罗马法,或者说至少有罗马法的基因。我们可以归纳他的理由:一是《奥斯曼民

法典》规定了99条格言，这与优士丁尼《学说汇纂》第50卷第17题“古法的各种规则”的标题下收集了211条规则（有的大规则内含若干小规则）的做法相同而且二者的一些规则的内容相同。例如，《奥斯曼民法典》第63条规定，提及某事物不可分割的一部分，等同于提及整体。罗马法也有类似的规定：在较大的东西中，常常包括较小的东西。《奥斯曼民法典》第87条规定，失因得生。即对某一物品获取收益的当事人，应当承担该物品的损失责任。罗马法规定，依据自然，某物之利益所属的人也要承担该物的不利益。

二是《奥斯曼民法典》把租赁分为实物租赁和劳务租赁两种（第421条），这点与优士丁尼罗马法把租赁分为物的租赁、工作租赁（承揽）和劳务租赁（雇佣）类似。从表面上看，《奥斯曼民法典》规定的租赁类型比罗马法少了一种，但仔细一看，该民法典理解的雇员分为私人雇员（专门服务于一个人的雇员）和公共雇员（服务于不特定公众的雇员，即各种手艺人）（第422条），前种雇员就是劳务租赁中的出租人，后种雇员就是工作租赁中的出租人，所以《奥斯曼民法典》对租赁的理解与优士丁尼罗马法实际上是一致的。罗马法上的租赁的含义远比现代法上的租赁广泛，其是指当事人约定由一方提供物件给对方使用、收益，或为对方提供劳务，或完成一定工作，而由对方给付报酬的契约。按给付的不同，租赁可以分为物件租赁、劳务租赁和劳务成果租赁，即相当于现代法上的租赁、雇佣和承揽。[1]

三是《奥斯曼民法典》把信托作为一个包纳寄托、使用借贷两个制度的“容器”，这一安排与优士丁尼罗马法中的信托高度类似。

徐国栋教授指出，上述特点为罗马法的基因。上述三个基因在1876年的欧洲法中多已不存。《奥斯曼民法典》在上述三个点上有两点比《法国民法典》更忠实于优士丁尼罗马法。这样的比较可排除《奥斯曼民法典》把《法国民法典》作为蓝本的可能。为什么《奥斯曼民法典》借鉴了罗马法？公元

---

〔1〕 参见徐国栋：《论〈奥斯曼帝国民法典〉中的罗马法基因——兼论罗马法通过伊斯兰法传入中国的可能性》，载《法律科学》2020年第6期。

635年,阿拉伯帝国征服罗马的叙利亚行省,这个行省是著名的贝鲁特法学院的所在地。穆斯林征服叙利亚后,罗马法并未受到废黜,而是作为被征服者的属人法保留了下来。徐国栋教授认为,罗马帝国后期的行省并无立法权,只有中央政府有立法权,所以,所谓的行省法不过是在特定行省适用的中央法,具体来说是皇帝颁布的敕令。因此,罗马法对伊斯兰法产生了直接的影响。[1]

土耳其学者伊迪里姆也指出,《奥斯曼民法典》的诸多规则借鉴于罗马法。他用一个现象来说明:在土耳其伊斯坦布尔苏丹阿卜杜勒·哈米德一世的墓前,有一块名为"kadem-i erif"的石头,人们都相信这块石头上有先知穆罕默德的足迹,因此很多穆斯林来到这块神圣的石头前进行祈祷。但是伊迪里姆指出,大多数人都知道,这块石头实际上是一个古代罗马雕塑的地基。其进一步指出,人们常常强调《奥斯曼民法典》的伊斯兰法特征,但是该民法典的罗马法基因却鲜有人提及。[2]

二、《奥斯曼民法典》遵循传统伊斯兰法

也有观点认为,《奥斯曼民法典》没有借鉴罗马法,而是遵循传统伊斯兰法。民法典编纂委员会在法典编纂报告中指出,外国法不是帝国的法律渊源,不能作为法官裁判的依据,因此该民法典并没有借鉴外国法。民法典编纂委员会声称《奥斯曼民法典》是严格按照哈乃斐法学派的观点加以编纂的。艾由布认为,《奥斯曼民法典》的编纂真实地反映了伊斯兰法传统,该民法典主要依据了晚期哈乃斐法学派的规范和学说。[3] 即使该民法典对传

---

[1] 参见徐国栋:《论〈奥斯曼帝国民法典〉中的罗马法基因——兼论罗马法通过伊斯兰法传入中国的可能性》,载《法律科学》2020年第6期。

[2] See Ahmet Cemil Yildirim, *Ottoman Mecelle as a Secular Uniform Law Instrument*, International Journal of Turcologia / Vol: X No: 19, p. 28.

[3] See Samy Ayoub, *The Mecelle, Sharia, and the Ottoman State: Fashioning and Refashioning of Islamic Law in the Nineteenth and Twentieth Centuries*, Journal of the Ottoman & Turkish Studies Association, 2015, p. 121.

统哈乃斐法学的规则进行了改变,那也是晚期哈乃斐法律传统自身演变的结果。艾由布认为,《奥斯曼民法典》体现出哈乃斐法学派的法律传统,即《奥斯曼民法典》守护着本土法律文化。[1] 艾由布用以下三个例子来说明《奥斯曼民法典》对传统法律的改变也是帝国晚期哈乃斐法律传统自身改变的结果,而并非借鉴罗马法的结果。

(一)侵权规则

其一,关于侵占概念的转变。经典的哈乃斐学说对侵占人的能力提出了要求,即侵占人的行为能力影响到了侵占行为。《奥斯曼民法典》对侵占的定义并没有采纳艾布·哈尼法和艾布·优素福的权威观点。该民法典第881条将侵占定义为行为人在未经他人许可的情况下获取并扣留其财产的行为。侵占概念的转变,不仅体现了哈乃斐法学内部的发展,还适应了帝国内部新的社会现实和商业活动。[2]

其二,关于侵占物孳息的损害赔偿。《奥斯曼民法典》第903条规定,侵占物的添附物应当归属于其所有人,如果侵占人消耗了侵占物的添附物,则其必须承担相应的损失赔偿责任。例一:如果侵占人在侵占动物期间消耗了由其产出的乳汁或幼崽,或者侵占人在侵占果园期间消耗了由其产出的水果,则该侵占人必须承担相应的损失赔偿责任,因为这些添附物是归属于受侵人的财产。例二:如果当事人侵占了连带蜜蜂的蜂箱,受侵人索回蜂箱时,受侵人有权获取蜂箱被侵占时产出的蜂蜜。换言之,晚期哈乃斐法学规定,对于侵占的孳息,侵占人也要承担损害赔偿责任。

其三,关于侵占物的添付产生的赔偿。如果侵占人通过其财产以添附某物品的方式改变了侵占物的部分性质,则受侵人为选择权人。若其愿

---

[1] See Samy Ayoub, *The Mecelle, Sharia, and the Ottoman State: Fashioning and Refashioning of Islamic Law in the Nineteenth and Twentieth Centuries*, Journal of the Ottoman & Turkish Studies Association, 2015, p. 122.

[2] See Samy Ayoub, *The Mecelle, Sharia, and the Ottoman State: Fashioning and Refashioning of Islamic Law in the Nineteenth and Twentieth Centuries*, Journal of the Ottoman & Turkish Studies Association, 2015, p. 136.

意,则其既可以支付该添附物的价值,并且索还被侵占的实物,也可以让侵占人承担侵占物价值的损失赔偿责任。

由此看出,关于添付物的赔偿,《奥斯曼民法典》规定了两种选择,以侵占布料为例,若侵占物是一块布料,而且侵占人已经对其进行了染色,则受侵人既可以让侵占人承担这块布料价值的损失赔偿责任,也可以支付染色的费用(如染料费和工时费),并且索还这块布料。哈乃斐法学只规定了受侵人请求损害赔偿的标准。

(二)书面证据

传统伊斯兰法不承认书面证据的效力,但是晚期哈乃斐学派改变了这个规则。例如,Ibn'Ābidīn 指出,晚期哈乃斐法学派逐渐接受某些类型的书面证据,如帝国法令、苏丹法令、捐赠登记册和法庭记录。如果这些书面证据被证明是伪造的,就可以作为法庭上的有效证据使用。《奥斯曼民法典》完全接受了晚期哈乃斐法学派的观点,规定了四种情形:(1)裁定不能只以笔迹和印章作为有效依据,但如果笔迹和印章不存在任何欺诈或者伪造的疑点,则其可以被认定为有效依据,即可以成为裁定的依据,并且无须以任何其他方式予以证明。(2)苏丹文告和君主登记册中的记录,因其不受伪造而具有安全性,被视为有效的依据。(3)根据司法编中所述的方式,如果法院的记录不存在任何腐败现象和违规行为,则也应当被视为有效的依据。(4)裁定不能只以沃格夫文书作为有效依据,但如果是根据规定的合法的而被记录于可靠的法院登记册中,则其应当被视为有效的依据。

(三)证人资格的转变

传统伊斯兰法规定了证人的宗教信仰,而《奥斯曼民法典》放弃了这一要求。《奥斯曼民法典》第 1705 条规定,证人必须是公正之人,而公正之人则是其优点胜于其缺点之人。因此,时常在状态和行为上目无法纪、缺乏自律之人(如嗜好跳舞和嬉戏之人)的作证,以及以谎言著称之人的作证,均不予以接受。虽然伊斯兰法承认非穆斯林在法庭上的证词,但其始终抵制非穆斯林对穆斯林的证词,《奥斯曼民法典》改变了这些规范,并在法官面前为有效的证词引入了更多的平等条件。

因此,按照艾由布的观点,《奥斯曼民法典》没有借鉴罗马法,其遵循哈乃斐法学的传统,那么如何理解《奥斯曼民法典》对传统规则的改变这一现象呢?艾由布认为这反映出近代早期哈乃斐法学到晚期哈乃斐法学的转变。他指出,《奥斯曼民法典》代表了变迁中的传统法,即代表了晚期哈乃斐法学,而且还阐明了晚期奥斯曼帝国的新的社会规范。

三、关于《奥斯曼民法典》是否借鉴了罗马法的讨论

《奥斯曼民法典》是否借鉴了罗马法?按照民法典编纂委员会的报告,《奥斯曼民法典》并没有借鉴罗马法,首先,从逻辑上来讲,民法典编纂委员会没有借鉴当时最为著名的《法国民法典》,几乎不可能去借鉴罗马法的内容。其次,在民法典编纂之争中,杰夫代特帕夏编纂《奥斯曼民法典》第629条债务转移的规定时,就因为采纳了晚期哈乃斐法学派的法学家祖法尔的观点,而被罢免了民法典编纂委员会主席的职务。可以想象民法典编纂委员会当时面临的巨大压力。因此我们可以排除民法典编纂委员会直接借鉴罗马法的观点。

问题是,徐国栋教授指出,《奥斯曼民法典》的条文和规定与罗马法的规定类似,如果没有直接借鉴罗马法,那么该民法典是否有罗马法的基因?为了解决这个问题,我们需要考察传统伊斯兰法和罗马法之间的关系。

一般而言,穆斯林法学家否认罗马法对伊斯兰法的直接影响。正统伊斯兰教认为,伊斯兰法始于《古兰经》的降示,《古兰经》诞生之前的时代被穆斯林称为蒙昧时代,《古兰经》诞生意味着和以前黑暗蒙昧的社会决裂。因此,伊斯兰法作为"天启"宗教法,不受其他法律文化的影响。对于伊斯兰法接受罗马法的影响这一观点,正统穆斯林法学家拒绝承认。

西方学者对此有不同的观点。夏赫从历史社会学视角考察伊斯兰法的

起源,提出了不同于穆斯林法学家的观点。夏赫认为,首先,伊斯兰法的起源不以沙斐仪确立的《古兰经》、圣训、公议、类比四大法源为顺序发展。伊斯兰法的起源受到外来法律文化的影响,尤其是在倭玛亚王朝时期以后帝国征服的地区,当地居民仍然沿用他们的习惯法。从现在来看,被帝国征服的大部分地区,如叙利亚,曾经就是罗马帝国的行省,那里曾经使用罗马法。其次,伊斯兰法的发展在伊斯兰历经一两个世纪,帝国的法学家通过发展圣训,以托古改制的方式将自己的学术观点加于前人,换言之,这些法学家通过伪造圣训创制了大量的法律规则,最终沙斐仪将圣训确立为仅次于《古兰经》的第二大神圣法律渊源,从而建构起伊斯兰法大厦。实际上,按照夏赫的观点,伊斯兰法的内容大多是后人建构的,借鉴的也是当地的习惯法,而当地的习惯法主要以罗马法为基础。夏赫的学术观点引起了巨大争议,对穆斯林法学家的历史观以及伊斯兰法的起源产生了冲击。

德国法学家雅克士比夏赫更进一步指出,伊斯兰法主要借鉴了罗马法的内容。雅克士同意夏赫的观点,他认为穆斯林学者建构早期伊斯兰法的历史主要依据的是圣训,但是圣训的真实性往往有巨大的争议。他指出,实际上,伊斯兰法既不起源于先知,也不是古代法学派发展起来的,而是在阿巴斯王朝时期由巴格达的几个帝国法学家编纂发展来的。[1] 雅克士考察到,在8世纪中叶阿巴斯王朝推翻倭玛亚王朝后,阿巴斯王朝的哈里发试图建立一个非常接近拜占庭帝国的中央集权制度。中央集权制度的主要特征之一是法典编纂。哈里发曼苏尔(754—775年在位)和他的继任者马赫德(775—785年在位)都曾尝试过编纂法典。但是,真正的法典编纂始于哈伦·拉希德(Härünal-Rashid,786—809年在位)在位时期。哈里发哈伦登基后不久,就组建了一个法律委员会,法律委员会的成员包括穆斯林法学家、基督教法学家以及犹太教法学家。其中穆斯林法学家是艾布·哈尼法的两

〔1〕 See Benjamin Jokisch, *Islamic Imperial Law, Harun-Al-Rashid's Codification Project*, Walter de Gruyter · Berlin · New York, 2007, p. 2.

位著名弟子艾布·优素福和穆罕默德·本·哈桑·舍依巴尼。[1] 这些不同宗教的法学家都制定了自己的法典。穆斯林法学家在编纂法典时主要参考了罗马法。[2] 其中穆罕默德·本·哈桑·舍依沙巴尼编纂的曼布苏特(Mabsüt)以及其他著作都是经典伊斯兰法的基础。[3] 由此,雅克士认为艾布·优素福和穆罕默德·本·哈桑·舍依巴尼是伊斯兰法的设计者。[4] 雅克士进一步讨论,伊斯兰具有宗教性质,如何使来自罗马法的世俗法成为伊斯兰宗教法?他指出这并非难事,让世俗法律体系具有宗教外观并没有很困难。实际上,伊斯兰法区分为宗教法部分和交易法部分。在这种区分下,世俗法学家的观点被宗教学者引用,世俗的和宗教的法律都以《古兰经》和圣训作为基础,在此基础上第一代法学家建构起了伊斯兰法体系。第一代法学家主要指艾布·优素福和穆罕默德·本·哈桑·舍依巴尼,他们编纂出了帝国法典,该法典由六个部分(Mabsüt, Jämi'saghir, JämVkabir, Ziyadät, Siyar kabir 和 Siyar saghir)组成,被称为"Zähiral-riwäya"。[5] 该法典在结构和内容上主要以希腊版的罗马法《学说汇纂》为基础,但在某种程度上也借鉴了犹太法、教会法和其他法令。因此,按照雅克士的观点,在阿巴斯王朝时期帝国已经编纂出了伊斯兰帝国法。帝国法典产生后,法学家就其中的观点展开争论,较为温和的学者接受艾布·优素福和穆罕默德·本·哈桑·舍依巴尼的观点,较为极端的保守派学者不承认两人的观点,主要原因是质疑两人的著作以及法典中圣训的真实性,这也意味着围绕

---

〔1〕 See Benjamin Jokisch, *Islamic Imperial Law, Harun-Al-Rashid's Codification Project*, Walter de Gruyter · Berlin · New York, 2007, p. 3.

〔2〕 See Benjamin Jokisch, *Islamic Imperial Law, Harun-Al-Rashid's Codification Project*, Walter de Gruyter · Berlin · New York, 2007, p. 3.

〔3〕 See Benjamin Jokisch, *Islamic Imperial Law, Harun-Al-Rashid's Codification Project*, Walter de Gruyter · Berlin · New York, 2007, p. 4.

〔4〕 See Benjamin Jokisch, *Islamic Imperial Law, Harun-Al-Rashid's Codification Project*, Walter de Gruyter · Berlin · New York, 2007, p. 51.

〔5〕 See Benjamin Jokisch, *Islamic Imperial Law, Harun-Al-Rashid's Codification Project*, Walter de Gruyter · Berlin · New York, 2007, p. 57.

这部法典所产生的争议主要集中在其引用的圣训的真实性问题上。因为法典编纂者将法典的权威建立在神圣法源的基础上,而不是哈里发的权威之上,因此,法学家都可以对这部法典发表意见。法学家对这部法典产生的争议最终导致阿巴斯王朝时期伊斯兰帝国法向法学家法转变。

我们归纳雅克士的观点:阿巴斯王朝时期帝国为了加强中央集权需要编纂法典,哈尼法的弟子艾布·优素福和穆罕默德·本·哈桑·舍依巴尼编纂了帝国的法典,他们编纂的法典主要借鉴了希腊版的罗马法《学说汇纂》。由于极端保守主义学者质疑这部法典引用的圣训的真实性,从而引起了巨大争议,最终这部帝国法典并没有成为帝国加强中央集权的工具,而使帝国法走向了传统的伊斯兰法学家法。换言之,帝国法没有被颁布便流产了,但是帝国法借鉴罗马法的事实对伊斯兰法的发展产生了重大影响。

四、伊斯兰法和罗马法的相似性:基于比较法还原方法

无论我们是否同意夏赫、雅克士等学者的观点,但有一点是确定的,罗马法和伊斯兰法在很多方面都表现出惊人的一致性。我们以罗马法和《奥斯曼民法典》作比较,尝试从以下几个方面加以说明。

一是关于法学的定义。罗马法将法学定义为关于神事和人事的知识,关于正义和不正义的科学。事实上,古代罗马法宗教和法律交织在一起,神学和法学密不可分。罗马法不仅包括世俗规则,还包括一系列宗教仪式规则。伊斯兰法被称为沙里亚法,被定义为调整安拉和人的关系以及人和人之间关系的法律,换言之,伊斯兰法也是关于神事和人事的法律。伊斯兰法亦分为关于宗教仪式的法律以及世俗法律。根据《奥斯曼民法典》第1条的规定,沙里亚法要么涉及后世事务,即有关敬拜安拉的礼仪规则,要么

关乎今世事务，一般分为民事、商事和刑事。[1]

二是关于法学家法。罗马法是法学家法，法学家在罗马法的发展中起到了重要作用，尤其是罗马五大法学家的著作具有法律效力。五大法学家在罗马法的发展中达到了鼎盛，但是其后由盛而衰，其他法学家的创制之门被关闭，也预示着罗马法走向衰落。和罗马的法学家一样，伊斯兰法学家在伊斯兰帝国也享有崇高的地位，他们解释神圣的伊斯兰法，为民众解答法律问题，作为卡迪裁判案件。四大法学派的确立意味着伊斯兰法的发展达到鼎盛，最终由盛及衰，10 世纪出现了法律创制之门的关闭。

根据 Theodore P. Ion 的观点，在伊斯兰法四大法学派形成之时，沙斐仪研究了哈乃斐法学派和马力克法学派，并在此基础上构建了沙斐仪法学派。据说，沙斐仪这位伊斯兰法的集大成者，曾在叙利亚学习过罗马法。[2]

三是罗马法的具体制度和伊斯兰法具有相似性，我们以合同法为例来说明。

其一，借用合同。(1)二者的成立条件基本相同。借用合同在罗马法中被称为使用借贷，它是当事人约定出借人把特定物无偿地交给借用人使用，借用人于使用后归还原物的契约。和罗马法类似，《奥斯曼民法典》中借用合同成立的条件是双方当事人须有意思表示，并且必须交付借用物。(2)二者关于借用的使用规定相同。罗马法规定，借用人须按约定的期限和条件使用标的物，无约定的依习惯，如借用乘骑之马，不得用于驮物、拉车或耕田，借用裁衣剪不得用于修剪树枝等。当事人的约定可以明示，也可以默示。借用人一般不得获取标的物的收益，而只能使用。《奥斯曼民法典》规定，如果双方没有明确约定借用物的使用方式，借用人应该依照当地的习惯合理使用。(3)借用物是无偿使用，罗马法和《奥斯曼民法典》都将无偿作为

---

〔1〕 参见《奥斯曼帝国民法典》，王永宝译，商务印书馆 2018 年版，第 3 页。

〔2〕 See Theodore P. Ion, *Roman Law and Mohammedan Jurisprudence*: Ⅲ, Michigan Law Review, Vol. 6:5, 1908, p. 375.

借用合同的必要条件。(4)对于借用人对借用物灭失的赔偿责任,罗马法和伊斯兰法都作了规定。罗马法对于借用人的义务进行了规定,即借用人对标的物的使用、管理负善良家长的注意义务,这是一种抽象轻过失责任,即借用人对标的物意外灭失的风险不负责。《奥斯曼民法典》对此也作出规定,即借用人所占有的出借物为信托物。因此,如果不是由于借用人的不当行为或疏忽懈怠而使出借物灭失或造成出借物价值减少的,则借用人不应当承担损失赔偿责任。例一:在无不当行为和疏忽懈怠的情况下,如果出借的镜子从借用人的手中跌落并且碎裂,则借用人不应当承担损失赔偿责任。例二:如果某物品跌落在了出借的地毯上而使地毯受到了污染并且造成了其价值的减少,则借用人不应当承担损失赔偿责任。(5)关于借用人能否将出借物转借他人的问题,罗马法和《奥斯曼民法典》有不同的规定。罗马法规定,借用人须按约定或习惯的方法和使用范围使用标的物,不经出借人的同意,不得允许他人使用,否则构成盗用罪,除赔偿损失外,还须支付罚金,并负标的物意外灭失的责任。《奥斯曼民法典》规定,如果出借人对出借物的收益人未设置任何条件,则借用人可以以不受限制的方式使用之,即无论出借物是否因使用人不同而发生变更,如用于居住的房屋和用于骑乘的牲畜,借用人既可以自己使用出借物,也可以将之转借给第三人使用。

其二,保管合同。关于保管合同的成立条件,罗马法和《奥斯曼民法典》的规定相同:(1)二者都以要约和承诺的方式成立,且以交付保管物作为保管合同的成立要件。(2)寄存人随时都可以要求返还保管物。《奥斯曼民法典》规定,寄托人和保管人任何一方均可随时撤销寄托合同。罗马法也规定,经寄存人要求,保管人应立即交还寄存标的物及附属物和孳息,即使定有期限,寄托人也可以随时要求返还。(3)关于保管人的赔偿责任,罗马法规定,保管人只负故意和重过失责任。因为保管人只负义务,不享权利,是无偿服务者,所以责任应轻。现代民法则加重了受寄人的责任,一般规定其要负具体轻过失责任。在寄存标的物有变质、腐烂等危险或被第三人追夺的情况下,受寄人应及时将情况通知寄存人。受寄人负故意和重过失责任是原则,在例外情况下,应负更重的责任:双方有特约,按特约办理;为受寄人自己的利益而保管,如质权,则受寄人应负抽象轻过失责任。《奥斯曼民法典》规定,如果由于保管人的不当行为或疏忽懈怠造成寄托物灭失或其价值减少,则保管人必须承担损失赔偿责任。寄托物由保管人占有时为信托物。因此,如果寄托物的灭失不是保管人的不当行为和疏忽懈怠而造成的,则保管人不应当承担损失赔偿责任。但是,如果保管人是因为一定报酬而保管寄托物的,而且是由于可避免的原因造成灭失的,如盗窃,则保管人必须承担损失赔偿责任。

其三,买卖合同。(1)出卖人的瑕疵担保义务。罗马法规定,出卖人负瑕疵担保义务,即出卖人应担保标的物无隐匿和重大的瑕疵。《奥斯曼民法典》亦规定,绝对买卖要求出售物必须是无瑕疵的,即在既未约定瑕疵免责,也未说明是否完好无损或具有瑕疵的情况下,财产的买卖要求出售物必须是完好无损的、无任何瑕疵的。如果以绝对买卖方式出售的任何物品出现了原来就存在的某一瑕疵,则买受人可以选择拒绝或者以约定价金接受所售物品,但不得既保留出售物,又获取因瑕疵而减去的价金。(2)合同的价金。罗马法和伊斯兰法对于合同的价金规定一致,都要求价金必须确定。罗马法最初规定,诺成买卖的价金要求在订约时就确定,否则契约无效。因为请求权只有数额确定,才能受诉权的保护。之后法律要求放宽:依契约内容,价金于将来可以确定的,契约也有效,但确定价金数额的依据必须已为既成事实。但在帝政后期,罗马社会经济秩序失常,仗势强迫他人出卖财产等现象屡见不鲜,为了保护出卖人的利益,地奥克莱体亚努斯帝在位时规定,买卖土地,如果价金不足市价的二分之一,则不管对方有无欺诈和胁迫,出卖人可以蒙受非常损失为由解除契约。契约已履行的,出卖人可以将标的物追回,未履行的则可不再履行。但如果买受人此时补付价金,契约仍可有效。优帝一世基于人道主义将这项限制扩大适用于所有的买卖,推定在价金不足标的市价二分之一时,出卖人表面上是自愿的,实际上是受了压迫的,并非出于真心,故该契约可以解除。在伊斯兰法中,如果价金过高,法律允许当事人撤销合同;但是《奥斯曼民法典》规定,如果买卖中存在重大失衡,但不存在欺诈行为,则受损失的一方当事人不得撤销买卖合同。然而,如果孤儿的财产买卖中存在重大失衡,则相关买卖合同无效,并且沃格夫财产和国库的财产也应当以孤儿的财产论。(3)标的物灭失的风险承担。罗马法规定,标的是特定物时,无论发生部分灭失还是全部灭失,出卖人都不丧失请求全部价金的权利,同时他只须交付标的物尚未灭失的部分。标的是种类物时,罗马法的原则是"种类物不灭",所以,标的在交付前灭失,出卖人不能免除交付义务。《奥斯曼民法典》规定,如果出售物在买受人受领之前灭失于出卖人手中,则该出售物属于出卖人的财产,所以相关损失责任应由出卖人个人承担,而买受人不承担任何责任;如果出售物是在交付后灭失的,则该出售物属于买受人的财产,所以相关损失责任应由买受人个人承担,而出卖人不承担任何责任。

从以上合同法的比较中,我们会发现罗马法和伊斯兰法是何其相似,这也印证了学者的观点:伊斯兰法受到罗马法的影响,因此《奥斯曼民法典》带有罗马法的基因。实际上,笔者认为,穆斯林法学家接触到了罗马法,但是他们没有完全接受罗马法的规则,而是用伊斯兰教的宗教原则对罗马法进行了改造。例如,罗马法规定了出售的标的物,其中有关神用物(包括庙宇内的偶像、器皿、用具等)、宗教物(殉葬物)等不能作为物;《奥斯曼民法典》规定物的时候也将涉及宗教的物排除在物的范畴之外。因此,正如伯尔曼对11世纪、12世纪的罗马法学家的评价,古代罗马法作为一种素材,只有经过11世纪、12世纪罗马法学家的系统化才构成西方法律传统的重要内容。经过11世纪、12世纪法学家改造后的罗马法和古代罗马法差距非常大,古代罗马法并未对西方法律传统产生重大影响。笔者借用伯尔曼的观点,认为伊斯兰法学家在创制法律的时候,可能受到了罗马法的影响,但是穆斯林法学家在伊斯兰教教义的要求下对罗马法进行了重大改造。

那么我们如何解释两种法系之间出现了相同的规则这种现象呢？从比较法学的角度来看，通过规则比较，我们发现二者的相似性。在这里，笔者借用米健教授提出的还原比较的思想来分析这种现象。米健教授认为："无论是东方还是西方，无论这个世界有多大、人群有多少，我们的思想都必须从人出发，也就是说，必须将所有的人和所有的人群还原成一个基本元素人。"〔1〕这也意味着，无论是西方还是东方，其实都有一个共同的起点，这就是人。而用于调整人类社会各种关系，建立人类社会根本秩序的法律，也必然会因为有这样一个共同的起点而有普遍的共同之处。于是，所有的人或所有的人群都有或者必然有共同的追求和理想，都有一种可以达成共识和普遍确认的理性。正是因为人类这种共同本质和共同理性，使一种普遍适用于人类社会的普遍法或共同法规则必然会存在。人们应该从"人"这个基本元素出发，并将所有支持形成人类社会秩序的规则还原为人的规则。〔2〕

根据米健教授的还原比较思想，本书认为，虽然罗马法和伊斯兰法分属于不同的法系，但是它们都是由人建构起来的规则，而人的本质无论是在东方还是在西方都表现出同质性。例如，罗马法的法谚"正直生活、不害他人、各得其所"、中国古语"己所不欲、勿施于人"。圣经中的"你们愿意别人怎样待你们，你们也要怎样待别人"以及伊斯兰法格言"不以侵害起始，不以损害相对"。这些思想都惊人的相似。这些思想并不是借鉴或移植产生的结果，而是在没有交流的情形下产生的。因为都是人构建的思想或规则，人性的相同或者说同质性决定了不同地域的人产生相同的思想。由于人和人之间的交易形成的法律关系具有公平、平等的基础，因此古今中外关于人类交易的规定基本不会差距太大。这说明即使穆斯林法学家没有借鉴罗马法，在帝国巨大的交易市场中也仍然会发展出相当丰富的交易规则，这些规

〔1〕 参见米健：《比较法·共同法·世界主义》，载《比较法研究》2011年第1期。
〔2〕 参见米健：《比较法·共同法·世界主义》，载《比较法研究》2011年第1期。

则基于人的本性肯定是在秉持公平、促进贸易的原则下建构和发展的。

第三节 《奥斯曼民法典》编纂失败抑或成功?

学术界有人认为,《奥斯曼民法典》编纂失败了;也有人认为,《奥斯曼民法典》编纂取得了巨大的成功。我们如何评价这部民法典的成败得失?本书认为,评价《奥斯曼民法典》的成败不能脱离具体的历史场景,只有从历史比较法的视野考察该民法典的价值,才能得出较为客观的结论。

一、《奥斯曼民法典》编纂的失败

有学者认为,《奥斯曼民法典》最终失败,失败的标志是 1926 年土耳其借鉴瑞士民法典,从而结束了《奥斯曼民法典》在土耳其的命运。《奥斯曼民法典》不像《法国民法典》《德国民法典》那样长寿,在这个意义上,它是失败的。如果我们归纳学术界关于《奥斯曼民法典》失败的观点,不外乎有以下几种说法:一是《奥斯曼民法典》的编纂体例松散。没有《德国民法典》那样严谨的五编制的编纂体例,《奥斯曼民法典》的编纂更像一本中世纪的教科书。二是《奥斯曼民法典》缺失了婚姻家庭继承法的内容。众所周知,诸如《法国民法典》《德国民法典》等都规定了婚姻家庭继承法的内容。因为按照民法理论,民法不仅调整平等主体之间的财产关系,更为重要的是调整平等主体之间的身份关系。《奥斯曼民法典》缺少身份关系的规定,以至于有人认为它是一部合同法手册。三是《奥斯曼民法典》限制了合同自由。民法的现代化主要体现在当事人的意思自治和意思自由,因此现代民法典都注重赋予当事人意思自治,从而更能自如地进行交易。由于受伊斯兰法的规制,《奥斯曼民法典》在合同中限制当事人的意思自治。例如该民法典对于合同类型严格限制,不允许当事人随意创设合同。四是《奥斯曼民法典》没有规定抵押制度。抵押是现代民法中的一个重要的制度,通过抵押能够实现财产的交换,极大促进物的流通,但是该民法典仅仅规定了质押制度,没有规定抵押,这是一个重大缺陷。五是《奥斯曼民法典》将实体法和程序法混淆规定。按照现代法理论,实体法和程序法应分开立法。《奥斯曼民法典》规定了程序法内容,这类似于古代罗马法著作,但显然这种立法模式已经不适应现代社会。六是《奥斯曼民法典》中还涉及一些宗教性内容,如在程序法中规定了宣誓制度,宣誓只能通过伊斯兰法规定的宗教语言进行。现代民法早已实现了宗教和世俗的分离。以上诸多现象表明,《奥斯曼民法典》和《法国民法典》以及《德国民法典》相比,落后且失败。

《奥斯曼民法典》的失败有多种原因,不同学者从不同视角给出了自己的观点。穆斯林法学家 Heba Abdel Halim Sewilam 从内部视角指出,《奥斯曼民法典》失败是因为民法典编纂委员会没有使用传统伊斯兰法的法律创制,而是为了契合帝国的政治目标,即为了法律世俗化的目标而偏离传统伊斯兰法,最终编纂出的民法典得不到穆斯林大众的认可,因此该民法典的失败是注定的。他指出,该民法典为了实现帝国的政治目标,偏离传统伊斯兰法体现在以下几个方面:一是把家庭法和继承法排除在外。二是对宗教问题保持沉默,例如该民法典并没有规定传统伊斯兰民法的核心问题——利息。三是没有按照传统伊斯兰法学家的学术辩论进行编纂。伊斯兰法学家的学术辩论在整个历史上为伊斯兰法提供了新的立法,以及防止了政治对法律的干预。[1] 四是主要基于奥斯曼帝国的法令进行编纂,而不是基于传统伊斯兰法理学进行编纂。民法典编纂委员会将《奥斯曼民法典》和欧洲法律进行比较,而没有考虑到奥斯曼帝国与欧洲之间的经济和社会差异。传统伊斯兰法是多元的,多元的法律有选择使用的余地,正是这种多元以及法

---

[1] See Heba Abdel Halim Sewilam, *The Jurisprudential Problems of the Early Codification Movement in the Middle East: a Case Study of the Ottoman Mejelle and the* 1949 *Egyptian Civil Code*, University of California, 2011, p. 4.

学家对不同观点的选择使用使伊斯兰法能适应不同场景和不同时空。现在《奥斯曼民法典》将传统伊斯兰法多元的观点限制在单一的公认立场,民法典编纂委员会完全超出了传统伊斯兰法的容忍度,屈服于他们时代的政治主张,该民法典并没有得到奥斯曼菲格亥法学派的支持。[1] 最终,该民法典没有伊斯兰法作为支撑而缺乏正当性。

韦伯从现代性的视角分析《奥斯曼民法典》的失败。韦伯认为,《奥斯曼民法典》并未实现帝国民法的现代化。他指出,奥斯曼世俗法则的系统化都会受到精神规范的不断干预,宗教和法律没有实现真正意义上的脱离,因此,他认为《奥斯曼民法典》不是真正意义上的法典,而是哈乃斐法学派的一部法律汇编。[2] 按照韦伯的观点,法律的现代化在现代社会表现为形式理性的法律,这种形式理性的法律只能在西欧存在,在奥斯曼帝国这样的传统社会永远不会存在。韦伯认为,基于传统的帝国社会没有产生现代民法典的土壤。我们可以从《奥斯曼民法典》的一些条文中观察到当时奥斯曼帝国呈现的农业社会的场景。(1)该民法典规定的运输合同,并非市场经济时代的机器及汽车的运输合同,而是农业社会的牛、马的运输合同。(2)雇佣合同的雇员也显示出农业社会的氛围。例如,该民法典第422条规定,雇员分为两种类型:第一类是只为雇主工作而受雇的私人雇员,如专职服务人员;第二类是不受只为雇主工作的条件约束的公共雇员,如脚夫、掮客、裁缝、钟表匠、金银珠宝匠,以及在街上出雇马车的马夫、港口的船夫、乡村的牧夫等,所有这些人均为公共雇员,他们并非专属于某人,因而此类雇员可以为任何人提供服务和劳力。(3)从《奥斯曼民法典》的一些法条可以看出,当时在帝国的公共道路上行走的大多为牛马。帝国出现的并非现代的交通事

---

[1] See Heba Abdel Halim Sewilam, *The Jurisprudential Problems of the Early Codification Movement in the Middle East: a Case Study of the Ottoman Mejelle and the* 1949 *Egyptian Civil Code*, University of California, 2011, p. 2.

[2] See Max weber, *economy and society*, *An Outline of Interpretive Sociology*, Bedminster Press, 1968, p. 822.

故,而是农业社会的动物侵权,例如该民法典第 932 条规定,在公共道路上,每个人都有与其动物一起通行的权利。因此,骑乘在动物身上的通行人不对在公共道路上由此动物造成的不可避免的侵害和损失负责。例如,若牲畜的蹄子溅起的灰尘或泥土落在了他人的衣服上,或者其以后蹄踢了或以尾巴击打了他人或其物品并且造成了损害,则骑乘人不承担损害赔偿责任。但是,对于可以避免的由动物的碰撞和其蹄子或头部的击打而造成的侵害和损失,骑乘人须承担损失赔偿责任。(4)定作合同等也多规定的是手工业小作坊的场景,如该民法典第 482 条规定,承揽人,例如裁缝、染匠和漂布工人,如果在承揽合同中未设定延期支付酬金的条件,则其有权为使自己的劳动成果获得相应酬金而留置承揽物;如果承揽人留置了此财产并且该财产是在其占有时毁损的,则其不承担损失赔偿责任,而在承揽物毁损之后,该承揽人也不应当获取酬金。《奥斯曼民法典》规定的侵权,铁匠、染布房等小作坊,体现的是手工业时代的社会场景,因为当时没有现代化的机器大工业,资本主义还处于初期阶段。因此,韦伯认为奥斯曼社会的土壤上无法产生现代民法典有一定的道理。

二、《奥斯曼民法典》编纂取得巨大成功

《奥斯曼民法典》的编纂取得了巨大的成功。乔纳森·布朗认为,与之前存在的法律制度相比,《奥斯曼民法典》作为伊斯兰法律制度的载体,更具正规性、常态性、持久适用性。该民法典具有持久和有益的生命力,即使在奥斯曼帝国解体之后,在第二次世界大战之前的南斯拉夫地区、希腊穆斯林群体之中,以及 20 世纪 40—50 年代中东的许多奥斯曼继任国之中,诞生的许多成功的法典受到了《奥斯曼民法典》的激励。

日本学者认为,《奥斯曼民法典》几乎有效执行于奥斯曼帝国幅员辽阔的所有领地,并对之后的奥斯曼帝国产生了极大影响,如叙利亚、伊拉克、塞浦路斯、以色列、马来西亚等,显然该民法典是一种“法律遗产”。《奥斯曼民

法典》是中东地区法律法典化运动中最重要的文献，其以沙里亚法为基础，通过择优选择法则，体现了“新”伊斯兰法学、法理学的突破。该民法典已成为现代沙里亚法的样本，对沙里亚法的标准化做出了贡献，如1928年的伊朗民法典，就是以该民法典为蓝本的。

《奥斯曼民法典》诞生后，其适用范围极其广泛。除了适用于土耳其本土的穆斯林、犹太教徒、基督教徒和其他属民之外，还曾一度适用于阿拉伯地区，如利比亚、叙利亚、黎巴嫩、约旦、巴勒斯坦等奥斯曼帝国的领地。虽然奥斯曼帝国在第一次世界大战后解体，但该民法典在其大多数继承国（除埃及之外）中曾一度产生深远的影响，例如在利比亚于1912年被意大利侵占之前，该民法典一直是利比亚调整民事法律关系的重要法典。在土耳其，《奥斯曼民法典》直到1926年2月17日才完全被《土耳其民法典》（即瑞士民法典）取代；而在阿尔巴尼亚、黎巴嫩、叙利亚、伊拉克以及塞浦路斯，则继续执行该民法典分别至1928年、1932年、1949年、1953年和1960年。在巴勒斯坦被英国托管期间，以及后来在巴勒斯坦被占领土上建国的以色列时期，尤其是20世纪60—70年代，虽然《奥斯曼民法典》逐渐被个人身份法取代，但作为以色列的官方法律，其正式性一直持续到1984年。同时，在约旦和科威特，《奥斯曼民法典》也曾是民商法的基础。不仅如此，现位于马来西亚西部最南端的柔佛州，也曾经把《奥斯曼民法典》应用于实际的社会治理中。除此之外，在现代阿拉伯和非阿拉伯民族主义伊斯兰国家产生的现代民法典，均受到了《奥斯曼民法典》的深远影响。[1]

三、《奥斯曼民法典》的成败得失：以多重维度为考察视角

以上我们列举了学术界关于《奥斯曼民法典》成功与否的观点，实际上，笔者认为，简单地评价《奥斯曼民法典》取得了巨大成功抑或批评该民法

〔1〕 参见《奥斯曼帝国民法典》，王永宝译，商务印书馆2018年版，第7页。

典的失败都失之偏颇。换言之,判断《奥斯曼民法典》成功与否,关键看我们采取什么标准,我们所谓的成功是什么意义上的成功。因此,对《奥斯曼民法典》的评价不能一概而论,较为可行的方法是从多重维度来评价这部民法典。

(一)从历史维度考察,《奥斯曼民法典》取得了巨大的成功

如果我们将《奥斯曼民法典》的编纂放置在伊斯兰法发展的历史长河中,就会发现该民法典取得了革命性的成功。首先,《奥斯曼民法典》的编纂意味着传统伊斯兰法从法学家法向国家立法发展。传统伊斯兰法呈现的是法学家法的特征,传统伊斯兰法的发展通过法学家的法律创制得以实现。法律创制是伊斯兰法发展的主要途径和正当性工具。因此,历朝历代政府不敢公开宣称享有伊斯兰法的立法权,其只能通过颁布行政命令以补充传统伊斯兰法。换言之,政府立法并不是伊斯兰法的传统。《奥斯曼民法典》的编纂是伊斯兰历史上第一次对传统伊斯兰法进行政府立法的活动。这种政府立法的模式影响了伊斯兰世界,此后,伊斯兰国家都遵循这种立法模式,纷纷对其传统伊斯兰法以国家立法的模式进行改革。

其次,从《奥斯曼民法典》的功能而言,该民法典整合了多元的帝国社会。奥斯曼帝国除了穆斯林,还有众多的基督徒、犹太教徒等。这些众多的不同信仰的族群形成了各自的米勒特制度,各族群在米勒特内实行各自的法律,因此体现的是一种多元的法律文化以及分散的族群。由于法律文化的多元导致帝国不同的族群之间无法产生凝聚力,离心力加强,很多地方纷纷独立,脱离帝国的管理。在这种情形下,帝国编纂一部统合各个民族的民法典就恰逢其时。《奥斯曼民法典》不仅适用于帝国的穆斯林,而且适用于有其他信仰的族群。通过民法典统一和整合帝国社会的政治功能得以实现。最终这部民法典在帝国适用了半个多世纪,而且还对其他伊斯兰国家产生了深远的影响。

最后,《奥斯曼民法典》实现了传统伊斯兰法从宗教法向世俗法的转变。

如前所述,传统伊斯兰法作为宗教法,调整穆斯林之间的行为。《奥斯曼民法典》的编纂本身代表传统伊斯兰法从宗教法转向世俗法,主要表现为该民法典的编纂由帝国的政治机构主持,且民法典编纂委员会主席是帝国的司法部长,这意味着该民法典编纂的权力从宗教乌里玛阶层转到了帝国的政治机构手中,宗教乌里玛失去了民法典编纂的权力。帝国编纂的法典本身就是世俗法典,即使法典中有些内容体现出宗教性,但也无法改变法典的世俗性特征。如前所述,从政教关系的视角来看,当帝国的政权压倒宗教权威时,帝国编纂的法典体现出国家的意志,因而它是一部世俗法典。

(二)从法律重构视角而言,《奥斯曼民法典》并未完全实现现代化

高鸿钧教授指出,非西方国家的法律现代化欲获成功,至少需要三重重构:一是对本国的法律传统进行重构,二是对本国法律现实进行重构,三是对西方法律理念和制度进行重构。[1] 在笔者看来,《奥斯曼民法典》实现了对本国法律传统和法律规则的重构,但是缺少对西方法律理念和制度的重构。即使对本国传统法律进行重构,还需要考虑几个问题:其一,传统法律文化中是否存在现代法律文化的基因?抑或现代法律中是否具有传统文化的因子?实际上,现代法律文化并非和传统法律文化截然断裂。在西方法律传统中,古希腊的哲学、古罗马的法律、基督教教义以及日耳曼习俗经过中世纪的冲突和整合,在现代社会得以保留并成为现代社会法律的基本要素。无论是梅因从古罗马法追溯西方法律传统的起源,还是伯尔曼从11世纪、12世纪教皇革命论述西方法律传统的起源,在西方法律传统对现代法律产生重大影响这一事实上二者没有任何分歧。传统伊斯兰法历经上千年的发展,积累了丰富的民事交易规则,从传统法律文化中找寻适合现代法律需求的资源具有可取性。

其二,传统法律文化中是否有足够的资源?如果传统的资源稀缺,那么

[1] 参见高鸿钧:《美国法全球化:典型例证与法理反思》,载《中国法学》2011年第1期。

编纂的法典必然会受限制。《奥斯曼民法典》的编纂以传统的伊斯兰法作为资源，本来就受到限制，而且又将其借助的资源限制在哈乃斐法学派，其可资利用的资源更加有限。该民法典中合同的相对自由、侵权的客观归责等都与其借助的传统资源有限有关，这也导致 1926 年土耳其通过引进瑞士民法典来弥补传统法律文化的不足。

其三，更为重要的是，法律现代化还需要民主环境和宪法支持。帝国在专制主义背景下制定的《奥斯曼民法典》缺少民主、宪政的环境，如韦伯所言，帝国并没有提供世俗化的社会环境和形式理性法律存在的土壤，最终该民法典随着帝国的崩溃而失去效力。因此，只能说这部民法典取得了阶段性成功。只有在民主、法治、世俗社会的基础上才能真正实现民法的现代化。因此，《奥斯曼民法典》的现代化还是一项未竟的事业。

(三)从多元现代化视角观察，《奥斯曼民法典》取得了阶段性成功

从现代性视角而言，我们不能说《奥斯曼民法典》完全实现了现代化。因为该民法典实施半个世纪后，1923 年奥斯曼帝国解体，土耳其建国。1926 年，土耳其移植瑞士民法典编纂《土耳其民法典》。从这个意义而言，《奥斯曼民法典》并没有完全实现现代化，而是随着帝国的灭亡被废除。但是本书认为，现代性是一个需要解释的概念，在此笔者借用多元现代性来讨论。

首先，不能简单地用“传统/现代”的范式评价《奥斯曼民法典》。一个社会从传统向现代的发展过程不是突变的，而是渐进的。这也意味着不能简单地用“传统/现代”二元模式划分帝国的社会。19 世纪晚期的奥斯曼帝国处于从传统向现代的转型阶段，同样不能按照二元划分模式对待《奥斯曼民法典》。正如上文指出的那样，一方面，该民法典即使不是内容上，至少在方法上和传统断裂；另一方面，该民法典即使并非完全以伊斯兰教法为基础，至少以伊斯兰法作为法典编纂的合法性依据。换言之，不能将《奥斯曼民法典》界定为传统和现代非此即彼的对立。

其次，从多元现代性的视角而言，《奥斯曼民法典》并非完全没有现代化。我们也不能将现代化视为西方的现代化。现代化不能是西方化，我们应该提倡多元现代化。实际上，西方有越来越多的学者在“多元现代性”(multiple modernities)的命题下展开思考。艾森斯塔特认为：“现代性的历史应当看成是多种多样的现代性文化方案和多种多样具有独特品质的制度模式不断发展和形成、建构和重新建构的过程。”[1]杜维明主要依据“东亚现代性”的实践主张现代性的多元性，他提出：“儒家的东亚能在不彻底西化的情况下成功地实现现代化，清楚表明现代化可以有不同的文化形式。因此可以设想，东南亚可以实现它自己的现代化，既不是西方化的也不是东亚化的……没有理由怀疑拉丁美洲、中亚、非洲以及世界各地固有的传统都有发展的潜力，从而形成自己的有别于西方的现代性。”[2]大多数学者倾向于反思单一的西方式现代性，主张对现代性进行开放式的探索。值得深入思考的是，西方社会科学流行的单线的社会发展理论，即把现代化看成传统农业社会向现代工业社会的演进过程，和从“如何实现现代化”的维度探索多样性的现代性道路之间，实际上并不存在非此即彼的矛盾。

多元现代性的思想核心是，现代性可以由不同的文化传统和社会政治制度构成的文化形式予以支持，而这种文化形式同样能够有效地建立自身特定的价值体系、完成政治制度设计与安排。因此，“现代性不等同于西化。现代性的西方模式并非唯一真正的现代性，虽然它们有着历史的领先作用，而且也仍然会是其他模式的基本参照点”[3]。总之，不同的社会有不同的问题、不同的回答、不同的方法。这实际上是一种想超越流行于西方既久的“现代化范式”，否定所谓现代化就是世界文化同质化，以新的思想范式来观察、思考和解释人类社会文化生成与发展的尝试。

---

〔1〕 [以色列]S. N. 艾森斯塔特：《反思现代性》，旷新年、王爱松译，三联书店2006年版，第91页。

〔2〕 林聚任：《论多元现代性及其社会文化意义》，载《文史哲》2008年第6期。

〔3〕 [德]多明尼克·萨赫森迈尔、任斯·理德尔等编：《多元现代化的反思》，郭少棠、王为理译，香港：香港中文大学出版社2009年版，第29页。

因此,从多元现代性的观点来看,《奥斯曼民法典》的编纂实现了奥斯曼帝国的法律现代化,但是也不能绝对地说《奥斯曼民法典》以现代西方的立法的方式完全实现了现代化。

(四)从法律全球化视野而言,《奥斯曼民法典》是法律全球本地化的典型代表

邓肯·肯尼迪(Duncan Kennedy)在《法律与法律思想的三次全球化:1850—2000》中,总结了1850—2000年三波法律全球化的模式特征及其范式变迁:1850—1914年的古典法律思想模式、1900—1968年的社会法律思想模式、1945—2000年的第三波法律全球化模式。第一波法律全球化运动主要表现为古典自由法范式的传播,其以个人权利(债权)为重心,从重商主义向自由主义的历史转变,主要依托于以英法德为代表的贸易、以军事霸权为核心的法律殖民和移植运动。19世纪,法典编纂的全球运动成为人类社会向整个现代通行的隐喻。《奥斯曼民法典》的编纂处于第一波法律全球化运动中。在第一波法律全球化运动中,世界范围内的诸多民族国家纷纷编纂民法典,法典编纂是现代性的标志之一。[1] 法典编纂涉及许多与现代相关的概念:系统化、简化、社会工程、实践统一和合理性。这一时期的各国法典编纂主要以《法国民法典》为模板。韦伯指出,《法国民法典》的内在品质是其成为东欧和中欧编纂标准的重要原因:"对于本法典而言,或者至少给人以拥有的印象,它也具有非凡的清晰度。"[2]

奥斯曼帝国19世纪的法典编纂为法律的跨国共同构想奠定了基础。[3] 法典编纂是19世纪帝国法律改革的主要特征。19世纪,法典编纂是一种全球现象,其重塑法律学说和实践。这些法典在外观上具有相同的关键特

---

[1] See Avi Rubin, Modernity as a Code, *The Ottoman Empire and the Global Movement of Codification*, Journal of the Economic and Social History of the Orient, Vol. 59:5, 2016, p. 830.

[2] See Avi Rubin, *Modernity as a Code*: *The Ottoman Empire and the Global Movement of Codification*, Journal of the Economic and Social History of the Orient, Vol. 59:5, 2016, p. 834.

[3] See Avi Rubin, *Modernity as a Code*: *The Ottoman Empire and the Global Movement of Codification*, Journal of the Economic and Social History of the Orient, Vol. 59:5, 2016, p. 828.

征,为世界经济同质化的一般过程提供了服务。拿破仑的军事实力为在欧洲部分地区传播《法国民法典》提供了动力,即使拿破仑的失败使《法国民法典》所代表的编纂理想失去了持久吸引力,但这对理解法典编纂的全球化并不重要,因为它使改革者相信,无论法国出现的具体历史背景如何,法典作为一种法律全球化现象是历史发展的必然趋势。《奥斯曼民法典》在第一波法律全球化浪潮中诞生,成为了法律全球化中伊斯兰世界法典编纂的代表。

但是,《奥斯曼民法典》并没有移植《法国民法典》,而是对传统法律文化进行重构。换言之,奥斯曼帝国的改革者加入了全球化编纂潮流,尽管他们意识到《法国民法典》在全世界法学家中的崇高地位,但他们拒绝了。取而代之的是,他们在伊斯兰法律的基础上制定了《奥斯曼民法典》,这被公认为中东法律现代史上的一项重大成就。《奥斯曼民法典》主要基于传统法律文化资源进行编纂,因此,该民法典表现出强烈的本土化色彩。鲁宾指出,《奥斯曼民法典》的编纂是法律全球本地化的表现。法律全球本地化的概念由社会学家罗兰·罗伯森提出。罗兰·罗伯森质疑学者们倾向于按照同质化来定义全球化的趋势,提出"全球本地化"这样一个既不是"纯粹的"全球化,也不是"纯粹的"本地化的新含义。〔1〕 鲁宾进一步指出,法律全球本地化的概念不应被简单地视为现代化理论政治上正确的版本,因为它提出了无需遵循的单一现代性标准。相反,这是一种描述性的尝试,旨在捕捉对源自"十九世纪漫长"的法律具体情况的普遍理解。〔2〕 在 19 世纪末期,全世界的法学家、政治家和律师对法律的设想都与他们构想现代法典的方式相同:连贯、易读且分类合理。《奥斯曼民法典》作为法律全球本地化的代表,具有普遍性和独特性。《奥斯曼民法典》的本土化与现代性的多重性相

〔1〕 See M. Featherstone, S. Lash & R. Robertson, *Glocalization: Time-Space and Homogeneity-Heterogeneity*, In Global Modernities, London: 1997, p. 24-42.

〔2〕 See Avi Rubin, *Modernity as a Code: The Ottoman Empire and the Global Movement of Codification*, Journal of the Economic and Social History of the Orient, Vol. 59:5, 2016, p. 845.

对应。即使是源于不同历史的法典,也由于时间的需要而具有惊人的相似性。正如塞达·厄斯滕·埃西尔根(SedaÖrstenEsirgen)所指出的那样,《奥斯曼民法典》和《法国民法典》在合同领域有着惊人的相似性。综上所述,《奥斯曼民法典》是19世纪第一波法律全球化浪潮中法律全球本地化的典型代表。

第六章

《奥斯曼民法典》的启示:重构传统法律实现法律现代化

当前，伊斯兰世界出现了诸多问题，伊斯兰极端主义给全球带来灾难，伊斯兰法现代化的任务至今仍未完成。人们不禁在问，问题出在哪里？为此，本章主要讨论了伊斯兰法现代化的困境，试图借鉴《奥斯曼民法典》编纂者的思路，提出重构传统伊斯兰法实现法律现代化的可能性以及需要注意的一些问题。

第一节 伊斯兰法现代化遭遇到的困境

自18世纪以来，伊斯兰世界的法律传统受到了西方法律的巨大冲击，纷纷进行了艰难的改革历程。伊斯兰世界的改革主要采取以下几种方案：一种方案是完全恪守伊斯兰法传统，没有关注到外部世界所发生的变化，最后故步自封；另一种方案是为了迎合现代社会的发展需要，全面进行现代化或者西化，最后丧失了伊斯兰法传统；还有的选择第三条中间道路，一方面保持伊斯兰法传统，另一方面能适应现代化，但这条中庸之道始终走偏，对于大部分国家而言，伊斯兰法现代化的历程至今未完成。可以说，从18世纪以来，伊斯兰法的现代化改革并未停滞。但是20世纪60年代以来，伊斯兰法现代化遭遇了巨大的困境，其中最为明显的是20世纪60年代的伊斯兰法复兴运动，以及21世纪的伊斯兰国运动。

一、伊斯兰法复兴运动

自20世纪60年代以来，一些信奉伊斯兰教的国家宣布废除从西方国家引进的法律，重新恢复适用传统伊斯兰法，这一现象被称为伊斯兰法复兴运动。从时间顺序而言，发起伊斯兰法复兴运动的国家有利比亚、巴基斯坦、伊朗和苏丹等国。伊斯兰法复兴的主要表现为：其一，传统法律权威的恢复。如巴基斯坦、伊朗等国的宪法都明确规定，政府的任何立法都不得与伊斯兰法相抵触,否则政府的立法无效。其二,传统伊斯兰刑法的恢复。1969年利比亚革命的第一天,政府就下令禁酒,对违反者予以刑事制裁。其后,巴基斯坦、伊朗等国也相继出台法律禁止饮酒、贩卖酒,对违令者予以鞭刑处罚。对于传统伊斯兰刑法规定的盗窃处以砍手之刑,伊朗、巴基斯坦、苏丹等国相继恢复适用。其三,传统伊斯兰婚姻法的恢复。如伊朗恢复了传统伊斯兰法的多妻制,并且恢复了什叶派的临时婚姻,另外鉴于传统伊斯兰法对童婚制的确认,伊朗将男女结婚的年龄由原来的 18 岁降至男 15 岁、女 13 岁。其四,传统司法组织的恢复。巴基斯坦、伊朗、苏丹这三个国家恢复了沙里亚法院,以通晓伊斯兰法的宗教人士取代了以前的法官,伊朗还成立了穆夫提法庭,有权对饮酒者予以鞭笞和对未婚男女挽手行走予以体罚。

伊斯兰法复兴运动的出现主要有以下原因:首先是对法律世俗化不满。近代以来伊斯兰教国家的改革主要是一种世俗化改革,这使传统的宗教信仰受到强烈冲击,大多数穆斯林因"信仰危机"而产生很强的失落感和怀旧心理。其次,伊斯兰国家的现代改革是由政府主导的自上而下的改革,这种改革并没有顾及广大穆斯林的需求,改革者强迫妇女摘下面纱,无疑伤害了穆斯林的感情。最后,西方的政治和法律制度引进后,由于各种原因没有得到很好的执行,导致社会秩序不稳,政权也频繁更迭,民选政府时而被军人推翻取而代之,这使伊斯兰世界的穆斯林对西方的民主和法治产生了怀疑。因此,一些伊斯兰国家才转而诉求传统伊斯兰法。由此可以看出,伊斯兰法复兴是由于进行伊斯兰法现代化出现问题时,一部分伊斯兰国家的反应——既然现代化不成功就回到老路,走向另一个极端。

二、当前的伊斯兰极端主义

当前伊斯兰极端主义表现如下:一是活动的范围具有全球性。前几年"伊斯兰国"组织兴起后,伊斯兰世界的极端势力动员、活动和破坏能力日益增强,已呈现出"连点成片"的发展趋势。"伊斯兰国"更是谋求公开"建国”。伊拉克、巴基斯坦、阿富汗三国2014年遭受恐袭次数列世界前三位。中亚是伊斯兰极端势力活跃的另一重要区域。1991年苏联解体后,中亚地区出现了数十个打着“伊斯兰”旗号的极端组织。这些极端组织都以推翻中亚各国的世俗政权为目标,对中亚地区安全构成极大威胁。东南亚也是伊斯兰极端势力盘踞和活动的重点地区。

二是主张建立哈里发国家。伊斯兰极端主义的最终目的是推翻现行秩序,建立实行伊斯兰法的宗教国家,乃至建立包括整个伊斯兰世界在内的哈里发国家。在伊斯兰极端分子看来,伊斯兰世界摆脱贫困、堕落以及西方控制的唯一方法,就是使伊斯兰教成为普遍的、绝对的制度,用一切手段推翻各种非伊斯兰政府,实现完全彻底的伊斯兰化。

三是行为手段的残忍性。2014年,兴起的“伊斯兰国”刻意渲染恐怖气氛,通过斩首、绑架人质、自杀性袭击、虐俘杀俘等暴力血腥行径,引起国际社会高度关注。该组织还以反对“偶像崇拜”为由,大肆捣毁伊拉克亚述神庙、哈特拉古迹,叙利亚历史古城帕尔米拉等珍贵古迹,以及苏菲教派陵墓、什叶派清真寺、基督教教堂等宗教建筑。

由此可以看出,21世纪的伊斯兰极端主义,其主要表现是回归传统,具有保守主义倾向,实际上是20世纪60年代伊斯兰法复兴运动的延续和发展。但不同于伊斯兰法复兴运动,伊斯兰极端主义主要是由非法组织发起,手段极其残忍,思想更为极端的保守主义。伊斯兰法现代化在21世纪亦遭遇重挫,这种现象值得深思。

三、对传统伊斯兰法复兴的批判

无论是20世纪初兴起于伊斯兰国家的伊斯兰法复兴运动,还是前几年来势迅猛的伊斯兰国运动,其本质都是向传统伊斯兰法复归。即使在今天的中东伊斯兰世界,也有不少人主张复兴伊斯兰法。建立政教合一的政体,将宗教权威和政治权威融为一体,是许多现代伊斯兰复兴主义者的梦想。[1]笔者认为,伊斯兰法复兴在当今世界不可能成功或实现,我们尝试从以下几个方面说明。

(一)传统伊斯兰法的特点决定了其无法应对现代社会

传统伊斯兰法最为明显的特征是法学家法。按照传统伊斯兰法理论,伊斯兰法的立法权在于真主,穆罕默德作为真主的使者向人们传达沙里亚法。穆罕默德去世后,伊斯兰法的发展落在伊斯兰法学家肩上。法学家通过对《古兰经》、圣训的解释建构起极其庞杂的菲格亥法学大厦,并在伊斯兰教逊尼派内部形成公认的四大学派。传统伊斯兰法作为法学家法有诸多特征导致它在现代社会无法适用。

一是传统伊斯兰法极其庞杂,增加了现代法学家适用的困难。如《奥斯曼民法典》编纂委员会指出,当时世俗法院的法官无法理解伊斯兰法。民法典编纂委员会指出,"事实上,伊斯兰法学就像一个巨大的海洋,在海洋的底部,必须以极大的努力寻找隐藏在其中的珍珠。一个人必须具有丰富的经验和丰富的知识,才能在神圣的法律中找到针对自己出现的所有问题的适当解决方案。哈乃斐法学尤其如此,在该学派里,有许多专家的意见彼此明显不同……因此,人们可以理解,在所有这些多样性的意见中确定最好的意见并将其应用于特定案例是多么困难"[2]。实际上,传统伊斯兰菲格亥著作浩如烟海,没有经过严格训练的现代学者无法从这些庞杂的法学著作中寻找到合适的法律解决方法。

二是传统伊斯兰法的多元性无法适应现代社会。如前所述,伊斯兰法作为法学家法,因法学家个人观点和主张不同,从而形成四大学派,这四大学派的观点都具有法律效力。每个穆斯林必须遵从自己所属学派的法律。例如,哈乃斐学派主张不能食用虾,而沙斐仪学派对此则没有禁止。因此两

〔1〕 参见王宇洁:《教法学家的统治:历史渊源及其现实困境》,载《世界宗教研究》2002年第3期。

〔2〕 H. Liebesny, *The Law of the Near and Middle East: Readings, Cases and Materials*, Albany: State University of New York Press, 1975, p. 67-68.

个学派的穆斯林跟随各自的学派都符合伊斯兰法。而且在同一个学派内部，也有多元的观点。例如在哈乃斐法学派中，艾布·哈尼法和他的两位弟子的意见就常常不一致，法学家可以选择他们的不同观点来适应不同场景和社会。实际上，按照伊斯兰法理论，法律多元或法律分歧是真主对穆斯林的一种恩赐，因为多元的法律具有灵活适用的机制，具备随时调整法律和社会之间关系的张力。但是多元的法律对于现代社会而言早已不适应，现代国家必须制定明确的、没有任何分歧的法律规则。此外，现代法学家不了解传统伊斯兰法塔格利德方法。塔格利德方法遵循前人学说之意，每个学派遵循的法学原则和观点不同。超出法学派解释法律是不被接受的。每个法学派的创始人形成自己独特的体系，后人遵循前辈法学家的观点制定和发展出具有体系性的法律规则。

三是传统伊斯兰法发展的方法不适合现代社会。传统伊斯兰法发展的方法是伊智提哈德，享有伊智提哈德的法学家被称为穆智台希德。成为穆智台希德需要具备极其苛刻的条件，例如，必须要通背《古兰经》，熟知六大部圣训集，这是必须具备的前提条件，另外还需要对宗教虔诚，没有任何不良记录和人格污点等。总之，这种要求类似于我们理想中古代的圣贤，现代社会几乎找不到这样的人。因此，现代社会中少有穆斯林法学家自称享有伊智提哈德的权力。换言之，传统伊斯兰法发展法律的重要手段伊智提哈德在现代社会无法适用。实际上，有人主张创制之门早在 10 世纪就关闭了，没有给后人留下法律发展的空间。

四是传统伊斯兰司法无法适应现代社会。传统伊斯兰司法组织沙里亚法院没有上诉机构，如果当事人不服法院的判决不能上诉，只能到其他法院再次审理，直到作出当事人较为满意的判决为止。法官具有较高的权威，依照伊斯兰法进行裁判，但是传统伊斯兰法并没有法典化，法官需要依据法学家的著作进行裁判，而法学家观点的多元性往往导致法官的裁判具有韦伯所说的卡迪裁判的特征。卡迪裁判具有非理性特色。以上诸多特征表明传统伊斯兰法和现代社会之间充满张力。

（二）晚期奥斯曼帝国的改革瓦解了传统伊斯兰法存在的基础

传统伊斯兰法的发展经历了穆罕默德以及四大哈里发时期，倭玛亚王朝、阿巴斯王朝以及奥斯曼帝国时期。自穆罕默德去世，法律发展的任务由法学家来承担，理论上政府并不享有伊斯兰法立法权。因此历代伊斯兰国家的政府都不敢声称其享有伊斯兰法立法权，而是将法律发展的任务交给法学家阶层乌里玛。乌里玛通过解释伊斯兰法、创制伊斯兰法以维系传统伊斯兰法的发展。帝国通过行政命令的方式补充伊斯兰法。在奥斯曼帝国时期，苏丹的命令也要经过乌里玛的最高首领伊斯兰长老的审查，判定其是否符合伊斯兰法。由此可见，乌里玛阶层是传统伊斯兰法赖以存在的基础。帝国的学校主要是宗教学校，从小学到高等宗教学校，教授《古兰经》、圣训、教义学、教法学等知识，这也是培养乌里玛的主要场所。帝国的沙里亚法院的法官主要是从宗教学校培养出来的。帝国的沃格夫财政税收也由乌里玛控制。换言之，乌里玛控制了帝国的教育、司法等核心部门。

转机出现在晚期奥斯曼帝国的改革。19 世纪，奥斯曼帝国为了应对西方的压力，以及内部改革的需求，进行了三次著名的改革。其中苏丹马哈茂德二世的改革对传统伊斯兰法的改革具有重要意义。早在 1826 年，奥斯曼帝国苏丹马哈茂德二世将帝国的沃格夫宗教基金的管理权划归中央管理，将几个世纪以来由帝国各个地区乌里玛监督的资产和捐赠转归伊斯坦布尔直接监督。传统的乌里玛逐渐失去了对自己权力来源的控制，开始依赖帝国的薪俸。马哈茂德二世时期，已经出现了独立于宗教学校的技术学校，这些学校打破了宗教乌里玛对法律教育的垄断。一批新的法律专业人士开始取代传统的法律精英。帝国成立了教育部，将乌里玛的教育权力收归政府。帝国成立司法部，将专属乌里玛的司法权力收归政府。在坦志麦特时期，帝国按照法国的模式建立了世俗法院，传统乌里玛无法应对这一现实，因为他们发现自己的知识无法满足世俗法院的要求，这些法院适用的是帝国移植的西方法典。传统的法律专家不仅失去了作为法官、法律管理者和法院官员的司法职务，而且失去了法学教学职位，传统宗教学校是乌里玛职业生存的基础。哈拉克指出，传统伊斯兰宗教学校的衰败就是伊斯兰法律的衰败，[1]帝国通过法律改革，以“废除并取代”策略使沃格夫、宗教学校、伊斯兰法院不断衰败，以至于传统伊斯兰法最终崩溃。因此，帝国引入了国家金融、西方法学院、欧洲法典和欧洲法院系统。由于引进和移植西方法律，传统伊斯兰法中的刑法、土地法、商法、侵权法、程序法、破产法和许多其他法律已完全被欧洲法所取代，并补充了公司法、版权法、专利法和海事法。

由此看出，奥斯曼帝国的改革将乌里玛阶层铲除具有重大意义。历史上乌里玛作为法学家阶层承担了传统伊斯兰法发展的重任，且法学家发展伊斯兰法具有正当性，由于乌里玛这一法学家阶层被铲除，传统伊斯兰法作为法学家法的发展路径被终止。就此而言，现代社会复兴传统伊斯兰法不具备可能性，因为传统的乌里玛法学家阶层不复存在。

（三）现代民族国家的性质与传统伊斯兰法产生张力

按照哈拉克的观点，传统伊斯兰法在现代社会已经几乎消亡。哈拉克指出，在现代社会，传统伊斯兰法不再是一个站得住脚的现实，它已在近一个世纪前消亡。[2] 哈拉克认为，传统伊斯兰法消亡主要是因为传统帝国向现代民族国家转型。传统帝国将司法和立法的职能和权威留给了乌里玛阶层，而现代国家则颠倒了这一原则，从而承担制定法律的权威的职责。传统统治者的角色通常仅限于任命和解雇法官，以及执行卡迪的决定，几乎不干预立法程序，不会制定法律原则，亦不影响法律的整体内部动力。而现代国家强调了立法者的地位，立法者处于法律之上，现代立法经常体现的是立法

---

〔1〕 See Wael B. Hallaq, *Can the Shari'a Be Restored? Islamic Law and the Challenges of Modernity*, Edited by Yvonne Yazbeck Haddad and Barbara Freyer Stowasser, 2005, p. 24.

〔2〕 See Wael B. Hallaq, *Can the Shari'a Be Restored? Islamic Law and the Challenges of Modernity*, Edited by Yvonne Yazbeck Haddad and Barbara Freyer Stowasser, 2005, p. 21.

者的意志,具有一定的政治目标,立法在一定程度上限制了法官的裁判。立法以现代法条的形式重塑了传统法律,从而限制了传统法学家依靠伊智提哈德的手段发展法律的可能路径。因此,立法已成为现代改革的一个核心特征,最直接的表现是现代民族国家采用了法典编纂的方式,改变了传统法律的性质。现代民族国家的最主要的特征是国家享有立法权。首先,国家的立法权体现的是统治阶级的意志,意味着现代民族国家排斥多元的法律观,而是颁布具有明确规则的现代法典。其次,国家立法权说明国家是唯一具有合法性和正当性的立法主体。现代民族国家的以上特征和传统伊斯兰法之间产生张力。

综上所述,传统的菲格亥理论已经不足以应对现代生活的紧迫性。现代性不仅是技术和科学,而且还是一种价值观和认识论,至少在很长一段时间内,现代性是人们追求的目标,复兴传统伊斯兰法和现代性之间存在张力。

四、《奥斯曼民法典》的启示

伊斯兰法始终在现代化和复兴之间摇摆,如何解决这个问题?其实,伊斯兰世界至今未能找到合适的发展路径,传统与现代的冲突在思想上表现为原教旨主义与现代主义的进路。原教旨主义认为伊斯兰教是完美无瑕的,后人偏离伊斯兰教的道路才造成当前伊斯兰世界的混乱,主张要恢复伊斯兰教教义,重建伊斯兰教社会。现代主义认为必须重新对伊斯兰教教义和教法进行解释,使之适应当前社会的发展,但他们又反对法律世俗化或西方化。传统法律与现代法律之间的张力并非伊斯兰世界独有,其他社会也面临此种困境,正如高鸿钧教授指出:"恪守传统法律无法应对现代社会的种种问题,移入的西方现代法律又多因不被认同而成为没有实效的装饰,而自由独创一个现代法律体系又绝非易事。"[1]因此,伊斯兰世界要么全盘移

---

〔1〕 高鸿钧:《冲突与抉择:伊斯兰世界法律现代化》,载《比较法研究》2001年第4期。

植西方法律，实现伊斯兰法的现代化，要么恢复传统伊斯兰法。实际上，这些法律改革的方案都遭遇了挫折。第三种方案是折中的方案，即将西方法律和伊斯兰法融合，但是将西方法律和伊斯兰法律简单地拼接融合也出现了问题，因为对于穆斯林来说，移植的西方法律始终和伊斯兰法律之间有某种张力，移植西方法律的正当性存在疑问。

在这里，《奥斯曼民法典》给我们重要启示，伊斯兰法现代化可以不遵循既定的三种模式，而是开辟出较为新颖的模式，即通过对传统法律文化的重构，实现伊斯兰法现代化。比起前三种方案，通过重构传统，实现伊斯兰法现代化，对于伊斯兰法改革而言具有正当性，这种法律现代化的路径有以下优点：其一，比起直接移植西方法律和完全恪守传统伊斯兰法，其并没有走入两个极端，而是采取了较为中和的渐进式的路线，从而为奥斯曼帝国从宗教帝国逐渐转变为现代的世俗土耳其国家奠定了基础；其二，这种改革方案能为穆斯林所接受，因为改革并没有直接移植来自基督教的西方法律，而是重构传统的伊斯兰法，没有危及穆斯林的宗教信仰，因此这种改革模式具有正当性基础。

《奥斯曼民法典》的重大意义在于以国家立法的形式重构了传统伊斯兰法，使伊斯兰法从学说之法发展到现代立法阶段。虽然1926年土耳其根据瑞士民法典编纂了土耳其民法典，但是这并不意味着《奥斯曼民法典》在实现现代化的路上失败了。恰恰相反，《奥斯曼民法典》作为土耳其从传统向现代转型的一部里程碑式的法典，实现了现代立法的阶段性成功。这种现代立法不会因为突然引入西方法律文化而对帝国产生巨大的冲击，法典编纂者从传统中寻找法律资源进行编纂，其本身在当时获得自身的政治或文化价值，[1]具有一定的正当性。可以说，这种较为保守的渐进式的法典编纂路径适合帝国当时的社会国情，符合人民的需要，避免了社会的动荡。

---

〔1〕 See Mathias Rohe, *Islamic Law in Past and Present*, Brill, 2015, p, 221.

《奥斯曼民法典》标志着伊斯兰法从传统学说法发展到现代国家立法阶段,从而使法学家法实现了向立法的转变。这一重大转变影响了后世伊斯兰国家的法律发展。自此以后,伊斯兰国家延续奥斯曼帝国的传统,以立法的方式制定法律,迈入伊斯兰法现代化的进程。研究《奥斯曼民法典》也给我们重要启示,能使我们更为深刻地认识到当代诸多伊斯兰国家民商事法律的重要渊源,为我们深入了解"一带一路"沿线伊斯兰国家的法律提供了有益视角,从而为"一带一路"倡议提供智识上的可能贡献。

第二节 传统伊斯兰法能否被重构?

《奥斯曼民法典》对我们的启示是应重构传统伊斯兰法实现法律现代化。问题是,对于今天伊斯兰法现代化所遭遇到的困境,我们能否通过重构的方式实现现代化呢?

一、对传统伊斯兰法不能重构观点之批判

大多数人认为,伊斯兰法和现代世界有着本质上的冲突。西方学者认为,伊斯兰法的本质及其僵化使其与现代社会毫无关系。[1] 换言之,伊斯兰法难以实现现代化,难以融入世俗社会。因此,通过重构传统伊斯兰法实现法律现代化几乎不可行。实际上,这种观点误解了伊斯兰法,凸显了伊斯兰法的宗教特征,而忽视了伊斯兰法的世俗特征。伊斯兰法不仅包括宗教法,而且包括世俗法则;不仅规定了穆斯林的念、礼、斋、课、朝等宗教义务,而且更多规定的是民商事交易的内容。穆斯林认为伊斯兰法中的沙里亚是真主的命令,但是伊斯兰法学家发展建构起来的菲格亥法包含了大部

---

〔1〕 See Kourides, *Traditionalism and Modernism in Islamic Law*: *A Review*, 11 Cowii. J. TASNNAT'L L., 1972, p. 491.

分世俗法内容。

因此需要我们对伊斯兰法的概念进行再界定。《奥斯曼民法典》第1条将伊斯兰法定义为既调整真主和人的关系，又调整人和人之间的关系的规范。涉及人和人之间的法律关系尤其是交易关系形成了世俗法的基础。当然，涉及宗教法的内容大多是穆斯林的宗教仪式，其并不和世俗生活相冲突。例如，现代社会西方国家的穆斯林做礼拜、封斋等宗教仪式并不影响他们参与世俗生活。实际上，穆斯林履行的这些宗教仪式甚至可以作为他们私人生活的一部分，并不需要受到现代法律的调整和规范。对于伊斯兰宗教法中有些和现代世俗生活冲突的内容，伊斯兰法学家早已经通过法律计谋等手段加以解决，例如，伊斯兰法严格禁止利息，这和现代资本主义追逐利润的动机产生严重冲突，但是伊斯兰世界为此发展出伊斯兰银行等伊斯兰金融机构解决利息禁令。对于伊斯兰法在世界各个国家遭遇到的具体困境，穆斯林按照《古兰经》的经文"你们要遵从真主、遵从使者、遵从你们的主事人"的规则加以解决。这里的主事人即指穆斯林所在国家的政府，穆斯林必须服从政府的命令，对伊斯兰法变通适用。因此伊斯兰法在世界各地呈现出多姿多态的表现形式，从而进一步说明伊斯兰法的世俗化能力。

如何判断一部法律是宗教法还是世俗法？可能仁者见仁，智者见智。有人认为宗教法是非理性的，而世俗法呈现出理性特征。韦伯指出法律发展的四个特征，即法律的发展表现为实质非理性、形式非理性、实质理性以及形式理性的特征。韦伯认为伊斯兰法是非理性的，而现代法律是形式理性之法。韦伯从法律的表现形式加以区分，实际上，伊斯兰法在某些方面也呈现形式理性的特征，因此，这并不能作为划分宗教法和世俗法的标准。关于伊斯兰法是宗教法还是世俗法的争论，笔者已经在本书第五章讨论过，此处不再赘述。笔者认为，在现代民族国家，享有立法权的政府制定的法律就是世俗法。因为现代民族国家的政府是世俗政府，世俗政府的立法需要现代的法院等司法系统加以适用，并有相应的现代国家机器加以保障实施。

就此而言,《奥斯曼民法典》实际上就是一部世俗法,无论它的具体规定如何。在此之前,伊斯兰民法分散在法学家著作中,只有乌里玛享有对伊斯兰法的解释权,而乌里玛作为宗教神职人员,赋予传统伊斯兰民法宗教特色。但 19 世纪经过帝国对实施几百年的宗教、司法、教育制度进行的大刀阔斧的改革,尤其是对乌里玛制度的改革,最终帝国享有伊斯兰法的立法权,开启了伊斯兰历史上对伊斯兰法的第一次立法。通过以上讨论我们可知,伊斯兰法可以被世俗化,换言之,我们可以对传统伊斯兰法进行重构,使之世俗化并实现法律的现代化。伊斯兰法能够世俗化,这为我们重构伊斯兰法提供了前提条件。

那么传统伊斯兰法能否被重构?传统伊斯兰法是法学家法,法学家对某一法律问题都有不同的主张。因此,传统伊斯兰法对于法律问题的主张并不是唯一的,而是多元的。重构意味着将多元的法律观点整合成唯一的法律观点,这显然不同于传统的伊斯兰法。有人认为对伊斯兰法的重构违反了伊斯兰法的性质。正如有人批评《奥斯曼民法典》的编纂方法,认为伊斯兰法的发展不应该通过重构的方式进行,而是要遵从传统伊斯兰法的发展方法,即享有伊智提哈德资格的法学家通过伊智提哈德方法发展伊斯兰法。他甚至认为《奥斯曼民法典》在 1926 年被土耳其民法典取代,是因为《奥斯曼民法典》的编纂者没有使用伊智提哈德方法。显然这个观点值得商榷。在笔者看来,首先,《奥斯曼民法典》被取代并不代表民法典的失败。《奥斯曼民法典》代表着伊斯兰法从宗教法向世俗法的转变,作为伊斯兰法现代化的缓冲媒介,其防止了因传统伊斯兰法突然世俗化而对穆斯林造成的冲击。其次,《奥斯曼民法典》编纂者没有使用伊智提哈德方法。实际上,按照伊斯兰法的规定,对享有伊智提哈德资格的学者有严格的条件限制,例如,要求对《古兰经》倒背如流,精通六大部圣训集,精通伊斯兰教义、教法,还要求品德高尚,人品没有污点等。达到这些要求的学者在现实生活中很难找到,即使找到这样的学者,因学派不同,一个学派的学者创制的法律很难被其他学派的学者所承认，因此伊智提哈德方法在当代并不可行。

在批判了上述观点之后，笔者认为传统伊斯兰法能够被重构。以下从历史的维度进行考察，认为伊斯兰法是法学家重构的学术史。

二、历史维度：伊斯兰法的发展史是一部法律重构的历史

从传统伊斯兰法学家的视角而言，伊斯兰法的发展以四大法源为表现形式。伊斯兰法以《古兰经》的诞生作为标志，《古兰经》解决了当时阿拉伯社会中出现的各种问题，穆罕默德逝世之后，《古兰经》的降示也停止了，因为穆罕默德是最后一位使者，按照伊斯兰教教义，在他之后再也没有使者。随着社会的发展，很多问题在《古兰经》中找不到答案，人们转而诉诸于圣训。圣训作为更为细致的法律规范调整穆斯林的社会关系。《古兰经》和圣训作为伊斯兰法的神圣法律渊源发挥了重要作用。后来法学家在《古兰经》、圣训中找不到解决问题的答案，于是通过公议的方式解决疑难案件，公议是权威法学家的一致意见。最后，对于疑难案件，法学家使用类比的法律方法加以解决。由此，伊斯兰法的发展史经历了《古兰经》、圣训、公议、类比阶段。这四个阶段被法学家沙斐仪确立为伊斯兰法的四大法源。

按照传统伊斯兰法学家的观点，《古兰经》、圣训作为神圣的法律渊源，世人对此无权更改。公议、类比是对神圣法源的解释。换言之，从以穆斯林法学家视角观察到的伊斯兰法学的发展历史来看，人们无权对传统伊斯兰法进行重构。实际上，《古兰经》、圣训作为神圣法源无法重构，公议和类比作为法学家的产物，融入了法学家个人的理性。伊斯兰法的发展主要得益于法学家对神圣法源的解释和发展，例如，当穆罕默德去世后，他没有留下遗嘱指定继承人，为此在穆斯林社团引起争议，最终大家选举艾布·伯克尔作为穆罕默德的继承人，这次决定实际上是众多弟子公议的结果，因为穆斯林考虑到艾布·伯克尔领导经验丰富，亦是穆罕默德的亲密伙伴和岳父，在穆斯林中享有较高的声望。实际上，通过众多弟子的公议确立了伊斯

兰法中政权推举制度，只是到了倭玛亚王朝时期废除推举制而改为世袭制。后来法学家遇到很多问题都以公议的方式加以解决。第二任哈里发欧麦尔经常使用公议的方法解决穆斯林社团所遇到的疑难问题，例如对于新征服地区的土地如何分配，按照穆罕默德的做法，应将新土地作为战利品分给穆斯林。但是哈里发欧麦尔认为这样不利于新土地的充分利用，建议被征服土地的所有者继续耕种土地，但是必须向麦地那政府缴纳土地税，为此他召集众多法学家进行公议，最终大家一致同意这个方案。由此来看，公议是对神圣法律渊源某种程度上的重构。

类比作为法律推理的一种方法，被伊斯兰法学家所广泛使用。类比在穆罕默德在世的时候也经常使用。据说，有位妇女问穆罕默德，她能否替她去世的父亲朝觐，穆罕默德回答说，正如她可以代替她父亲还债一样，她也可以替亡父朝觐。这实际上就是类比方法的使用。穆斯林法学家通过类比的方法解决了诸多《古兰经》和圣训中没有规定的问题。类比体现的是人类特有的思维方式，通过类比的方式可以实现诸多创新，即使在现代法中，类比也是解决疑难案件的主要方法。

从以上讨论来看，伊斯兰法中后两个渊源公议和类比实际上是法学家对神圣法源的重构，因此，传统穆斯林法学家的观点值得商榷。

我们将目光转向西方学术界，就会发现伊斯兰法的发展史是一部法律重构的历史。西方学术界赫赫有名的伊斯兰法学家夏赫考察伊斯兰法的历史后提出重要的观点。夏赫高度评价了沙斐仪确立的伊斯兰法的四大法源，但是夏赫指出，不仅公议和类比是法学家建构的产物，仅次于《古兰经》的第二大法源圣训也是法学家重构的产物。按照夏赫的观点，在穆罕默德逝世后，随着《古兰经》降示的停止，穆斯林社会出现了法律的空白。在伊斯兰教法学家搜寻圣训的过程中，出现了伪圣训的情形，传统穆斯林法学家承认伪造圣训的现象，但是认为伪造圣训数目不多，而夏赫认为大量圣训系后人伪造。

首先，夏赫认为，伊斯兰法的产生和发展实际上继承了伊斯兰教出现之前阿拉伯社会的法律和习惯。他在对原始文献分析、考证之后指出，伊斯兰法传统的来源除了以《古兰经》为基础的宗教法典外，还包括：一是在四大哈里发时期和倭玛亚帝国初期伊斯兰教前的习俗，这些习俗构成了帝国法律的主要部分，是阿拉伯人生活了几个世纪的传统“逊乃”；二是在帝国征服的地区适用的当地的法律以及帝国颁布的行政法规；三是帝国的各个法学派创制的大量的法律规则和制度。因此，伊斯兰法的产生吸收了诸多法律习惯和制度，不能忽视《古兰经》诞生前阿拉伯社会的法律和习俗对伊斯兰法的影响。实际上，从法律继承的角度来分析，《古兰经》诞生前的习俗，无论是《古兰经》对其进行了否定还是有选择地借鉴，都构成了伊斯兰法的元素。

其次，夏赫指出，伊斯兰法发展的起点在于倭玛亚王朝后期的实践。[1] 他研究了伊斯兰法第二大法源圣训后指出，从大约伊历 100 年（公元 720 年）开始，先知的圣训取代了伊斯兰教之前的“逊乃”以及各地的习惯法和法学家法。此后，法学家沙斐仪对伊斯兰法进行系统化工作，他将先知的圣训提升到了仅次于《古兰经》的崇高地位，并且确立了伊斯兰法的四大法源及其顺序。夏赫对沙斐仪确立的伊斯兰法四大法源予以高度评价，但他认为伊斯兰法发展的重要起点在于倭玛亚王朝后期的实践，大多圣训系这一时期人们的伪造之作，并承认他的这项研究受到伊格纳兹·戈德齐赫（Goldziher Iqnaz）的启发。[2] 伊格纳兹·戈德齐赫在分析、考证大量阿拉伯文原始资料的基础上，对伊斯兰法的起源和发展的历史以及伊斯兰法和古代阿拉伯社会的关系做了首次严肃的探索。他的学术成果代表了 20 世纪 30 年代以前西方学术界对伊斯兰法研究的最高水平。[3] 伊格纳兹·戈德齐赫对

---

[1] See Joseph Schacht, *Origins of Muhammadan Jurisprudence*, Oxford University Press, 1979, p. 1.

[2] 匈牙利籍犹太学者伊格纳兹·戈德齐赫自幼熟悉犹太教和基督教经典著作，留学德国莱比锡大学和柏林大学，后赴荷兰莱顿伊斯兰研究院深造。1873 年，他作为非穆斯林学生被埃及艾资哈尔大学破例录取，第二年，戈德齐赫在奥地利帝国研究院学报上以伊斯兰教为题发表了一篇学术论文，轰动了欧洲学术界。

[3] 参见吴云贵：《漫谈西方学术界的伊斯兰教法学研究》，载《世界宗教文化》2020 年第 1 期。

圣训持有“怀疑的保留”,并指出,先知的绝大多数圣训属于伊斯兰教第一个世纪以来教义发展的产物。

夏赫延续伊格纳兹·戈德齐赫的观点,他指出,从大约伊历100年(公元720年)起,开始出现了大量的伪造圣训,这些伪圣训中的一些内容和伊斯兰教产生前阿拉伯社会的“逊乃”(习惯)相同。[1]对于伪造圣训的行为,夏赫认为主要是受到当时文学惯例的影响,当时的作者将“自己的学说或作品置于古代权威的支持下”[2],以此证明自己学派观点的权威性,类似于我们所说的“托古改制”。他们将自己的观点归结到早期法学家的观点中,而享有盛誉的古代权威是穆罕默德,随着时间的流逝他们将学派观点追溯到穆罕默德本人。[3] 为了证明伪圣训出现的观点,夏赫指出几条证据:一是早期伊斯兰法律著作几乎没有提及穆罕默德的圣训。[4] 二是早期学说总是追溯到早期的法学家或“萨哈伴”(穆罕默德的伙伴),却没有追溯到穆罕默德本人。[5] 三是如果当时存在穆罕默德的圣训,那么在当时学者的著作中肯定会被引用或讨论。事实上穆罕默德的圣训并未在当时的著作中被引用或讨论。另外,帝国的通讯足以使圣训从一个法学中心传播到另一个法学中心,但事实上却没有。就此,夏赫认为一部分圣训是后人伪造之作。

夏赫的观点引发了几个世纪以来伊斯兰法研究领域最激烈的辩论之一。对此我们可以划分为两个阵营:

一是西方学术界的反应。西方伊斯兰法学者大都认为,夏赫反驳圣训

---

[1] See Forte, David F. , *Islamic Law; the impact of Joseph Schacht*, Loyola Los Angeles International and Comparative Law Review. 1:9-10. Retrieved 19, 1978.

[2] M. Khadduri & H. Liebesny eds. , *Pre-Islamic Background and the Early Development of Jurisprudence*, in 1 Law in the Middle East, 1955, p. 43.

[3] See Khadduri & H. Liebesny eds. , *Pre-Islamic Background and the Early Development of Jurisprudence*, in 1 Law in the Middle East, 1955, p. 33.

[4] See Joseph Schacht, *Origins of Muhammadan Jurisprudence*, Oxford University Press, 1979, p. 141.

[5] See Joseph Schacht, *An Introduction to Islamic Law*, Oxford University Press, 1982, p. 32.

真实性的证据几乎是无懈可击的。[1] 赫伯特·J. 列贝斯尼指出，夏赫的启示补充了自己关于非伊斯兰法律形式对伊斯兰法律实践影响的研究。[2]安德森(J. N. D. Anderson)认为，大多数传统是“毫无疑问的，捏造的”[3]。吉布(Gibb)指出，《穆罕默德法学的起源》这本书“将至少在西方成为今后所有伊斯兰文明和法律研究的基础”。[4] 但是吉布断然反对夏赫关于穆罕默德将其权威限制在宗教思想范围内的观点。他认为，“[法律]是穆罕默德宣扬的宗教和社会学说的实践方面，对于早期的穆斯林来说，法律和宗教之间几乎没有区别。在《古兰经》中，这两个方面是并存的，或者相互交织在一起的，在圣训中也是如此。”[5]吉布承认，随着伊斯兰法在新的哲学和社会压力下的发展，“先知的圣训不断被调整以适应新的思想和理想”。然而，他拒绝得出与夏赫相同的结论：一些欧洲评论家主张先知的圣训作为后来的穆斯林学者人为创造的产物，要对整个系统或多或少地进行彻底的拒绝。他认为这“太过分了”。[6]

诺·库尔森承认：“夏赫的论点在其广泛的要点上是无可辩驳的，归属于先知的绝大多数圣训都是伪造的，并且是法律教义‘向回投影’过程的结果。”[7]但他指出，被夏赫认为虚构的圣训可能仍然真实地反映了一百多年前发生的事件。[8]因为在穆罕默德逝世与法学派兴起之间的这段时期，必须应用一些法律规则。否则，在早期穆斯林社会法律发展的画面中，存在一

---

〔1〕 See David F. Forte, *Islamic Law: The Impact of Joseph Schacht*, 1 Loy. L. A. Int'l & Comp. L. Rev. 1, 1978, p. 15.

〔2〕 See Liebesny, *Comparative Legal History: Its Role in the Analysis of Islamic and Modern Near Eastern Legal Institutions*, 20 Am. J. Comp. L. 38, 41–43, 1972, p. 48.

〔3〕 See Anderson, *Islamic law in The Modern World*, the Royal Asiatic Society of Great Britain & Ireland Royal Asiatic Society of Great Britain & Ireland, 2011, p. 12.

〔4〕 Gibb, Book Review, 33 J. CoMP. LEGIS. AND INT'L L. , 3d ser. , Parts II and IV, 1951, p. 114.

〔5〕 Gibb, Book Review, 33 J. CoMP. LEGIS. AND INT'L L. , 3d ser. , Parts II and IV, 1951, p. 61.

〔6〕 Gibb, Book Review, 33 J. CoMP. LEGIS. AND INT'L L. , 3d ser. , Parts II and IV, 1951, p. 56.

〔7〕 Coulson, *A History Of Islamic Law*, Edinburgh: Edinburgh University Press, 1964, p. 64.

〔8〕 See David F. Forte, *Islamic Law: The Impact of Joseph Schacht*, 1 Loy. L. A. Int'l & Comp. L. Rev. 1, 1978, p. 19.

种空白。诺·库尔森进一步指出,先知的习俗可能早已为人所知,并且可能与相反的规则并存超过一个世纪。直到后来,当先知的行动被认为是神圣的灵感和约束力时,这些规则才取代了先前存在的相反规定。伪圣训的存在这一事实,并不一定会使它们失去实质的真实性。虚构这些传统是为了说明先知已经知道但尚未接受这些先例规则。

二是穆斯林学者的回应。穆斯林学者对夏赫的观点持批判态度。他们对法律的看法仍然是法律性的,而不是历史性的。[1] 赛义德·拉马丹(Said Ramadan)指出,任何未曾进行深入研究的圣训批评家都可以对这些传统进行有效的批评。[2]换言之,他反对夏赫在没有对圣训进行深入研究的前提下就展开对圣训的批判。安瓦尔·艾哈迈德·卡迪(Anwar Ahmad Qadi)重申了夏赫的解释,但仍然主张这些传统是有效的,可以追溯到先知。[3]他指出,先知的圣训是我们了解圣训的最好、最有用的可靠来源。艾哈迈德·哈桑(Ahmad Hasan)指出:"伊斯兰教法纯粹是基于倭玛亚的通行实践,而不是取自《古兰经》和先知的圣训,这一观点违背事实,站不住脚。"[4]哈桑指出,《古兰经》和先知的圣训在先知去世后的最初几年中,或多或少地建立了伊斯兰法律规范(尽管当时并没有系统化)。哈桑解释说,伊斯兰教初期很少有圣训。只有当帝国扩展并且在倭玛亚帝国时期,由于帝国世俗化的影响,才出现了依赖圣训的必要性,以及对圣训传述系统的研究。哈桑否认存在大量的伪圣训。他解释了出现部分伪圣训的原因,主要是穆斯林社区的道德观念恶化,对圣训的自由传播获得了许可以及异端的兴起。[5]

---

〔1〕 See David F. Forte, *Islamic Law: The Impact of Joseph Schacht*, 1 Loy. L. A. Int'l & Comp. L. Rev. 1, 1978, p. 26.

〔2〕 See David F. Forte, *Islamic Law: The Impact of Joseph Schacht*, 1 Loy. L. A. Int'l & Comp. L. Rev. 1, 1978, p. 26.

〔3〕 See A. Qadi, *Islamic Jurisprudence In The Modern World*, p. 34-35(1963).

〔4〕 Hasan, *The Early Development Of Islamic Jurisprudence*, Islamic Research Institute, 1970, p. 12-13.

〔5〕 See Hasan, *The Early Development Of Islamic Jurisprudence*, Islamic Research Institute, 1970, p. 94.

由此看来,虽然穆斯林法学家不承认伊斯兰法的重构之事实,但是公议和类比实际上是对伊斯兰法的重构。夏赫更为极端,将圣训也作为法学家重构的产物。我们暂且不讨论夏赫观点的对与错,就从伊斯兰法学是法学家法这一特征而言,伊斯兰法主要依靠法学家不断解释、扩充最终建构起来。

三、伊斯兰法中蕴含法律重构的理论

传统伊斯兰法学家不承认伊斯兰法的重构。按照他们的观点,《古兰经》和圣训是神圣的法律渊源,其囊括了世间的万事万物,规范人类生活的方方面面,其完美无缺,永无谬误,亘古不变。因此,任何对传统伊斯兰法修改、重构的行为都是被禁止的。任何人、任何伊斯兰政府也无权修改神圣法律。按照伊斯兰教教义,只有真主享有立法权,法学家只有对神圣法律的解释权,世俗政府只有对神圣法律的适用权。伊斯兰历朝历代政府并不宣称自己享有伊斯兰法的立法权,伊斯兰政府只是发布行政命令,以区别于神圣的伊斯兰法。就此来看,对于传统伊斯兰法的重构遇到重大阻力。

其实,如果我们阅读经典,就会发现伊斯兰法并非苛刻的规定,实际上给世人留下了一定的自由。《古兰经》规定,真主不会让你犯难,他使人容易。这节经文实际上是给处于困境的穆斯林指明了一条出路,如果遇到严格的经文无法实行的情况,就按照实际情况执行。例如伊斯兰教法要求穆斯林按规定的时间做礼拜,但是对于遇到特殊困难的人可以变通执行。《古兰经》规定穆斯林不能吃自死物,但是对于因饥饿而危及生命的人来说,吃伊斯兰教法禁止的食物是被允许的。因此,这节经文作为对伊斯兰法重构的理论基础,意味着对于和严格经文充满张力的社会出现的各种新情况,法学家在不违背《古兰经》、圣训精神的前提下可以充分发挥自己的理性,创制出符合时代需求的伊斯兰法。

《奥斯曼民法典》为我们提供了对传统伊斯兰法重构的范例。如前所

述，帝国在编纂民法典时，并没有移植《法国民法典》，也没有严格遵从传统伊斯兰法的范式，而是实现了对传统伊斯兰法的重构。首先，民法典编纂委员会审查传统伊斯兰法学家的著作，以哈乃斐法学为依据，挑选其中的观点作为制定法条的标准。民法典编纂委员会并没有处处以哈乃斐权威法学家艾布·哈尼法的观点为准，而是采取了那些符合时代潮流和社会公共利益的法学观点。因此，《奥斯曼民法典》有时采纳艾布·优素福的观点，有时采纳穆罕默德·本·哈桑·舍依巴尼的观点，甚至在编写债法时因为采纳哈乃斐法学派不权威的法学家祖法尔的观点，艾哈迈德·杰夫代特帕夏被免去法典编纂委员会主席职务。民法典编纂委员会没有遵从权威法学家的观点，这实际上是对传统伊斯兰法的重构。其次，为了激活传统伊斯兰法适应时代的能力，民法典编纂委员会通过以下法律技术对传统伊斯兰法进行重构：一是在《奥斯曼民法典》序言部分编纂了 99 条法律格言。法律格言类似现代法中的法律原则，但法律格言在传统伊斯兰法中并非新奇之事物，在此之前已经有伊斯兰哈乃斐法学家编写的法律格言流传于世。民法典编纂委员会主要以伊本·努杰米的著作为依据编写法律格言，其目的在于通过法律格言弥补民法典中因具体规则缺失而出现的法律空白。法律格言弥补了法律规则的缺陷，整合和协调了法律规则的矛盾之处，极大地提升了伊斯兰法调整急速变化的帝国社会的能力。二是《奥斯曼民法典》通过承认习惯法的地位，对于传统伊斯兰法没有规定的事项适用习惯法加以解决。如前所述，正统伊斯兰法不承认习惯法的效力，但是习惯法在实践中仍然发挥重要作用，《奥斯曼民法典》第一次以法典的形式确立了习惯法的法律效力。这在现在看来具有非常重要的进步意义。因此，有些习惯法可能并不符合严格的伊斯兰教教义，对习惯法地位的承认实际上是对传统伊斯兰法的另一种重构。三是引入帝国苏丹的法令补充传统伊斯兰法。在奥斯曼帝国历史上，苏丹发布的法令并不是伊斯兰法，因为按照伊斯兰教教义，只有真主享有立法权，任何世俗政府都无权立法，伊斯兰法几乎没有规定有关行政管理等公法方面的内容,因此历届政府都通过颁布法令的形式补充伊斯兰法的空白。《奥斯曼民法典》引入苏丹颁布的一些法令,满足了帝国编纂民法典的政治需求。四是对于宗教法的内容进行舍弃,在此不再赘述。

由此观之,民法典编纂委员会通过重构传统伊斯兰法编纂出现代意义上的民法典,而且这种重构得到了帝国最高阶层乌里玛的认可,这为以后重构伊斯兰法提供了成功的先例。

综上所述,对传统伊斯兰法的重构之所以可能,是因为从历史考察,伊斯兰法的发展史就是一部法学家重构法学的历史。而且伊斯兰法理论承认对传统伊斯兰法进行重构的正当性。《奥斯曼民法典》的编纂实际上是对传统伊斯兰法重构的成功典范。当前伊斯兰世界出现了许多新问题、新动向,伊斯兰世界的改革家如果通过激进方式改革伊斯兰法,势必会激起穆斯林的反对。如果恢复传统伊斯兰法,实际上亦不可能。较为可行的办法是通过对传统伊斯兰法的重构,寻找到伊斯兰法中的现代基因,逐渐实现法律现代化。

第三节 重构传统伊斯兰法需要注意的几个问题

我们追溯历史,探索未来,以重构传统伊斯兰法的方式追求法律现代化,从法文化视角为我国和伊斯兰世界的深入交往提供参考方案。在重构传统伊斯兰法的过程中,我们必须把握以下几个方向。

一、注意区分沙里亚法和菲格亥法学

传统伊斯兰法包括两方面内容:沙里亚法和菲格亥法学。沙里亚法原意为通向水源之路,实际上指真主的法度。作为宗教法的核心,沙里亚法规定了穆斯林必须履行的义务,例如穆斯林必须履行念、礼、斋、课、朝五大功

课。穆斯林认为对于这些规定任何人不得进行修改,因此沙里亚法不可更改、亘古不变。二是菲格亥法学,主要指的是历代法学家对沙里亚法的解释。由于体现真主法度的《古兰经》规定的事项过于宏观,需要法学家加以解释,以便给穆斯林提出具体的执行方案。法学家在解释沙里亚法的同时加入自己的观点,充分发挥个人理性,建构起菲格亥法学大厦。

由此看来,沙里亚法和菲格亥法学二者既有区别,又有联系。二者的联系在于:沙里亚法是菲格亥法学的基础,菲格亥法学是在沙里亚法的基础上建构起来的,菲格亥法学的发展丰富了沙里亚法的内涵。二者的不同点在于:首先,按照伊斯兰教教义,沙里亚法是天启的法律,是真主的法度,除真主之外,任何人并没有沙里亚法的立法权,穆罕默德是宣布真主启示的使者,而非沙里亚法的立法者。菲格亥法学是享有法律解释权的权威法学家建构起来的,主要表现为法学家的观点和著作。其次,沙里亚法具有统一性,由于其作为真主的法度体现在《古兰经》文本中,因此《古兰经》是沙里亚法的唯一载体。菲格亥法学具有多元性,其表现为不同时期不同法学家的不同观点,仅逊尼派法学就有哈乃斐、马力克、沙斐仪、罕百里四大法学派,其观点各异,且带有明显的地域特色。例如,哈乃斐法学产生于商业城市库法,该学派注重人的理性,善于理性思考法律,因而被称为意见派。马力克学派产生于农业小镇麦地那,熟悉穆罕默德及其弟子的圣训,因而注重以圣训解决遇到的法律问题,而较少依靠个人的理性。再次,沙里亚法不具更改性,而菲格亥法学可以更改。王宇洁教授指出,在伊斯兰的思想和实践中,存在可变与不可变、本质与非本质的分类。“沙里亚”无疑是不可变的,而“菲格亥”是可变的。[1] 随着穆罕默德的去世,《古兰经》的降示亦停止,自此以后《古兰经》不允许修改和变更,尤其是在哈里发奥斯曼时期,鉴于当时出现不同版本的《古兰经》,奥斯曼召集圣门弟子对《古兰经》校对和

〔1〕 参见王宇洁:《伊斯兰教法与现代国家:改革主义的两种视角》,载《阿拉伯世界研究》2017年第2期。

整理,最终产生了奥斯曼定本的《古兰经》,并下令对其他版本的《古兰经》进行销毁。自此以后,奥斯曼定本的《古兰经》流传至今,无人篡改,伊斯兰世界历届政府也不敢宣称其有权修改《古兰经》。菲格亥法学表现为法学家的著作,因法学家的观点不同而出现了许多菲格亥法学著作,即使在同一学派内,法学宗师的弟子经常修正其师傅的观点,例如,哈乃斐法学宗师艾布·哈尼法的弟子就经常提出不同于老师的观点,艾布·哈尼法认为双方都有权撤销定作合同,但是其弟子艾布·优素福认为,在定作合同签订之后如随意撤销合同将损害定作人的利益,因此其否定了艾布·哈尼法的观点,这说明菲格亥法学具有可更改性。

以上区分对于伊斯兰国家重构传统伊斯兰法至关重要。重构传统伊斯兰法,对沙里亚法进行修改阻力很大,换言之,不能对《古兰经》的经文进行修改,因为这种修改意味着对教义教法的直接或者间接的否定,得不到穆斯林的认可,这种激进的改革注定会失败,而且历史上有这样的先例。对于菲格亥法学的重构将成为可能,因为菲格亥法学本身具有多元性和变动性。改革者以菲格亥法学为切入点,挑选符合时代精神和理性潮流的法学观点加以使用。随着社会的发展和技术的革新,伊斯兰世界遇到前所未有的新问题和新挑战,当代伊斯兰世界的法学家就新生问题发布法特瓦为穆斯林提供方案,例如,伊斯兰教法学家格尔达威以及埃及的教法学家布退博士经常给伊斯兰世界发布法特瓦,解决了当代穆斯林遇到的诸多在《古兰经》、圣训中没有规定的新问题。但是他们发布法特瓦并没有对《古兰经》和圣训作出修改,而是补充和完善《古兰经》、圣训的内容。

二、注意区分婚姻家庭继承法和民商事交易法

如果按照部门法的划分,除了宗教礼仪部分,伊斯兰法还可以划分为民商事交易法和婚姻家庭继承法以及刑事法。这三个部门法的改革难易程度不同,民商事交易法的改革较为容易,刑法次之,婚姻家庭继承法难度最

大,可谓伊斯兰法现代化的壁垒。

我们考察奥斯曼帝国的法律改革,就会印证上述观点。首先,帝国最先改革的是伊斯兰刑法。传统伊斯兰刑法较为简单,《古兰经》规定了六种刑法:盗窃罪、抢劫罪、通奸罪、诬告通奸罪、酗酒罪、叛教罪。这六种罪因在《古兰经》中有明确的规定而称为经定刑,其后随着伊斯兰帝国的扩张,帝国社会出现了大量经定刑以外的犯罪,因此帝国又发展出经定刑法以外的酌定刑法。按照夏赫的观点,酌定刑法独立存在并有其独立的历史,其既不属于由伊斯兰教所认可的古代阿拉伯习惯法,又不属于体现在《古兰经》和先知圣训中的伊斯兰立法,而是源自倭玛亚王朝的第一批穆斯林法官,当时他们感到有必要依其裁量权惩罚各种威胁新生伊斯兰社会的行为。[1] 酌定刑是对某些严重危害社会秩序的行为以裁量的方式所施加的刑罚,惩治的行为范围很广,如诽谤、作假证、藐视法庭、不服从法官判决、不服从政府及行政长官的命令以及政府官员贪赃枉法等行为,刑罚的种类包括警告、训诫、公开示众、罚金、没收财产、监禁、鞭打乃至判处死刑等。经定刑与酌定刑都属于伊斯兰法的刑罚制度,奥斯曼帝国时期的刑法以经定刑法和酌定刑法并用。但是19世纪欧洲列强进入帝国之后,这些欧洲人并不愿接受伊斯兰刑法的管辖,因此帝国直接借鉴《法国刑法典》,对传统伊斯兰法弃之不用,这种改革并没有遭到保守派的反对。分析传统伊斯兰刑法改革难度较小的原因,主要是传统伊斯兰刑法较为简单,仅仅规定了六种经定刑法,且大多是在麦地那伊斯兰政权初生时期制定的,不足以调整倭玛亚帝国及以后的伊斯兰帝国出现的大量刑事犯罪案件。因此,伊斯兰帝国建构起庞大的酌定刑法,这也意味着伊斯兰刑法的发展从一开始就具有政府立法的特色,因而在奥斯曼帝国时期对传统伊斯兰刑法的改革没有遇到任何阻力。

其次是民商事交易法。帝国于1850年移植法国的商法典制定商法

---

〔1〕 参见高鸿钧:《伊斯兰法:传统与现代化》,清华大学出版社2004年版,第437页。

典,帝国商法典几乎是对法国商法典的完全模仿。因为商事交易的平等性要求,促使不同文明中的商事交易呈现出高度同质性特征。如果我们观察罗马法就会发现,产生于奴隶制社会中的罗马民商事交易规则竟然能适用至今,其中的原因主要是商事交易平等性要求。因此帝国的商法典全盘移植法国商法典也没有任何阻力。但是帝国在制定民法典时却出现了著名的民法典编纂之争,正如前所述,民法典涉及穆斯林生活的方方面面,因此全盘移植《法国民法典》遇到极大的阻力,最终帝国放弃移植《法国民法典》,转而对传统伊斯兰法进行重构。

最后是婚姻家庭继承法。婚姻家庭继承法和一个民族的风俗、信仰的关系非常紧密,对于这部分法律的改革遇到的阻力比其他部门法更大。奥斯曼帝国在编纂民法典婚姻家庭继承法的时候遇到了困难,因为帝国是一个多民族的帝国,帝国除了穆斯林,还有基督教徒、犹太教徒等,他们以宗教为核心形成各自的米勒特,在米勒特内实行各自的婚姻家庭继承法,每个米勒特的婚姻家庭继承法差别很大,例如穆斯林结婚的实质要件是必须要举行宗教仪式"尼卡",婚姻才发生效力,而基督教和犹太教则无法实施伊斯兰教婚姻法的规定,因此制定帝国的婚姻家庭继承法难度太大,民法典编纂委员会放弃了对婚姻家庭继承法的编纂。直到 1917 年,帝国通过对各个族群婚姻法的整合,最终颁布了通行帝国的家庭法。

如上所述,婚姻家庭继承法的改革难度颇大,主要原因在于:首先,婚姻家庭继承法受到宗教因素影响的程度最深。正如《奥斯曼民法典》第 1 条所言,"伟大的安拉欲使这个世界延续至他所限定的时间,其规则只以人类的延续而存在。而人类的延续则取决于男女的结合,以期繁衍生息"[1]。伊斯兰教将婚姻看成是真主对人类结合的安排,基督教也认为婚姻是神事和人事的结合。伊斯兰教允许一夫四妻,基督教允许一夫一妻。宗教的差异

---

〔1〕《奥斯曼帝国民法典》,王永宝译,商务印书馆 2018 年版,第 3 页。

导致婚姻体现出各自的特色,这种特色实际上是婚姻制度难以改革的顽症。其次,婚姻家庭继承法受民族习俗的影响颇深。俗语说,千里不同俗。各个地方在长期的生活实践中形成了具有地方特色的婚姻家庭继承法,由于地域的影响,结婚的年龄参差不齐,继承制度也受到地方习俗的影响。因而,婚姻家庭继承法成为伊斯兰法改革的顽症。

根据上述的分析可知,只要区分了伊斯兰法的各个部门法的特征以及改革的难易程度,伊斯兰国家就能对症下药实现对传统伊斯兰法的现代化改革。

首先,重构传统伊斯兰法,必须瞄准改革难度较小的民商事交易法。实际上,民法典编纂委员会正是采取这种策略,对传统伊斯兰民商事交易法重构成功从而编纂出《奥斯曼民法典》。

其次,对于婚姻家庭继承法的改革而言,不可"一刀切"或一蹴而就,而需要分阶段分步骤进行。实际上,婚姻家庭继承法更类似于私人生活领域,其并不像民商事交易法属于公共生活领域。因此可以放缓婚姻家庭继承法的改革或现代化,尊重私人生活领域的传统,保持不同文明的特色文化,这并不和现代化产生冲突,反而实际上呈现多元化的现代世界。

三、主张伊斯兰法律创制之门永远敞开

伊智提哈德是阿拉伯语的音译,意为法律创制、法律判断,即在《古兰经》、圣训没有明文规定的情形下,遇到新问题、新情况时法学家依靠个人理性对法律问题做出独立判断。伊斯兰法学界对于法律创制之门是否关闭存有争议,保守派认为法律创制之门已经关闭,后辈法学家只能因袭前人学说,不允许个人做出独立判断。改革派认为法律创制之门永远敞开,法学家可以对《古兰经》、圣训没有规定的问题做出个人的解释。为什么会出现伊斯兰法创制之门关闭这一说法?有一种解释认为,在1258年蒙古铁骑进攻巴格达时,伊斯兰法学家为了保护伊斯兰法的正统性,主动宣布法律创制之

门关闭，不允许后来者对伊斯兰法进行创新。实际上，伊斯兰法创制之门关闭的学说早于这一时期，应该在公元10世纪，随着四大法学派的确立以及完善，当时有人提出关闭创制之门。其理由是，四大法学派的确立预示着伊斯兰法达到了完美的程度，后人不需要创制教法，遇到新问题只需要在这些前辈法学家的著作中寻找答案即可，甚至认为后辈法学家的虔诚、信仰、学识达不到前人的程度，无力创制教法。但是更为合理的说法是，当时的法学家认为如果任伊斯兰法继续发展，伊斯兰法的统一性恐将消解，使伊斯兰法最终解体，因此主动宣布关闭创制之门。从10世纪以后，伊斯兰法的发展进入停滞时期，这期间也有法学家通过发布法特瓦解决疑难案件，但更多的法学家对前人的著作进行注解、解释，并没有实质性的创新，和四大法学派时代相比，失去了往昔法学繁荣争鸣的景象。

大部分学者认为，伊斯兰法的创制之门并没有关闭，因为社会生活时时更新，因此法律必须也与时俱进，否则伊斯兰法文化将进入因循守旧的局面。如果我们考察历史可以发现，法律创制在穆罕默德时期就已经存在。穆罕默德曾说，在没有天启经文的情形下，我凭借个人的见解在你们中间裁判。据史书记载，穆罕默德曾经派遣弟子穆阿兹到也门任职，行前问他："遇到问题你如何处理？"穆阿兹回答说："我依据真主的经典（即《古兰经》）裁决"，先知问："要是在真主的经典中找不到依据呢？"穆阿兹说："那么便依据真主使者的圣训"，先知又问："要是在圣训中也没有依据呢？"穆阿兹说："我会根据自己的见解去创制。"穆阿兹传述说："于是先知拍拍我的胸，并且说：赞颂真主——他使真主使者的使者获得成功。"[1]《艾布·达乌德圣训集》中还提到，穆罕默德说，法官在裁判案件的时候如果践行了法律创制，如果作出正确的裁判，将得到两份回报，如果作出错误的裁判，将得到一份回报。由此可见，穆罕默德对于教法创制持肯定态度。

---

[1] 丁俊：《论教法创制与文化创新》，载《阿拉伯世界研究》2006年第5期。

关于创制之门是否关闭的争议从中世纪一直持续到近现代。近代以来法律创制之门敞开的观点仍是主流。阿拉伯的阿布都·瓦哈比(1703—1792年)、阿尔及利亚的塞努西(1787—1859年)、伊朗的哲马鲁丁·阿富汗尼(1838—1896年)、巴基斯坦的穆罕默德·伊克巴尔(1877—1938年)等都是提倡法律创制的代表人物。其中穆罕默德·伊克巴尔对创制之门关闭的观点进行了猛烈地抨击,他在著作《伊斯兰宗教思想的重建》中指出,从本质上来讲,伊斯兰法是一种文化运动,法律创制是伊斯兰法文化运动的动力,这一动力促使伊斯兰法文化不断发展。根据穆罕默德·伊克巴尔的观点,穆斯林必须要与时俱进,“创制之门关闭之说纯属虚构,它一方面使人联想到伊斯兰教法学思想的成熟阶段,同时也使人联想到思想懒惰,这种懒惰在一个精神萎靡时期使伟大的思想家们变成了木偶”[1]。

在穆罕默德·伊克巴尔出生的前一年,《奥斯曼民法典》诞生了。民法典编纂者也奉行法律创制的原则,对于传统伊斯兰法进行重构,因此才有了伊斯兰世界第一部民法典的问世。而且法律创制的原则体现在民法典具体规定中,虽然《奥斯曼民法典》第14条规定,对于经训明文规定,无创制之门,但是《奥斯曼民法典》第39条规定,不能否认,法律条款随时代的变迁而变化。这一条规定打开了法律的创制之门,因为时代在变迁,因此法律也必须与时俱进。

综上所述,创制之门永远敞开,这是重构传统伊斯兰法的重要条件,否则将故步自封、因循守旧,从而导致伊斯兰法和现代生活越来越远,伊斯兰法和现代性之间的鸿沟越来越大。

四、强调伊斯兰法的多元性,包容现代生活

夏赫曾指出伊斯兰法多元性中具有统一性特征。

---

〔1〕 Muhammd Iqbal, *The Reconstruction of Religious Thought in Islam*, Cambridge University Press, 1962, p. 178.

首先，伊斯兰法具有统一性机制。伊斯兰法的统一性具有以下几个方面的表现：一是伊斯兰法的核心教义是认主独一，伊斯兰教的教义规定一神教，反对多神教信仰。二是伊斯兰法的最神圣的法源具有统一性，作为第一大法源的《古兰经》是唯一的，且全世界都在使用奥斯曼定本的《古兰经》。三是伊斯兰法的渊源具有统一性，伊斯兰法四大法源《古兰经》、圣训、公议和类比具有统一性，且其他三个法律渊源的效力都低于《古兰经》，《古兰经》作为根本大法统摄其他三个法律渊源。

其次，伊斯兰法具有多元性特征。传统伊斯兰法虽然具有统一性机制，但多元性特征被人们所忽视。传统伊斯兰法的多元性特征主要表现在以下几个方面：

一是伊斯兰法的第二大法源圣训具有多元性。圣训是圣门弟子对穆罕默德言行的记录，是伊斯兰法中仅次于《古兰经》的第二大法源。穆罕默德在世的时候，曾经禁止弟子们记录圣训，以免和降示的《古兰经》经文混淆。穆罕默德去世后，随着圣门弟子在战场上的牺牲或者过世，人们才开始认识到记录圣训的重要性。但是在四大哈里发时期严格限制搜集圣训，据传哈里发欧麦尔曾把传述圣训的人关押起来。在奉行世俗化政策的倭玛亚王朝时期，圣训几乎得不到重视，阿巴斯王朝时期，圣训的作用得到了前所未有的强调。圣训广泛传述的过程中出现了许多伪造的圣训，为了使圣训系统化，一些著名的圣训学家在公元 9 世纪、10 世纪对圣训进行了全面搜集，然后对它们的真实性予以审查、核实。其结果是，在逊尼派形成了六大部圣训集：《布哈里圣训实录》、《穆斯林圣训实录》、《艾布·达乌德圣训集》、《伊本·马哲圣训集》、《提尔密济圣训集》和《奈萨仪圣训集》，其中《布哈里圣训实录》《穆斯林圣训实录》被称为圣训两真本。六大部圣训集的内容也各不相同。例如《布哈里圣训实录》的特点是所有圣训都冠以完整的传述系统，且里面穿插穆罕默德的传记片断，对传述系统不同的圣训，而词、义又相近者，均予以附列，以资佐证、比较。《穆斯林圣训实录》的特点是第 1 卷前面为编者长达万言的序言，讲述圣训学的基本理论、方法和圣训的分级、分类，并按问题分门别类编排。《艾布·达乌德圣训集》注重圣训正文的各种录写格式和多种集录方法，但其中有不少传述系统脱漏传述人。《提尔密济圣训集》所录的都是教法学家遵守和实践的圣训。每条圣训附有圣门弟子、再传弟子的名字和教法学家的言论。《奈萨仪圣训集》对圣门弟子的品德及操守也略有记述。因此六大部圣训集收集到的圣训有不同之处，而且六大部圣训集在伊斯兰法中是神圣的法律渊源，都具有法律效力。就此，圣训具有多元性的表现形式。

二是伊斯兰法学派具有多元性。穆罕默德去世前并没有留下遗嘱指定继承人，为确定穆罕默德继承人的人选，伊斯兰教内部分裂为逊尼派和什叶派。我们主要以人数众多的逊尼派为例，指出伊斯兰法学派的多元性特征。在伊斯兰教逊尼派中最终确立了四大法学派，分别是哈乃斐法学派、马力克法学派、沙斐仪法学派以及罕百里法学派。这四个法学派观点不尽相同，哈乃斐法学派产生于伊拉克商业城市，注重人的理性，属于意见派，巧用法律计谋。根据严格的伊斯兰法，真主禁止世人收取利息，而允许他们从事买卖交易，至于买卖的价格则可由当事人通过协议自行约定。哈乃斐法学家设计出法律计谋是为了规避某些严苛的宗教法规则，久而久之，它们也变成了合法的民事、商事习惯和习惯法。马力克法学派产生于农业小镇麦地那，那里没有过多的商业生活干扰，并且穆罕默德及其弟子在麦地那生活了 10 多年，留下了大量的圣训，因此马力克法学派主要依靠圣训，并不过多重视人的理性，在马力克法学派看来，既然有先知的圣训，就无须再去创制新的规则。沙斐仪学派主要是对哈乃斐学派和马力克学派进行整合，因此被称为古典法学的集大成者，沙斐仪法学派的突出贡献是在逊尼派内部确立了伊斯兰法的四大法源，从而建构起伊斯兰法宏伟大厦。罕百里法学派出现时间最晚，该派是四大法学派中最为保守的一派，主张只遵从《古兰经》和圣训，不承认将公议和类比作为法律渊源。四大法学派由于法学观点和立场不统一，且四大法学派在世界各地都有其追随者，从而出现了法律多元的现象。

三是伊斯兰法内容本身具有多元性。其一，伊斯兰法把人的行为分为五种。第一种是强制性行为，即法律命令人们为某种行为，为者受鼓励，不为者受惩罚，如参加礼拜和完纳“天课”等。第二种是嘉许性行为，即法律鼓励的行为，但并不强制人们履行该行为，为者受奖，不为者不受罚，例如穆斯林从事宗教慈善事业等。第三种是劝诫性行为，即法律要求人们尽量避免的某种行为，但并不严格禁止该行为，为者受到谴责，不受处罚。第四种是允许性行为，即行为人可以自己决定是否选择的行为，如打猎等。第五种是禁止性行为，为者受罚，不为者受奖；有时，某行为虽属于禁止性行为，但因特定条件的满足而变成允许性行为，如找不到食物而吃自死动物等。从现代法的观点来看，只有强制性行为和禁止性行为可以纳入法律调整的范畴，而其他三种行为更多的带有道德底蕴色彩。伊斯兰法将道德伦理渗入法律的范畴，使法律内容具有多元性。其二，对于某一个问题，法学家往往会提出不同的观点，而且这些观点都具有法律效力。例如，在拾得遗失物的情形下，如果拾得人承认他是为自己占有而拾得遗失物，那么众多法学家一致认为他需要赔偿遗失物所有人，如果他拾得遗失物是为了归还给遗失物所有人，那么他就不承担赔偿责任。但是如果他既不承认拾得遗失物的动机，又不让他人作证，在这点上法学家的观点出现了分歧，艾布·哈尼法和穆罕默德·本·哈桑·舍依巴尼认为此人要承担赔偿责任，但是艾布·优素福认为此人不承担赔偿责任。因此在哈乃斐法学派中，关于拾得遗失物所要承担的责任法学家的观点出现分歧，但是这两种观点都可以采取。可以看出，对某一个问题，法学家的观点出现多元性。

四是伊斯兰法在世界各地表现出多元性。伊斯兰教自诞生就开始了向外扩张的历程，从最初的麦地那政权发展到横跨亚、欧、非的伊斯兰帝国，如今在世界各地都有信仰伊斯兰教的穆斯林。伊斯兰法在世界各地落地生根、开花结果,但是其在世界各国的表现形态不一样,沙特阿拉伯执行较为严格的传统伊斯兰法,伊斯兰法传入印度形成独具特色的盎格鲁—穆罕默德法,在非洲伊斯兰法融合了非洲的习惯法,在中国伊斯兰法和中国儒家文化结合,形成了独特的儒家化的伊斯兰法文化。

为什么伊斯兰法表现出多元性特征?笔者认为,主要有以下原因:

其一,伊斯兰法的本质是法学家法。法学家法的特色是法学观点的多元性,如果政治主权者享有立法权,那么法学家立法权将被限制,这种情形下的法律将表现出高度统一性。由于伊斯兰法的立法权属于真主,而真主的启示通过使者穆罕默德传达给穆斯林,穆罕默德作为最后一个使者,他的去世也意味着《古兰经》降示的停止,自此以后伊斯兰法的立法权也终结。因此法律发展的任务落在法学家的肩上。伊斯兰法主要是通过几代法学家建构起来的,法学家法主要是个人从事法学研究和法学教育活动所获得的法,因此不同法学派的出现、不同法学观点的产生亦是必然。

其二,从政治与法律的关系而言,主权者对于伊斯兰法采取较为宽容的态度。除了倭玛亚王朝时期的统治者实行世俗化政策,压制伊斯兰法的发展,其他时期的统治者都对伊斯兰法采取较为宽容的态度。例如阿巴斯王朝就是因反对倭玛亚王朝世俗化政策而将其推翻并建立起来的王朝,其哈里发以真主在大地上的影子自称,并在每个周五参加主麻仪式时身披先知的斗篷,以示对伊斯兰教的虔诚,因此阿巴斯王朝时期伊斯兰法繁荣兴盛,伊斯兰法学派如雨后春笋般纷纷涌现、发展。阿巴斯王朝以后历朝历代伊斯兰政府始终对伊斯兰法采取宽容的政策,奥斯曼帝国时期的苏丹恪守传统伊斯兰法,理论上苏丹发布的命令须由宗教乌里玛的首领伊斯兰长老审查,如果苏丹的法令违背伊斯兰教法,则其无效。可以看出,伊斯兰帝国的统治者对伊斯兰法的宽容态度促使伊斯兰法呈现多元性特征。

综上所述,我们讨论了伊斯兰法的多元性特征。之所以强调伊斯兰法的多元性特征,主要原因是当前伊斯兰世界有一种思潮,即伊斯兰法应该回归到穆罕默德及其三代弟子时代,力求保护伊斯兰教的“纯洁”性,主张伊斯兰法的统一性,反对伊斯兰法的多元性。这种观点对于伊斯兰法的发展极为不利。笔者从多个维度分析伊斯兰法的多元特征,主要目的是指出多元特征的伊斯兰法具有包容性,多元特征的伊斯兰法允许法律重构。因此当下及未来伊斯兰世界伊斯兰法朝着多元化方向发展,进而形成各具特色的不同地域的绚丽多彩的本土伊斯兰法文化。

五、强调中正和谐的伊斯兰

近几十年来,伊斯兰世界出现的一些极端主义和暴力恐怖活动,令世人将伊斯兰教和极端主义联系在一起,将伊斯兰法看作原始、野蛮的法律。如果我们考察伊斯兰法,就会发现这些看法具有片面性,伊斯兰教并非极端主义,伊斯兰法亦非邪恶之法。

伊斯兰教强调神圣与理性、今世与后世、前定与自由、传统与现代、精神与物质、个人与社会、权利与义务之间的中正平衡,不偏不倚,追求人主和谐、人际和谐以及人与自然的和谐。[1] 中正的伊斯兰法主要表现为作为神圣法源的《古兰经》和法学家理性之间的平衡。按照伊斯兰教义,《古兰经》作为神圣的经典,是伊斯兰法的神圣来源。而法学家的理性则是智慧和思维的体现。那么伊斯兰法学所要讨论的问题是,神圣的法律和法学家的理性二者孰更重要?

经典主义者强调《古兰经》、圣训具有无上的权威,《古兰经》包容万象,涵盖了人类生活中的方方面面,人们完全可以在经典中找到答案。按照经典主义者的观点,《古兰经》是指导穆斯林生活的指南,如果人们在经典中找不到解决现实问题的答案,并不是经典出了问题,而是人的能力所限。因此,经典主义者遇到问题时,必须追溯到《古兰经》、圣训,以及前辈法学家的

---

〔1〕 参见丁俊:《尤苏夫·盖尔达维及其伊斯兰中间主义思想》,载《世界宗教研究》2015年第2期。

著作。同时,经典主义者反对后人对《古兰经》的解释,他们尊崇前三辈学者的观点,视前三辈为伊斯兰的黄金时代。经典主义者忽视人的理性,认为人的理性不可靠,人的能力有限,人的理性无法解决当代社会出现的诸多问题。现代人应该回归传统,在传统中寻求适应当代社会生活的方案。理性主义者又走向另一个极端,认为经典需要法学家的阐释。实际上,伊斯兰法是后世法学家所建构的,圣训是后人编纂的,甚至大部分圣训是伪造的。理性主义者强调用科学的方法解读经典,甚至解构经典。

实际上,从伊斯兰法内部视角而言,经典和理性对于伊斯兰法的发展都不可或缺,经典作为基础,理性作为对经典的阐释。经典作为穆斯林信仰的载体,理性作为穆斯林适应现代生活的媒介,可以说二者相得益彰。埃及权威的伊斯兰法学家盖尔达维提出了伊斯兰法中正主义,他强调,“我们在今天这个时代,应当重新审视历史上曾经有过的一些观点或被采纳过的一些意见,这些观点和意见,或许适合那些时代的特殊情形,但却早已不适合今天这个日新月异、前人无法想象的时代”[1]。按照盖尔达维的观点,经典的适用有其特殊的时代背景,但是现代社会的发展早已超出经典所面临的时代。例如《古兰经》规定了如何善待奴隶的问题,但是在现代社会奴隶制早已消亡。经典规定了特殊时期一夫多妻制度,这种夫权制度在现代社会早已被一夫一妻制取代。因此,经典中的很多制度已不复存在。传统伊斯兰法学家的解释为当时的人们解决社会问题提供了较为可行的方案。但是当代穆斯林如果还用当时法学家的意见来解决现代社会出现的新问题,就会陷入因循守旧的枷锁中。因为当时的法学家没有为现代社会的问题提供解决方案。例如,传统伊斯兰法要求妇女不能单独出门,其出门必须要有丈夫或父亲以及兄弟陪同,并且在公共场所需要佩戴面纱。这些规定放在当时是合适的。因为古代阿拉伯地处沙漠,社会治安较差,时有强盗出没,在那

〔1〕 丁俊:《尤苏夫·盖尔达维及其伊斯兰中间主义思想》,载《世界宗教研究》2015年第2期。

种环境下妇女单独出门非常危险,戴上面纱,遮盖住容颜,可以防止受到不法之徒的欺负。有些法学家甚至还提出妇女如果单独出门就不能化妆,其必须把脸涂成乞丐的模样。所有这些法学观点都是为了避免妇女单独出门遭遇不测。但是在现代社会,治安环境良好,城市化程度较高,如果还遵循传统伊斯兰法学家的观点,要求妇女不能单独出门,出门必须化妆成乞丐模样,会被认为是一件荒谬的事。因此,当代伊斯兰法学家必须发挥理性的作用,与时俱进,解决各种层出不穷的问题。伊斯兰法学家既不能过于注重经典,忽视人的理性,也不能完全否定经典,引起人们的不满。

换言之,当代伊斯兰法学家必须具备中正和谐的视野观,重构传统伊斯兰法文化,发展新型的伊斯兰法学体系,进而实现伊斯兰法的现代化。

六、重构传统法律文化,必须形成法律文化主体意识

重构传统法律文化,实际上反映出《奥斯曼民法典》编纂者具有深切的法律文化主体意识。法律文化主体意识说明必须对自身的传统文化有深刻的认同,对外来法律文化有着无偏见的尊重,以及在移植和借鉴外来法律文化时持有谨慎态度。日本学者千叶正士强调非西方国家的学者必须要有法律文化主体意识。他从非西方国家学者的视角出发,指出我们要学习西方法律,但又要超越西方法律。千叶正士指出,“对于正确理解非西方社会的情形,普遍流行的将非西方的法律与社会作为‘传统的’以对照于作为‘现代的’西方法律与社会的特征化做法是一种过于简单的贴标签的方法”〔1〕。他指出现代化实际上忽略了非西方国家的法律文化的存在。千叶正士提出了法学研究的“三重两分”范式,即把法律分为官方法、非官方法和法律准则。“他的这一观点无疑对长久以来人们始终是以西方法律为起点和中心的法学方法是一个很大的冲击,同时也为东方学者考察自身法律制度发展

---

〔1〕 [日]千叶正士:《法律多元——从日本法律文化迈向一般理论》,强世功译,中国政法大学出版社 1997 年版,第 7 页。

问题给出了很好的范例。”[1]

法律文化主体意识意味着每个民族国家有自己独特的法律文化传统,无论是西方法律文化还是非西方法律文化,都构成了世界法律文化传统。非西方国家的法律发展在借鉴和移植西方法律时,要意识到自身法律传统的重要价值,不能全盘移植西方法律文化,而应该依据传统文化改良自身的法律文化。换言之,非西方国家学者评价自身法律文化时不能将西方法律文化作为唯一标准,而是要认识到自身法律传统的价值。对于自身法律文化的评价也必须依赖于自身的历史、社会和经济的发展。后发的非西方国家学者强调法律主体意识非常重要。每种法律文化没有高低之分,每种法律文化也有其自身的优缺点。

需要说明的是,首先,不能将法律文化主体意识和狭隘的本土法律文化意识相混淆。狭隘的本土法律文化意识只强调本土法律文化意识的优越性,而对其他优秀的法律文化视而不见,最终造成封闭自守的落后局面。其次,不能将本来就具有西方文化内涵的地方性知识作为自身文化的传统,要认识到具有法律文化主体意识并不排斥对其他优秀法律文化的借鉴,而是在借鉴的同时不能和自身的传统法律文化发生巨大的冲突。

形成法律文化主体意识,要正确认识外来法律文化。从非西方国家学者的立场出发,要认识到西方法律文化的价值,可以学习和借鉴西方法律文化中的优秀部分,注意要认识到西方法律文化的不足之处,不能全盘借鉴和通盘移植。因为文化和社会的差异会导致水土不服。

形成法律文化主体意识,还必须正确看待自身传统法律文化。伊斯兰世界拥有悠久的伊斯兰法律文化,传统伊斯兰法文化根深蒂固,这些法律在伊斯兰世界具有合法性和正当性。如果想全面废弃传统伊斯兰法,以西方法律取而代之,这根本不会被穆斯林接受。因此,必须认识到,对于传统法

[1] 米健:《法律文化交往与文化主体意识》,载《中国法学》2012年第2期。

律文化,只要其不会阻碍现代化的发展,就可以加以利用,如果其会阻碍现代化,就需采取渐进的方式缓和地加以修改。非西方国家学者应形成法律文化主体意识,进入到法律全球化和现代化的时代潮流中。

结　论

本书追溯了《奥斯曼民法典》编纂的时代背景，该民法典的编纂是帝国晚期应对外部西方的压力和内部追求现代化的产物。帝国的政治精英围绕该民法典的编纂产生了激烈的争议，最终帝国的温和派胜出，并编纂出伊斯兰世界第一部民法典。

《奥斯曼民法典》的编纂主要依赖于传统法律资源，民法典编纂委员会对传统伊斯兰法进行了重构：一是从传统伊斯兰法多元观点中优选出符合时代的法律观点，二是将法律格言作为法律原则以整合民法典的具体规则，三是吸收帝国的习惯法补充民法典，四是吸收帝国苏丹的敕令作为民法典的规则，五是规避了诸多宗教法的内容。通过以上法律重构完成了《奥斯曼民法典》的编纂。这部民法典颁布后，其在奥斯曼帝国适用了半个世纪之久，在帝国解体后被作为伊斯兰世界诸多国家民事立法的范本广泛借鉴。

由此，《奥斯曼民法典》的内容主要基于传统伊斯兰法资源，但是在形式上以西方法典为模式。该民法典除了规定一些宗教性内容，还涉及民商事交易世俗性的内容。由于该民法典吸收了帝国的习惯法，也不排除其有罗马法的基因，因为帝国的诸多地区曾是东罗马帝国的属地。笔者通过比较法还原方法，总结了伊斯兰法规则和罗马法规则具有相似性的原因。

《奥斯曼民法典》在帝国适用了半个世纪后，随着帝国的解体，最终被1926年土耳其民法典取代。东西方学术界对于《奥斯曼民法典》的评价不一。本书认为，任何评价该民法典是成功的还是失败的观点都失之偏颇，我们需要从多重维度评价该民法典。从法律现代化的角度而言，《奥斯曼民法典》并未完全实现传统法律现代化，但是它为传统法律现代化奠定了基础。从伊斯兰法的发展而言，该民法典是对千年以来的传统伊斯兰法的重大突破。《奥斯曼民法典》的编纂意味着伊斯兰法从宗教乌里玛阶层掌控立法权到国家掌握立法权，是传统伊斯兰法从法学家法向国家立法的转变，也是从宗教法向世俗法的转变。从法律全球化视角而言，该民法典的编纂恰好处于第一波法律全球化浪潮中，是法律全球本地化的典型代表。

《奥斯曼民法典》的编纂是帝国追求法律现代化的尝试，欲使帝国融入世界体系。帝国的法律现代化没有直接移植西方法律，亦没有恪守传统法律，而是以传统法律为资源，以当时的社会发展为需要，通过对传统法律文化的重构，以西方法典的模式，尝试实现法律现代化。这种不偏不倚较为温和的、渐进式的法律现代化路径——一方面尊重自身的文化传统，另一方面谨慎地借鉴西方法律文化，对于后发国家的法律现代化具有重要借鉴价值。

当前我国发起“一带一路”倡议，处理好和“一带一路”沿线50多个伊斯兰国家的关系有利于我国的对外发展。我们不仅要研究当前伊斯兰国家的法律，而且要追溯历史，深度研究这些伊斯兰国家历史上的法律，《奥斯曼民法典》作为伊斯兰民事法律规则的精华，对这些伊斯兰国家的民事立法产生了深远影响。因此，研究《奥斯曼民法典》具有重要的理论和现实意义。当然，对于《奥斯曼民法典》的研究是一个尝试性工作，研究难度较大，研究的缺陷难以避免。笔者希望能够对这一主题继续研究，以期做出新的成果。

参考文献

一、著作

[1]《奥斯曼帝国民法典》,王永宝译,商务印书馆 2018 年版。

[2][英]伯纳德·刘易斯:《现代土耳其的兴起》,范中廉译,商务印书馆 1982 年版。

[3][俄]伊兹科维兹:《帝国的剖析:奥托曼的制度与精神》,韦德培译,学林出版社 1996 年版。

[4][英]帕特里克·贝尔福:《奥斯曼帝国六百年》,栾力夫译,中信出版集团 2018 年版。

[5][利比亚] 阿里·穆罕默德萨拉比:《奥斯曼传》,王永芳译,华文出版社 2016 年版。

[6][美]斯坦福·肖:《奥斯曼帝国》,许序雅译,青海人民出版社 2006 年版。

[7][美]西恩·麦克米金:《奥斯曼帝国的终结》,姚志宏译,中信出版社 2017 年版。

[8]王三义:《帝国之衰——奥斯曼帝国史六论》,社会科学文献出版社 2018 年版。

[9][埃及]胡祖利:《回教法学史》,庞士谦译,月华文化服务社 1950 年版。

[10][埃及]胡祖利:《伊斯兰教法学史》,庞士谦译,宗教文化出版社 2014 年版。

[11]吴云贵:《伊斯兰教法概略》,中国社会科学出版社 1993 年版。

[12]吴云贵:《当代伊斯兰教法》,中国社会科学出版社 2003 年版。

[13]马明贤:《伊斯兰法:传统与衍新》,商务印书馆 2011 年版。

[14]哈宝玉:《伊斯兰教法:经典传统与现代诠释》,中国社会科学出版社 2011 年版。

[15][英]诺·库尔森:《伊斯兰教法律史》,吴云贵译,中国社会科学出版社 1986 年版。

[16]高鸿钧:《伊斯兰法:传统与现代化》,清华大学出版社 2004 年版。

[17][德]K. 茨威格特、H. 克茨:《比较法总论》,潘汉典等译,清华大学出版社 2003 年版。

[18][埃及]艾哈迈德·爱敏:《阿拉伯——伊斯兰文化史》(第 1—8 册),纳忠等译,商务印书馆 1982—2007 年版。

[19][巴基斯坦]赛义德·菲亚兹·马茂德:《伊斯兰教简史》,吴云贵等译,中国社会科学出版社 1981 年版。

[20][德]布罗克尔曼等:《伊斯兰教各民族与国家史》,孙硕人、诸长福译,商务印书馆 1985 年版。

[21][法]里昂·马塞:《伊斯兰教简史》,王怀德译,商务印书馆 1978 年版。

[22]金宜久主编:《伊斯兰教史》,中国社会科学出版社 1990 年版。

[23]金宜久主编:《当代伊斯兰教》,东方出版社 2004 年版。

[24]金宜久主编:《当代伊斯兰问题》,民族出版社 2008 年版。

[25][美]西·内·费希尔:《中东史》(上、下册),姚梓良译,商务印书馆 1980 年版。

[26][苏]谢·亚·托卡列父:《世界各民族历史上的宗教》,魏庆征译,中国社会科学出版社 1985 年版。

[27][苏]约·阿·克雷维列夫:《宗教史》(下卷),乐峰等译,中国社会科学出版社 1984 年版。

[28][德]赫伯特·戈特沙克尔:《震撼世界的伊斯兰教》,阎瑞松译,陕西人民出版社 1987 年版。

[29][英]G. H. 詹森:《战斗的伊斯兰》,高晓译,商务印书馆 1983 年版。

[30][土耳其]奥斯曼·努日·托普巴希:《伊斯兰的精神和形式》,谭卉颖译,宗教文化出版社 2015 年版。

[31][英]约翰·希克:《宗教哲学》,何光沪译,生活·读书·新知三联书店 1988 年版。

[32]王云霞:《东方法律改革比较研究》,中国人民大学出版社 2002 年版。

[33]何勤华:《外国法制史》,法律出版社 2011 年版。

[34]黄维民:《中东国家通史土耳其卷》,商务印书馆 2006 年版。

二、论文

[1]朱威烈:《伊斯兰文明与世界》,载《世界经济与政治》2007 年第 7 期。

[2]昝涛:《六十年来中国的土耳其研究》,载《西亚非洲》2010 年第 4 期。

[3]吴冰冰:《阿拉伯世界的世俗主义与世俗化》,载《阿拉伯世界研究》2006 年第 5 期。

[4]李福泉:《中东世俗化的阶段及特点》,载《宁夏社会科学》2010 年第 1 期。

[5]冯璐璐:《近现代土耳其伊斯兰教法的世俗化改革》,载《新疆社会科学》2004 年第 6 期。

[6]王三义:《晚期奥斯曼帝国的军事改革评析》,载《上海交通大学学报:哲学社会科学版》2011 年第 4 期。

[7]徐国栋:《一个正在脱亚入欧的国家的奋斗——土耳其民法典编纂史》,载《比较法研究》2006 年第 2 期。

[8]王三义:《细节与成败:奥斯曼帝国改革的深水层》,载《复旦学报(社会科学版)》2016 年第 5 期。

[9]李艳枝:《晚期奥斯曼帝国世俗政治与宗教政治的博弈及其历史影响》,载《世界宗教研究》2017 年第 4 期。

[10]王宇洁:《伊斯兰教法与现代国家:改革主义的两种视角》,载《阿拉伯世界研究》2017 年第 2 期。

[11]王宇洁:《教法学家的统治:历史渊源及其现实困境》,载《世界宗教研究》2002 年第 3 期。

[12]徐国栋:《论〈奥斯曼帝国民法典〉中的罗马法基因——兼论罗马法通过伊斯兰法传入中国的可能性》,载《法律科学》2020 年第 6 期。

三、外文类

[1] Ai-Azmeh Aziz, *Islamic Law: Social and Historical Contexts*, Routledge, London and

New York, 1988.

[2] Al-Omar, Fuad & Abdel-Haq, *Mohammed, Islamic Banking: Theory, Practice & Challenges*, Oxford Universitu Press, 1996.

[3] Amin, Mahammad, *Islamization of Laws in Pakistan*, Sang-E-Meel Publications, 1989.

[4] Amin, S. H., *Middle East Legal Systems*, Koyston Limited, 1985.

[5] Anderson, Norman, *Law Reform in the Muslim world*, University of London, The Athlone Press, 1976.

[6] Anderson, Norman, *Islamic Law in Africa*, London, 1954.

[7] Ann-Na'im, Abdullahi Ahmed, *Toward an Islamic Reformation: Civil Liberties, Human Rights, and International Law*, The American University in Cairo Press, 1990.

[8] Arabi, Oussama, *Studies in Modern Islamic Law and Jurisprudence*, Kluwer Law International, 2001.

[9] Bassiouni, M. Cherif, *The Islamic Criminal Justice System*, Oceana Publication, Inc., 1982.

[10] Coulson, Noel J., *A History of Islamic Law*, Edinburgh University Press, 1964.

[11] Coulson, Noel J., *Conflicts and Tensions in Islamic Jurisprudence*, Chicago University, 1969.

[12] Doi, A. Rahman I., *Shari'ah: The Islamic Law*, Ta Ha Publishers, 1984.

[13] Dutton, Yasin, *The Origins of Islamic Law: The Qur`an, the Muwatta` and Madinan `Amal*, Curzon Press, 1999.

[14] Dwyer Daisy Hilse, *Law and Islam in the Middle East*, Bergin Garvey Publishers, 1990.

[15] Edge Ian, *Islamic Law and Legal Theory*, Dartmouth, 1996.

[16] Fatima Tanzeem, *Islamic Law and Judiciary: Trend-setting Judicial Pronouncements on Islamic Law since* 1950, Deep & Deep Publications Pvt. ltd, 2001.

[17] Forte F. David, *Studies in Islamic Law: Classical and Contemporary Application, Austin & Winfield*, Publishers, 1999.

[18] Gerber Haim, *Islamic Law and Culture* 1600–1800, Brill, 1999.

[19] Gibb A. R. , *Modern Trends in Islam*, New York, I978.

[20] Heer N. , *Islamic Law and Jurisprudence*, University of Washington Press, 1990.

[21] Hidayatullah, C. G. & M. Weeramantry, *Islamic Jurisprudence: An International Perspective*, The Macmillan Press Ltd. , 1988.

[22] Hookei M. B. , *Islamic Law in South-East Asia*, Oxford University Press, 1984.

[23] Kamali, *Mohammad Hashim*, *Principles of Islamic Jurisprudence*, Pelanduk Publications, 1989.

[24] Khadduri Majid & Herbert J. Liebesny, *Law in the Middle East*, *Origin and Development of Islamic Law*, the Middle East Institute, Washington, D. C. , 1955.

[25] Khare R. S. , *Perspectives on Islamic Law*, *Justice*, *and Society*, Rowman & Littlefield Publishers, Inc. , 1999.

[26] Laurence O. Michalak & Jeswald W. Salacuse, Social Legislation in the Contemporary Middle East, U. C. Berkeley, 1986.

[27] Liebesny Herbert J. , *The Law of the Near Middle East*, *Readings*, *Cases*, *& Materials*, State University of New York Press, 1975.

[28] Lindholm Tore & Vogt Kari, *Islamic Law Reform and Human Rights*: *Challenges and Rejoinders*, Nordic Human Rights Publications, 1993.

[29] Maududi A. A. , *Islamic Law and Constitution*, Islamic Publication Ltd. , 4th Edition, 1969.

[30] Mayer Ann Elizabeth, *Islam and Human Rights*: *Tradition and Politics*, Westview Press, 1991.

[31] Motzki Harald, *The Origins of Islamic Jurisprudence*: *Meccan Fiqh before the Classical Schools*, transl. by Marion H. Kats, Brill, 2002.

[32] Muslehuddin Muhammad, *Philosophy of Islamic Law and the Orientalists*: *A Comparative Study of Islamic Legal System*, Islamic Pub. Ltd. , 1980.

[33] Patel Rashida, *Islamisation of Laws in Pakistan*?, Faiza Publishers, 1986.

[34] Pearl David, *A Textbook on Muslim Law*, Croom Helm I. ondon, 1979.

[35] Qadri Anwar A. , *Islamic Jurisprudence in the Modern World*, New Delhi, 1966.

[36] Schacht Joseph, *An Introduction to Islamic Law*, Oxford University Press, 1959.

[37] Schacht Joseph, *The Origins of Muhammadan Jurisprudence*, Oxford University Press, 1959.

[38] Sfeir George N., *Modernization of the Law in Arab States: An Invesigation into Current Civil Criminal and Constitutional Law in the Arab World*, Austin & Winfield, Publishers, 1998.

[39] Sharif, *Crimes and Punishment in Islam*, Institute of Islamic Culture, 1972.

[40] Kham M. R. q, *Socio-Legal Status of Muslim Women*, Radiant Publishers, 1993.

[41] Mallat C., *Islam and Public Law*, Graham & Trotman, 1993.

[42] Hallaq W. B., *A History of Islamic Legal Theories*, Cambridge University Press, 1997.

[43] Hallaq W. B., *Authority, Continuity, and Change in Islamic Law*, Cambridge University Press, 2001.

[44] Firmage E. B., Weiss B. G. & Welch W. W., *Religion and Law: Biblical-Judaic and Islamic Perspectives*, Eisenbrauns Winona Lake, 1990.

[45] Davison R H., *Essays in Ottoman and Turkish history*, 1774－1923: *the Impact of the West*, University of Texas Press, 2011.

[46] E. M. Earle, *Turkey, the Great Powers and the Bagdad Railway*, New York, 1922.

[47] Hew Strachan, *The First World War*, New York: Penguin Group, 2003.

[48] Abdullahi Ahmed An-Na‘im, *The Compatibility Dialectic: Mediating the Legitimate Coexistence of Islamic Law and State Law*, Modern Law Review 73: 1 (2010): 20; Hallaq, Sharī‘a, 411.

[49] Dora Glidewell Nadolski, *Ottoman and secular civil law*, Int. J. Middle East Stud. 8, 517–543, U. S. A. 1997.

[50] *Contributed by SIR ROLAND K. Modern Ottoman Law*, Journal of the Society of Comparative Legislation, Vol. 8: 1, p. 41–50(1907).

[51] J. N. D. Anderson, Codifiction in the Musilm World: Some Reflections, Rabels Zeitschrift für ausländisches und internationales Privatrecht / The Rabel Journal of Comparative and International Private Law, 30. Jahrg., H. 2, 1966, p. 241–253.

[52] Ahmet Cemil Yildirim, *Ottoman Mecelle as a Secular Uniform Law Instrument*, International Journal of Turcologia / Vol:X No:19.

[53] Avi Rubin, *Ottoman Judicial Change in the Age of Modernity: A Reappraisal*, History Compass 7/1 (2009):119-140, 10. 1111/j. 1478-0542. 2008. 00563. x Journal Compilation, Blackwell Publishing Ltd. 2008.

[54] Abdelnaser Zeyad Hayajneh, *Legal Surgery: the Need to Review Jordanian Civil Law*, British Journal of Humanities and Social Sciences, Vol. 6:2, p45(2012).

[55] John Bugnacki, *The Garden of Forking Paths: Islamic Legal Transformations in the Ottoman Empire During the Nineteenth Century*, History Student Papers. 2014.

[56] Mahmoud M. Dodeen, *Formation of Contract under the Islamic Majallah and UNIDROIT Principles of* 2010, arab law quarterly, 2016, p. 262-277.

[57] Windi Afdal, *Islamic Law Codification: The Friction on Authority of Islamic Law Establishment*, Journal of Indonesian Legal Studies Vol 1 Issue 01, 2016

[58] Abdullahi Ahmed An-Na, *Globalization And Jurisprudence: An Islamic law perspective*, Emory L. J., 2005, p. 25.

[59] Haider Ala Hamoudi, *The Death Of Islmic law*, GA. J. INT'L & COMP. L., Vol. 38, p. 293.

[60] Heba Abdel Halim Sewilam, *The Jurisprudential Problems of the Early Codification Movement in the Middle East: a Case Study of the Ottoman Mejelle and the* 1949 *Egyptian Civil Code*, University of California, 2011.

[61] Herbert J. Liebesny, *Stability and Change in Islamic Law*, Middle East Journal, Vol. 21: 1, p. 16-34(1967).

致　谢

本书是笔者在博士学位论文的基础上修改完成的。一个人成长过程中总是会得到很多人的帮助,本书的完成也得到了诸多老师的帮助,笔者在此要感谢他们。

感谢我的导师高鸿钧教授。遇到高老师并成为他的学生是我此生的荣幸。读博之初,我感到当前伊斯兰法研究的环境并不乐观,本打算放弃并转向其他领域,高老师鼓励我继续做伊斯兰法研究,建议以《奥斯曼民法典》作为博士论文研究方向,并指出伊斯兰法研究的重大学术价值。在读博期间,我得到了高老师无微不至的关怀。由于自己天资愚钝,在高门优秀的弟子中倍感压力,但是高老师一直鼓励我,并给予我经济上的帮助,心中的感谢无以言表。高老师作为一个纯粹的学者,深深地影响了我。每次去老师办公室的时候,老师都在伏案苦读,想到此情此景,学生怎敢有丝毫的懈怠?

感谢清华大学法学院副教授鲁楠师兄。每当遇到学习上的困难,我就会找鲁老师倾诉,我们经常去清华大学外巴依老爷饭店,边吃辣皮子拌面,边聊学术。鲁老师对我论文的构思、写作给予了重要指导。感谢清华大学法学院的苏亦工教授、聂鑫教授、高其才教授，在他们的课堂上我学到了很多知识，领略了清华大学法学院老师严谨的治学态度。感谢清华大学博士生短期出国访学基金项目以及北京宸星教育基金会项目“印度法和伊斯兰法研究”（项目编号 2019-03-003）提供的资助，让我有机会前往向往已久的德国，在欧洲著名的伊斯兰法研究中心德国埃尔朗根—纽伦堡大学的 Rohe 教授门下做访问学者，有机会收集诸多和论文相关的学术资料。感谢同门陈王龙诗、陈西西、朱源帅、丁辰熹、马悦、李宏基、姚力博、李曌、韩成芳等同学，我们一起上课，一起参加读书会，一起参加学术会议，一起聚餐……大家亲如兄弟姐妹，愿我们这份同门之情永远常在！

本书的写作得到了诸多专家的指点和修改建议。清华大学苏亦工教授、聂鑫教授、耿林教授，中国社科院张生教授，中国人民大学王宇洁教授，中国政法大学朱明哲教授，厦门大学徐国栋教授等对本书提出了宝贵的修改意见。徐国栋老师的修改意见满满三大页，甚至指出本书中一些错别字、英文注释的规范等细节问题，前辈这种严谨的治学精神令人感动。西北政法大学王永宝教授翻译的《奥斯曼帝国民法典》内容严谨、文笔优美，是本书写作过程中的重要参考文献，本书中涉及的《奥斯曼民法典》的法律条文，均引自王永宝老师翻译的《奥斯曼帝国民法典》。在此，笔者向以上诸位老师表示感谢！

本书作为获得法律出版社青年法学学术著作出版基金的项目之一成功出版，得益于许多老师的帮助。感谢美国康奈尔大学法学院於兴中教授的大力推荐，感谢中央财经大学沈建峰教授的协调和帮助，感谢两位匿名评审专家提出细致的修改意见，还要感谢法律出版社各位编辑给本书投票，最终使得本书名列 2021 年法律出版社出版基金全额资助的榜首。在本书出版过程中，本书的责任编辑对书稿进行了细致的修改和文字润色，在此向其表示感谢。当然，本书的内容、观点及文字表述或许仍有许多可商榷之处，笔者真诚希望读者能提出不同意见，以便日后完善和修订。

在我的学术之路上，我还要感谢以下老师：感谢我的硕士生导师米健教授，米老师将我带入学术之路；感谢西北大学虎有泽教授，他给我工作学习上提供了诸多帮助；感谢上海外国语大学丁俊教授、兰州大学马明贤教授，他们在我的学术之路上给予我莫大的帮助。感谢我所在的单位西北民族大学法学院的各位领导和同事，允许我 3 年全脱产在京读博，并承担了我的教学工作。

还有很多需要我感谢的人，由于篇幅所限，无法一一道名，但是在这其中我必须感谢我的妻子李鹃女士。我在清华读博期间脱产 3 年，其间她承担了所有家务，并将我们的爱女露娜从一个襁褓中的婴儿抚养成一个活泼聪颖、人见人爱的小姑娘。

最后请允许笔者向法律出版社再次表达敬意。伊斯兰法作为世界五大法系之一，全球有将近 20 亿穆斯林信仰伊斯兰教，有将近 50 多个伊斯兰教国家，我们对外开放、“一带一路”倡议的实施都需要和“一带一路”沿线伊斯兰教国家交往互利。因此，研究伊斯兰法不仅非常重要，而且极其迫切。

在写这篇致谢的时候，我想起了我的母亲。我的母亲是个裁缝，她没上过学，也不识字，但是她为人和善，得到左邻右舍的称赞。她每次将裁剪衣服剩下的布头、棉花等边角料装在袋子里交给顾客，绝不占他人的便宜。母亲因患胰腺癌于 2011 年离世，还没来得及等我成家和工作，没等到我尽孝，给我留下了一生的遗憾和怀念。我想将这本书献给我的母亲，以此来表达对她的思念！